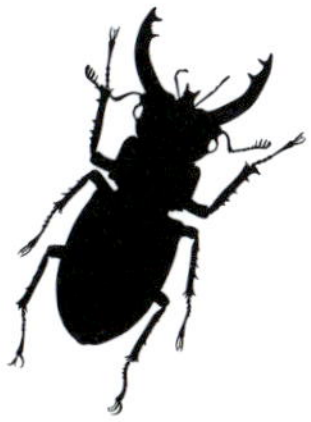

PAPERCUT

FILIGRANE PAPIERSCHNITT-PROJEKTE ZUM SELBERMACHEN

GEERTJE AALDERS

KOSMOS

www.kosmosuitgevers.nl

kosmos.uitgevers

kosmosuitgevers

Originalausgabe unter dem Titel Het Papercut Boek erschienen bei:

Texte & Konzept: Geertje Aalders
Gestaltung: Joyce Zethof
Fotografie: Geertje Aalders und Studio5982, Ronald de Boer
Instagram-Account der Autorin: https://www.instagram.com/geertjeaalders/
Fotos Seite 4: Henny van Belkom

Für die deutsche Ausgabe:
Übersetzung: Sabine Krämer-Uhl
Satz: Karen Steifensand
Umschlaganpassung: Leeloo Molnár
Projektbetreuung: Sabine Krämer-Uhl
Repro: LUDWIG:media, Zell am See
Herstellung: Bettina Schippel, Stephanie Schlemmer
Printed in Slovakia by Neografia

Die Deutsche Nationalbibliothek verzeichnet diese Publikation in der Deutschen Nationalbibliografie; detaillierte bibliografische Daten sind im Internet über http://dnb.d-nb.de abrufbar.

ISBN 978-3-8388-3757-4

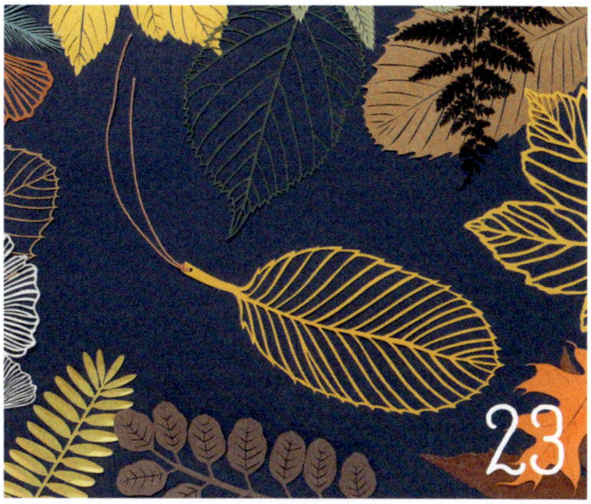

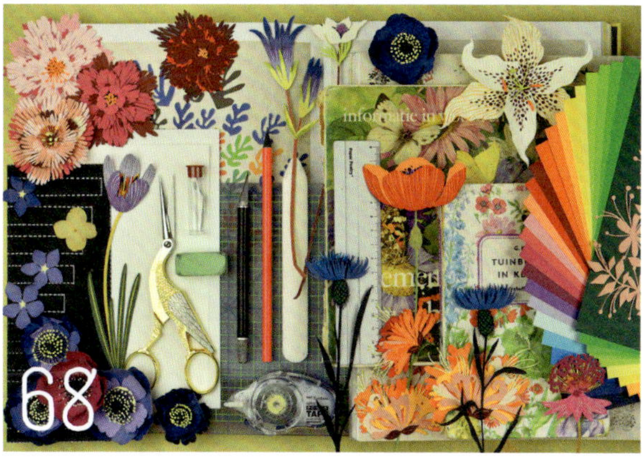

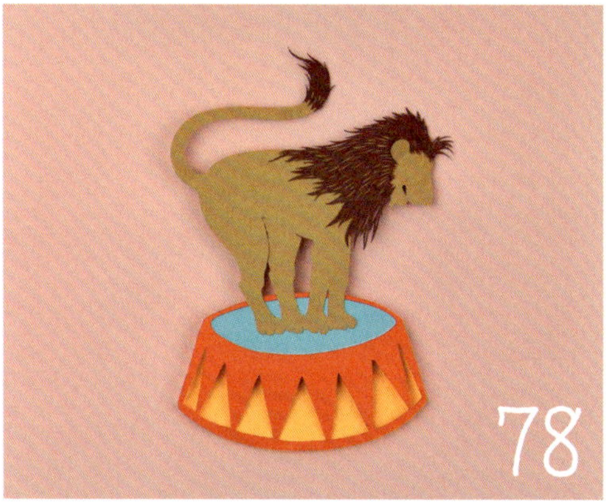

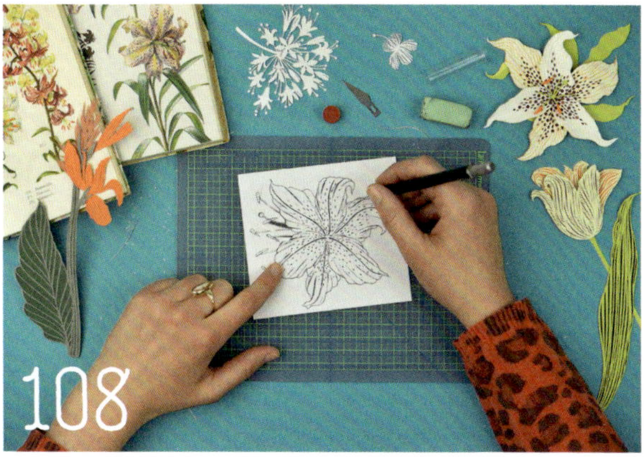

Inhalt

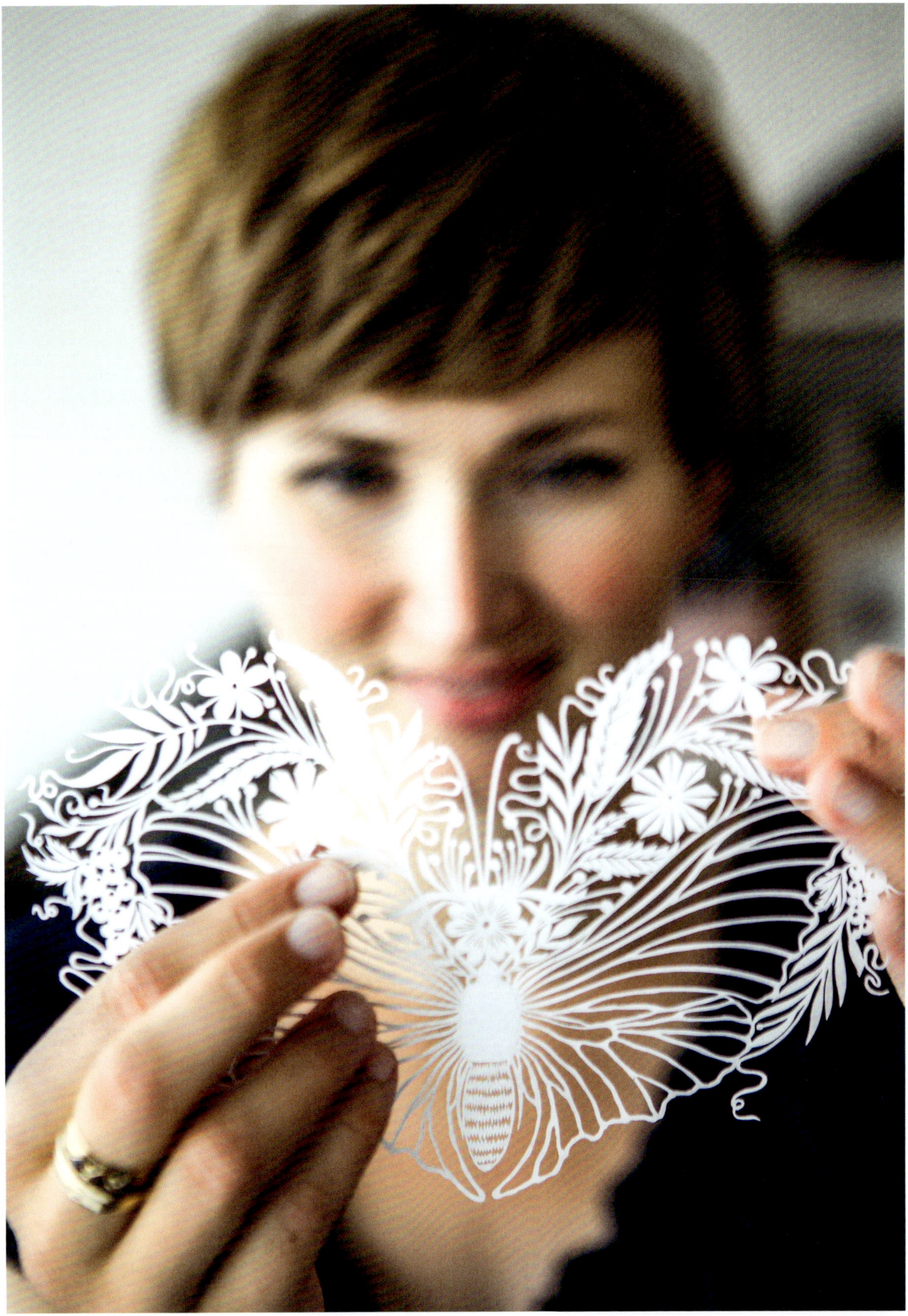

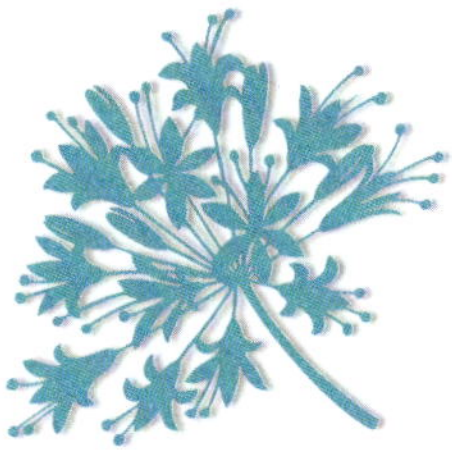

Eines Tages wurde ich gebeten, die Zeichnung auszuschneiden, die ich als Auftragsarbeit angefertigt hatte. Auf diese Weise sollte das Motiv mehr Kraft und Ausdruck erhalten, ohne seine Leichtigkeit und Detailtreue zu verlieren. Eine ungewöhnliche, aber durchaus interessante Bitte, denn ich stellte fest, dass die Idee mich begeisterte. Es folgten verschiedene Aufträge: die Packungsgestaltung für Kaugummikugel-Tee, Wandfliesen-Dessins, ein Märchenbuch und sogar eine Tapete nach dem Vorbild aus dem 18. Jahrhundert.
Die Kunst des Scherenschnitts ist Jahrhunderte alt. Der Ursprung der Technik, bei der durch Zuschneiden oder filigranes Ausschneiden von Papier eine Form entsteht, die sich vom Hintergrund abhebt, kommt aus dem alten China. Die ältesten niederländischen Zeitungsausschnitte stammen aus dem 16. und 17. Jahrhundert. Damals verfügten nur die Bürger reicher Stände über Messer und Schere. Dinge oder Ereignisse, die ihnen wichtig waren, schnitten sie als Motive aus - von der Bibelgeschichte bis zur Jagdszene, von der filigranen Handarbeit bis zu monumentalen Erinnerungsstücken. Neben dem angenehmen Zeitvertreib und der Begeisterung für das Kunsthandwerk, die bis heute ungebrochen ist, hat die Scherenschnittkunst in den letzten Jahrzehnten außerdem einen wichtigen Platz in der zeitgenössischen Kunst eingenommen. **Die Möglichkeiten, die das Material Papier bietet, sind nahezu unerschöpflich. In seiner ganzen Komplexität birgt es unendlich viel Schönheit und manche Überraschung.**

Um Ideen für meine Scherenschnitte aufzutun, beschäftige ich mich mit unterschiedlichsten Dingen. Ich bin viel unterwegs, spaziere beispielsweise durch den Wald. Dort bin ich aber schwer zu finden, denn ich bewege mich fernab der normalen Wege, auf geheimen Schleichpfaden. In meinem Rucksack suche ich noch nach dem Fernglas, um einen Vogel zu beobachten, während der inzwischen schon längst wieder davongeflogen ist. Oder ich helfe einem Mistkäfer bei der Überquerung des Weges und inspiziere ein Loch, um herauszufinden, welches Tier in dieser Höhle wohl lebt. Ich untersuche einen Haufen, ob er noch frisch ist. So kann ich einschätzen, ob ich dem Wildschwein wohl noch begegnen könnte. Das ist noch nie passiert. Aber ich fange besondere Eindrücke und Ausblicke ein. Diese halte ich in meinem Kopf fest. Und tote Insekten nehme ich einfach mit ...
Ich sehe viel und bewahre es im Gedächtnis, ich sammle und wundere mich über alles. In meinem Studio findet man viele alte Sachen. Da sind Bücher mit Beschreibungen von Vogelstimmen, kunterbunte Dosen und Kisten, die irgendwann einmal mit viel Sorgfalt gestaltet wurden. Es inspiriert mich, Dinge genau zu untersuchen, mir Zeit zu nehmen und mit Geduld etwas Schönes zu schaffen. Ich freue mich über das Rascheln des Windes in einer Pappel, oder über ein makellos gereiftes Radieschen. Ich finde es lustig, wenn eine Ente abtaucht und nur noch ihr Gesäß aus dem Wasser schaut, oder wie eine Raupe sich fortbewegt, oder dass manche Leute ihren Hunden immer ähnlicher sehen.
All diese kleinen Momente und Geschichten verarbeite ich in meinen Illustrationen. Manchmal ganz wörtlich, wenn ich eine mythologische Erzählung in die Gegenwart übertrage, oder wenn ich den wunderschönen Anblick eines Waldrandes in ein Paper Cut-Motiv verwandle. Und manchmal habe ich überhaupt keine Ahnung, von welchem Regalbrett im Aktenschrank, der mein Kopf ist, die Idee gerade kam. Hunderte, wenn nicht Tausende von Paper Cuts habe ich inzwischen geschaffen - seit dem besagten Auftrag damals, mit dem alles begann. Mittlerweile erschaffe ich so komplizierte Werke, dass ich es manchmal selbst kaum verstehe.
Die Anleitungen in diesem Handbuch erkläre ich Ihnen Schritt-für-Schritt, Sie erhalten Tipps und Tricks, um die speziellen Handgriffe dieser Kunst zu erlernen sowie Einblicke in originelle Projekte. Außerdem gibt es Schneidebögen als Vorlagen. Wir beginnen mit einem Warm-up, um ein Gefühl für das Schneiden mit dem Cutter zu bekommen. Danach geht es an erste, einfache Paper Cut-Motive, und nach und nach stellen wir uns den anspruchsvolleren Projekten.

Viel Spaß mit den Paper Cuts!

Geertje

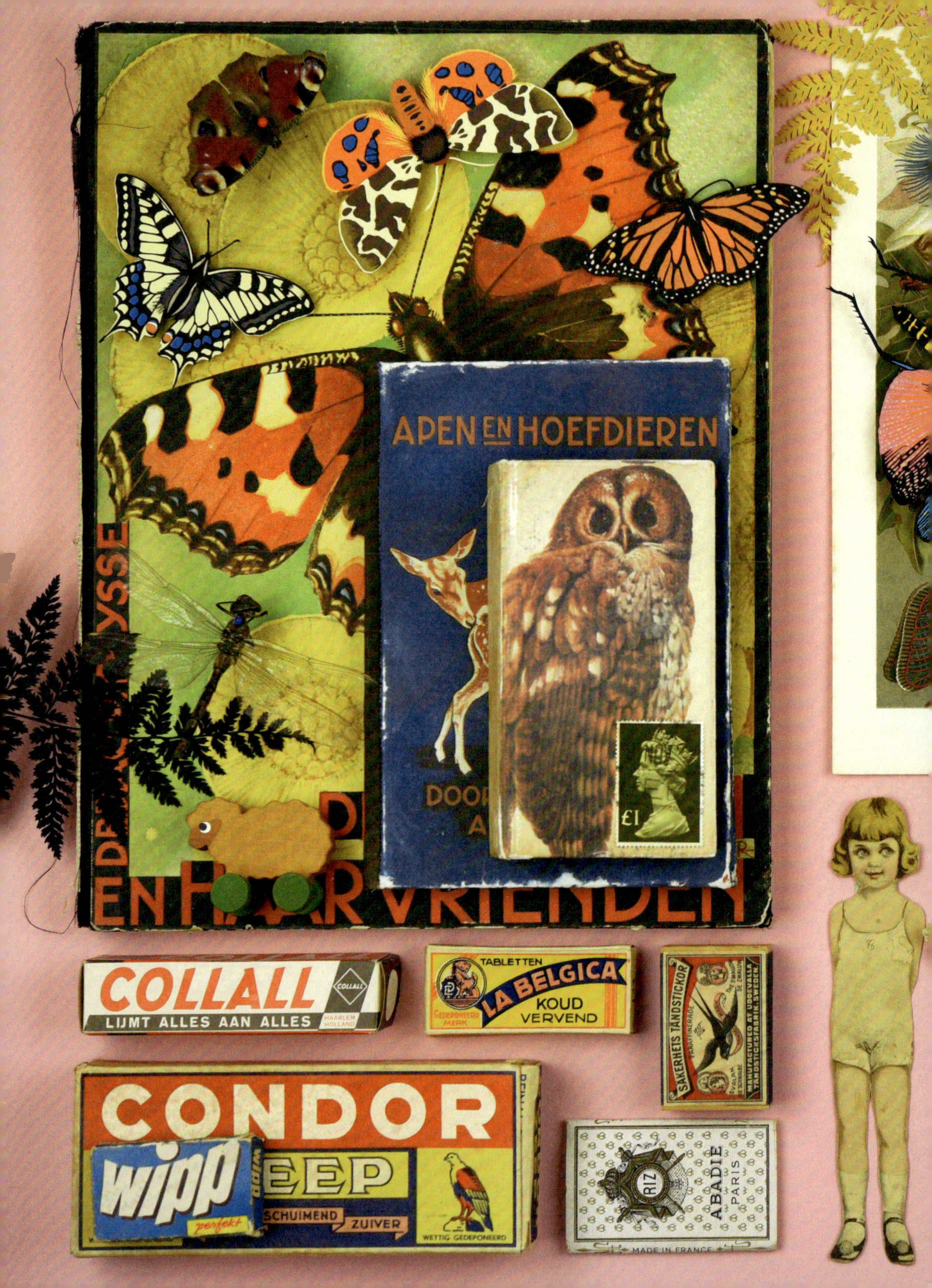

APEN EN HOEFDIEREN
£1
COLLALL
LIJMT ALLES AAN ALLES
HAARLEM HOLLAND
TABLETTEN
LA BELGICA
KOUD
VERVEND
SÄKERHETS TÄNDSTICKOR
CONDOR
wipp
perfekt
SCHUIMEND
ZUIVER
WETTIG GEDEPONEERD
RIZ
ABADIE
PARIS
MADE IN FRANCE

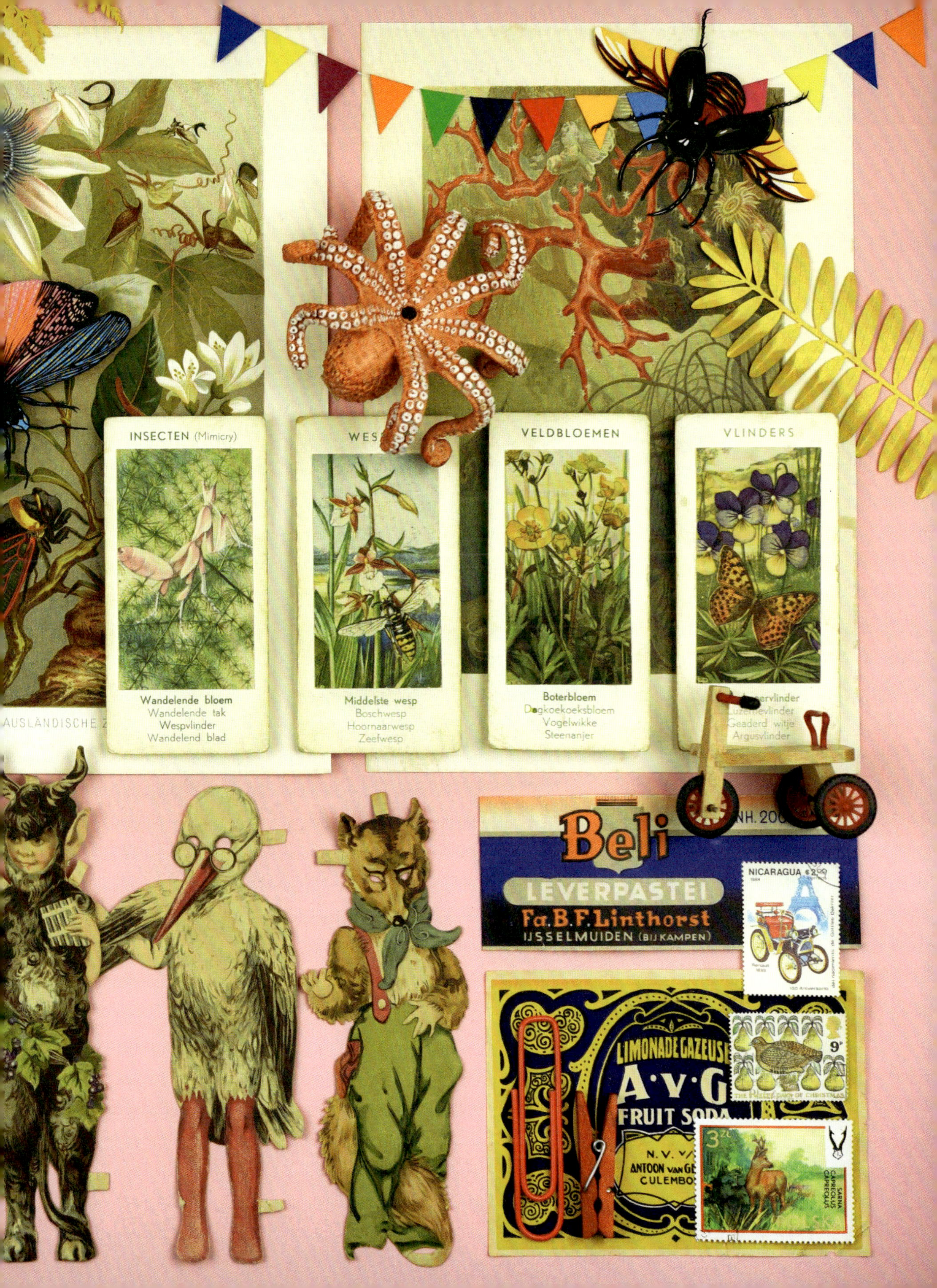
INSECTEN (Mimicry)
Wandelende bloem
Wandelende tak
Wespvlinder
Wandelend blad
Middelste wesp
Boschwesp
Hoornaarwesp
Zeefwesp
VELDBLOEMEN
Boterbloem
Dagkoekoeksbloem
Vogelwikke
Steenanjer
VLINDERS
Geaderd witje
Argusvlinder
AUSLÄNDISCHE
Beli
LEVERPASTEI
Fa.B.F.Linthorst
IJSSELMUIDEN (BIJ KAMPEN)
NICARAGUA
LIMONADE GAZEUSE
A·V·G
FRUIT SODA
N.V.
CULEMBO

Materialien

Die gute Qualität von Materialien und Hilfsmitteln ist nicht nur für komfortables Arbeiten eine wichtige Voraussetzung, sondern auch für ein gutes Resultat. Einige Materialien haben Sie eventuell bereits zu Hause. Mit Vlies- oder Seidenpapier sind beispielsweise Schuhkartons ausgekleidet. Andere Materialien, wie eine wirklich gute Schneidematte und einen reichlichen Vorrat an Ersatzklingen, erhalten Sie im Hobbyfachgeschäft oder im Künstlerbedarf.

• PAPIER •

Das Basismaterial

Die Papierqualität ist von großer Bedeutung. Zu dickes Papier lässt sich nicht gut schneiden, zu dünnes reißt ein. Papier zwischen 120 g/m^2 und 135 g/m^2 ist ideal. Das Gewicht ist jedoch nicht das einzige Kriterium: Papier kann auch zu hart und steif sein, z. B. aufgrund des im Papier verwendeten Klebstoffs, der Zugabe von Kalk oder der Beschichtung. Oder es hat eine lange, holzige Faser, sodass es sich ebenfalls nicht gut schneiden lässt. Reißen Sie das Papier auseinander: Entsteht eine filzige, flauschige Kante, handelt es sich um langfaseriges Papier. Geeignet ist stabiles, aber geschmeidiges Papier, das sich leicht biegen und in einer geraden Linie einreißen oder scharfkantig falten lässt.

Origamipapier

Origamipapier ist so dünn, dass es sogar vierfach gefaltet geschnitten werden kann. Um es einlagig zu schneiden, ist es jedoch zu dünn und faserig.

Vliespapier

Dieses hauchdünne Papier benötigen Sie zum Übertragen von Vorlagen auf Tonpapier, das Sie dann zweilagig ausschneiden. Man kann natürlich auch Kopierpapier verwenden, das eignet sich aufgrund des hohen Kalkgehaltes jedoch nicht zum Ausschneiden.

Karte in DIN A5

Ein DIN A4 Bogen, 230 g/m^2, mit einem Mittelfalz.

Falzbein

Ein Falzbein ist ein glatter, an der Spitze abgerundeter Griffel aus Knochen oder Plastik. Man verwendet es, um eine gerade Falzlinie zu ziehen, bevor das Papier gefaltet wird.

• ZEICHNEN •

Bleistift

Sofern nichts anderes angegeben ist, verwenden Sie einen grauen HB Bleistift. Der ist nicht zu hart, so dass womöglich ein Abdruck auf dem Papier zurückbleibt und auch nicht so weich, dass er Flecken hinterlässt.

Weißer Buntstift

Wenn Sie dunkel getöntes Papier schneiden möchten, zeichnen Sie die Konturen mit einem weißen Buntstift.

Radiergummi

Ein guter Radiergummi ist wichtig! Radiergummis schlechter Qualität hinterlassen auf dem Papier eine dünne Gummischicht, die das Ausschneiden erschwert. Außerdem können Flecken oder Knitter entstehen.

Anspitzer

Verwenden Sie den Anspitzer regelmäßig, vor allem, wenn Sie mit einem weißen Buntstift zeichnen. Weiße Buntstifte enthalten mehr Fett und ▶

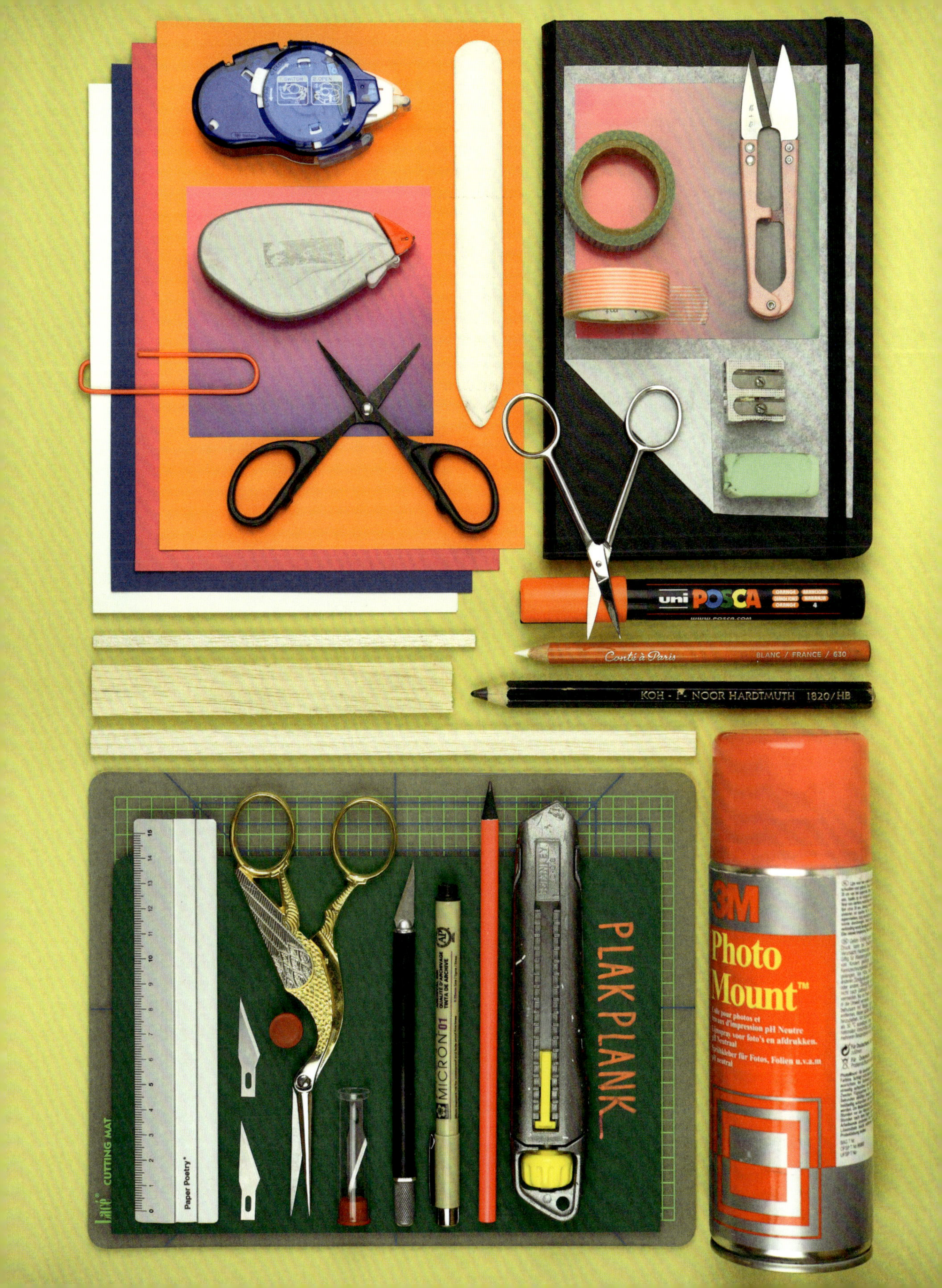

uni POSCA
Conté à Paris
BLANC / FRANCE / 630
KOH-I-NOOR HARDTMUTH 1820/HB
3M
Photo Mount™
PLAK PLANK
MICRON 01
CUTTING MAT
Paper Poetry

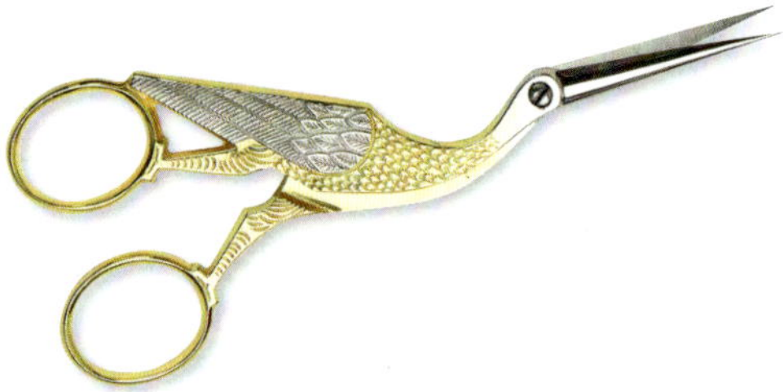

Kalk als gewöhnliche Buntstifte, sodass die Klinge schneller stumpf wird. Je dünner die weiße Buntstiftmine ist, desto schmaler wird die gezeichnete Kontur.

Fineliner
Einen Fineliner benötigen Sie für eine klar definierte Linie. Er enthält wasserfeste, schnelltrocknende Pigmenttinte und zieht eine präzise Linie.

Korrekturband
Wenn Sie die Bleistiftzeichnung mit einem Fineliner übertragen, kann schon mal etwas schiefgehen. Da es irritiert, wenn mehrere Linien existieren, verdecken Sie den Fehler mit dem Korrekturband und zeichnen die gewünschte Linie neu.

Stift
Mit einem Stift markieren Sie in der Skizze, welche Teile Sie wegschneiden können, ohne dass das Paper Cut-Motiv auseinanderfällt.

Linial
Verwenden Sie ein Lineal mit einer rutschfesten Gummilippe, damit es nicht verrutscht.

Skizze
Fertigen Sie zunächst einen Dummy oder eine Skizze an, wenn Sie erst einmal üben möchten. Oft gelingt etwas nicht auf Anhieb, beim zweiten Mal funktioniert es schon besser und beim dritten Mal ist es dann wahrscheinlich perfekt.

• SCHNEIDEN •

Papiermesser
Schneide-, Hobby-, Präzisions-, Folienmesser - es gibt viele Bezeichnungen für den Messertyp, der wie ein Stift in der Hand gehalten wird. Der Schraubmechanismus sitzt je nach Typ an unterschiedlichen Stellen, häufig aber am hinteren Ende.

Reserve-Klinge
Lose Messerklingen für das Papiermesser. Wechseln Sie die Klinge regelmäßig, vor allem wenn Sie filigran oder besonders detailliert schneiden möchten, oder wenn Sie an einem komplexen Projekt arbeiten. Ein stumpfes Messer ist riskant: Es erhöht die Gefahr, dass Sie mit dem Messer ausbrechen und dabei das Papier einreißen. Außerdem üben Sie mit einem stumpfen Messer unbewusst mehr Druck als nötig aus, was ihr Kunstwerk und Sie selbst u.U. gefährdet.

Schneidematte
Mit einer guten Schneidematte als Unterlage bleibt die Messerklinge länger scharf, und das Schneiden geht leichter von der Hand. Flexibilität, Belastbarkeit und Selbstregeneration zeichnen eine gute Matte aus. Reinigen Sie die Matte regelmäßig, denn mit Ihrer Hand verteilen Sie den Grafit von der Bleistiftzeichnung, der schließlich unbeabsichtigt auf der Vorderseite des Paper Cut-Motivs landet.

Scheren
Mit der Schere lässt sich Papier schneller schneiden als mit dem Messer. Verwenden Sie darum für die Papierstreifen der Pop-up Bilder eine Schere.

Cutter
Für manche Arbeitsschritte ist ein Papiermesser ungeeignet, da es zu instabil ist. Dann verwenden Sie einen Cutter.

Schneidebogen
Hinten im Buch finden Sie Schneidebögen. Scannen oder kopieren Sie diese auf das gewünschte Papier, oder übertragen Sie die Zeichnungen auf Vliespapier. Bei den Anleitungen steht jeweils ein Hinweis, wenn ein Schneidebogen zur Verfügung steht.

• KLEBEMITTEL •

Masking-Tape
Dieses Tape klebt hervorragend, lässt sich aber auch wieder ganz leicht und rückstandlos entfernen. Man verwendet es, um mehrere Bögen vorübergehend aufeinander zu fixieren und um kleine Missgeschicke wie mit einem Pflaster auszubessern. Kleben Sie ein Stückchen Masking-Tape auf eine (Klebe-) Unterlage, und schneiden Sie über die komplette Breite einen Streifen in der Größe der zu reparierenden Stelle ab.

Ziehen Sie diesen Klebestreifen mit der Messerspitze ab, und platzieren Sie ihn auf der Bleistiftlinie des Paper Cut-Motivs, schieben Sie den abgeschnittenen Teil präzise darunter, und drücken Sie ihn gut an.

Balsaholz
Das Balsaholz stammt vom sehr schnell wachsenden, tropischen Balsabaum. Das Holz ist leicht und formstabil. Es lässt sich gut verleimen und mit einem Cutter einfach bearbeiten. Daher eignet es sich als Erhöhung, z.B. für ein 3-D Paper Cut-Motiv.

Tape-Roller
Papier oder sogar Balsaholz lässt sich mit einem Tape-Roller absolut blasenfrei kleben. Achten Sie darauf, dass der verwendete Leim oder das Tape säurefrei sind, um Farbveränderungen vorzubeugen.

Klebe-Unterlage
Wenn Sie Tape oder Leim verwenden, ist es ratsam eine separate, glatte Unterlage zu verwenden, z.B. eine alte, ausrangierte Schneidematte. Denn wenn Sie das Tape oder den Leim auf der aktuellen Schneideunterlage verwenden, besteht die Gefahr, dass das fragile Papier des Paper Cut-Motivs an Kleberesten haften bleibt und einreißt.

Sprühkleber
Sprühkleber ist ein Klebstoff, der aus einer Spraydose gleichmäßig und in einer dünnen Schicht auf fragile, leicht einreißende Materialien gesprüht wird. //

Begriffserklärungen

Wörter, die im Text mit einem Stern-Symbol markiert sind, werden hier erklärt.

Blattgewebe: Mesophyll, das Pflanzenblattgewebe zwischen der oberen und unteren Epidermis.

Brücke: Verbindung zwischen zwei Papierteilen, z.B. beim Buchstaben B: Bildet man keine Verbindung zwischen den beiden Rundungen des B und der Innenkante der Geraden, dann fallen die Bögen später aus dem Papierbogen.

Blattstiel: Blattteil, der mit dem Zweig verbunden bleibt.

Klammer auf - Klammer zu: Methode, ein Pflanzenblatt auszuschneiden. Der eine Schnitt ergibt eine konkave Schnittlinie, der andere eine konvexe. ()

Hauptader: Vertikale Blattader, von der die Seitenadern abgehen.

Einkerbung: Einschnitt in das Papier, in Form einer Linie. Es wird nichts weggeschnitten.

Achse: Punkt, an dem sich zwei Linien kreuzen. Hier wird entweder eine scharfe Ecke geschnitten oder eine abgerundete.

Klapp-Falze: Die zwei äußersten Falzlinien im Pop-up Streifen, also die Stelle, wo der Streifen am Papierbogen befestigt ist (s. Kapitel 8 und 9). Auf dem Schneidebogen wird der Klapp-Falz jeweils mittels einer gestrichelten Linie angezeigt.

Pop-up Streifen: Papierstreifen, an denen die Paper Cut-Motive bzw. Cut-Outs fixiert werden, sodass sie sich beim Aufklappen aufrichten.

Bleistiftseite: Da bei Paper-Cuts die Rückseite eigentlich die Vorderseite ist, und die Vorderseite dadurch die Rückseite, können die Begriffe für Verwirrung sorgen. Die Bleistiftseite ist die Rückseite, und mit der Seite ohne Bleistift-Zeichnung ist die Vorderseite gemeint, also die Seite, die letztendlich vorne zu sehen ist.

Restpapier: Papier, das übrigbleibt, wenn alles ausgeschnitten ist. Manchmal ist es einfacher, größere Teile stückweise wegzuschneiden.

Falzen: Papier mithilfe eines Falzbeins falzen.

Zacken (-kante): gezackte Blattkante oder Kontur.

Seitliche Blattadern: Horizontal oder diagonal verlaufende Blattadern.

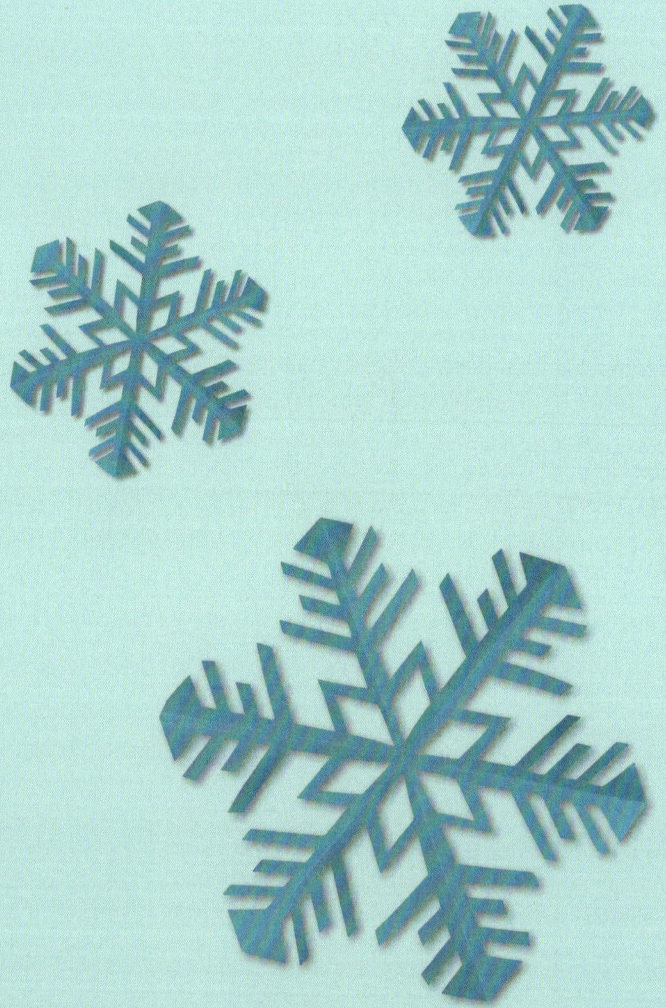

KAPITEL 3

WARM-UP

Hier lernen Sie anhand kurzer Übungen die Verwendung des Papiermessers. Wir schneiden Linien, Kreise, Rechtecke, Mini-Quadrate, ein Herz und einen Blätterzweig aus. Diese Übungen sind eine gute Vorbereitung auf die in diesem Buch vorgestellten Projekte.

Schneideübungen

Für diese Übung benötigen Sie: mindestens drei Faltblätter, einen Bleistift, einen Radiergummi, ein Lineal, ein Papiermesser mit Reserveklinge und eine Schneidematte.

1. Legen Sie ein Origamipapier auf die Arbeitsfläche, und zeichnen Sie mithilfe des Lineals Linien auf. Die Abstände zwischen den Linien sollten stets enger werden. Dann zeichnen Sie außerdem eine unterbrochene Linie, eine Schlangen- und eine Zickzacklinie.

2. Nehmen Sie ein weiteres Origamipapier, und zeichnen Sie hierauf Kreise. Zunächst große Kreise, dann immer kleinere, bis zur Größe eines Punktes.

3. Auf einem dritten Faltpapier gehen Sie genauso vor. Nur hier zeichnen Sie Vierecke. Auf demselben Bogen zeichnen Sie außerdem eine Reihe mit mehreren Vierecken untereinander.

4. Auf demselben Bogen fahren Sie dann mit einem Stern mit einfacher Kontur sowie einem Stern mit doppelter Kontur fort. Dazu kommen ein Herz und eine doppelte, gebogene Linie mit Blättern. Diese Formen schneiden Sie aus.

5. Setzen Sie also die Klinge in das Papiermesser, schrauben Sie die Klinge gut fest. Sie darf nicht wackeln.

6. Dann beginnen Sie mit dem Einschneiden der Linien. Probieren Sie aus, wieviel Druck Sie ausüben müssen, um das Papier einzuschneiden, ohne die Messerspitze zu stark zu drücken. Schneiden Sie stets von sich weg, und achten Sie darauf, dass die Hand, die das Papier hält, nicht im Bereich der Schnittbewegung liegt. Die gerade Linie schneiden Sie in einer glatten Bewegung von sich weg. Die unterbrochene Linie schneiden Sie Stück für Stück. Bei der Schlangenlinie bewegen Sie das Papier - nicht das Messer - während des Schneidens hin und her. Die Zickzacklinie wird in Etappen ausgeschnitten. Versetzen Sie stets das Papier oder Ihre Hand, aber nicht das Messer! Dieses liegt konstant unverändert in Ihrer Hand. ▶

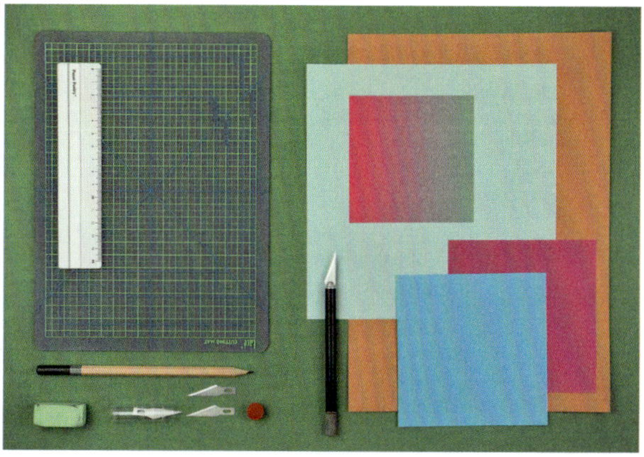

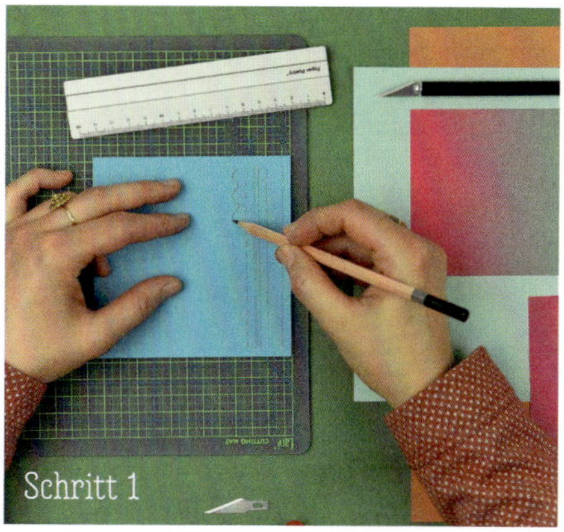

Schritt 1

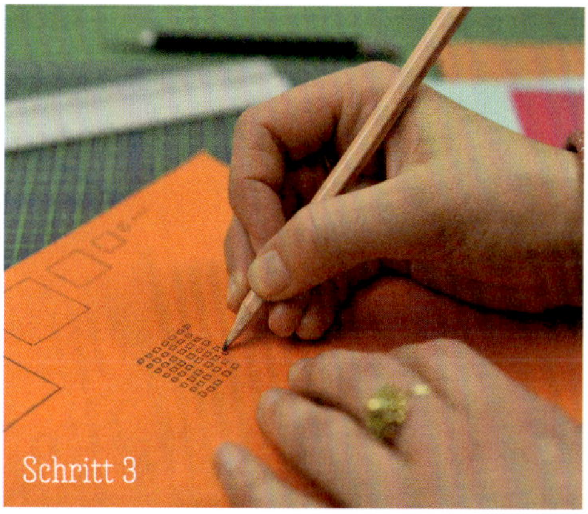

Schritt 3

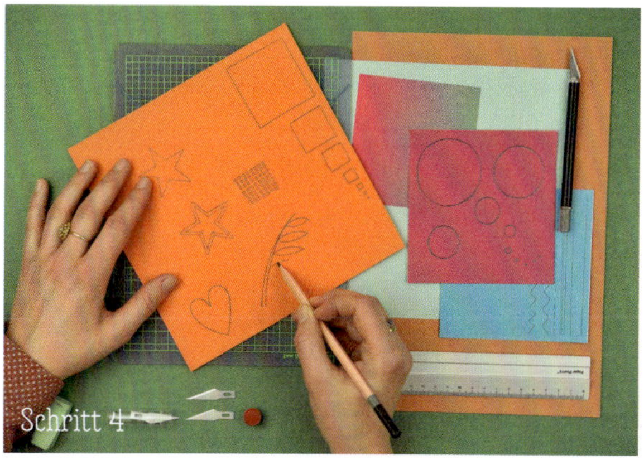

Schritt 4

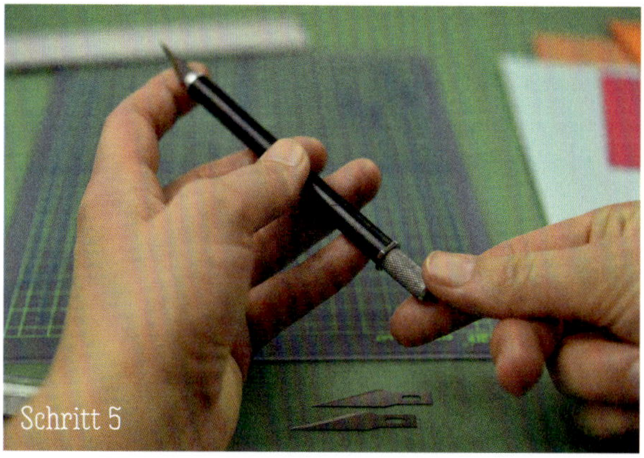

Schritt 5

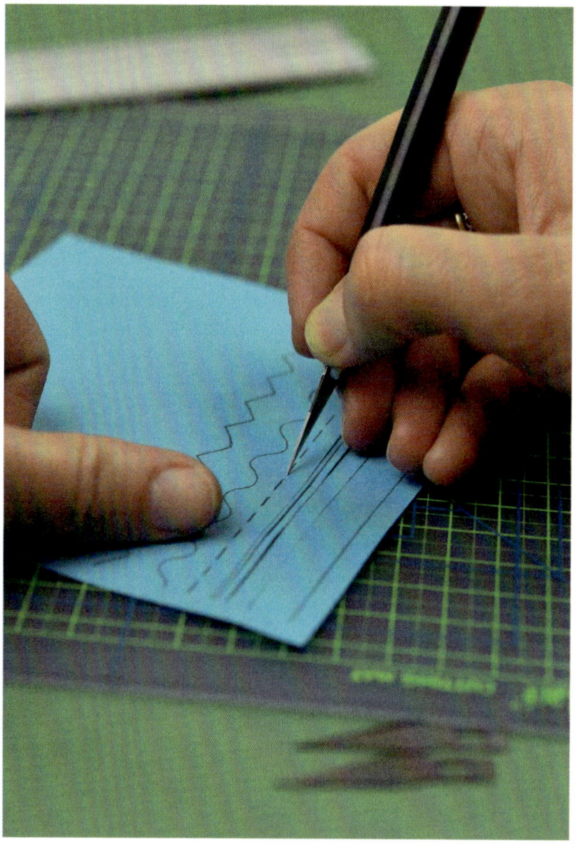

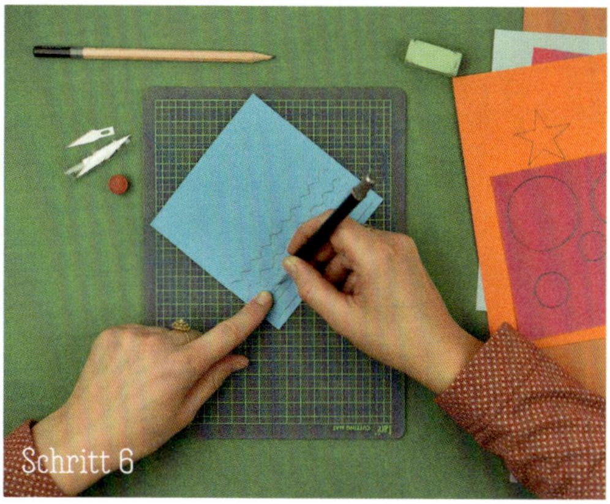

Schritt 6

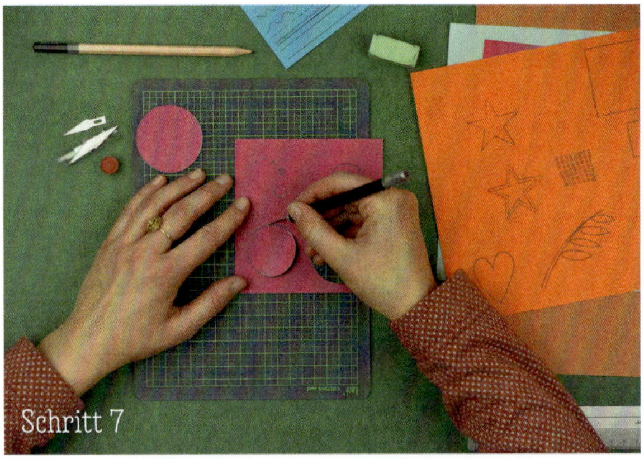
Schritt 7

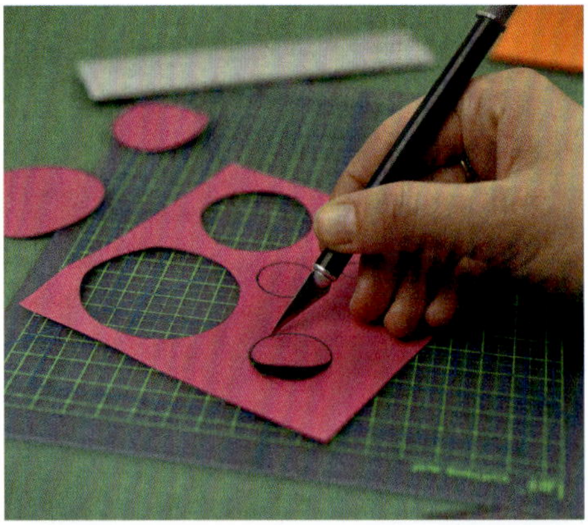

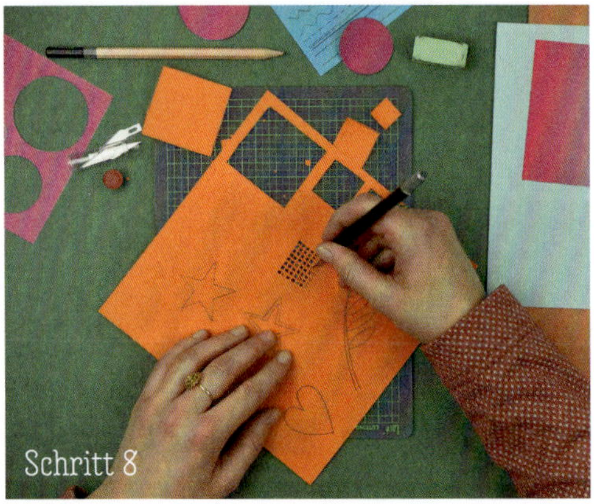
Schritt 8

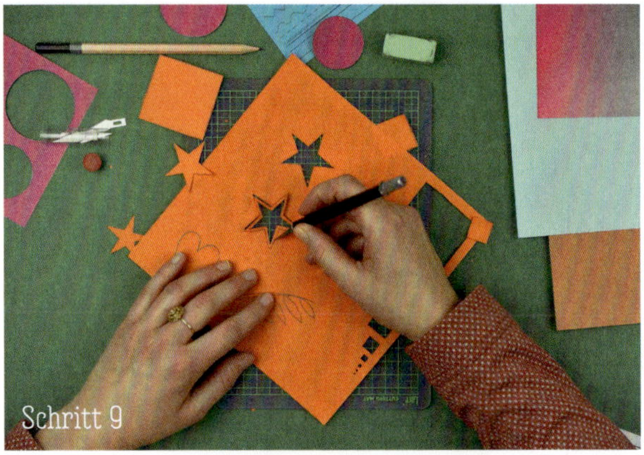
Schritt 9

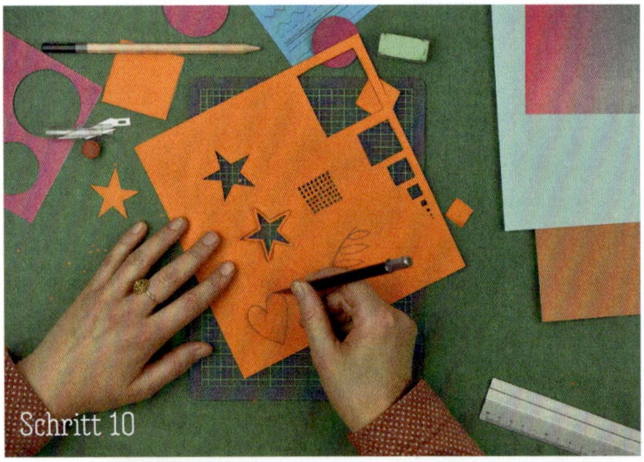
Schritt 10

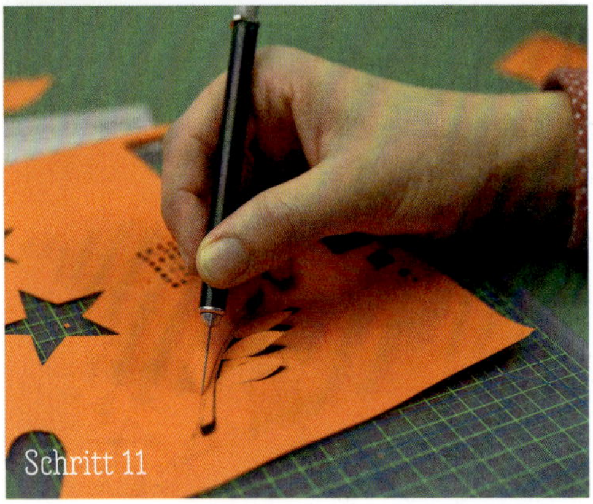
Schritt 11

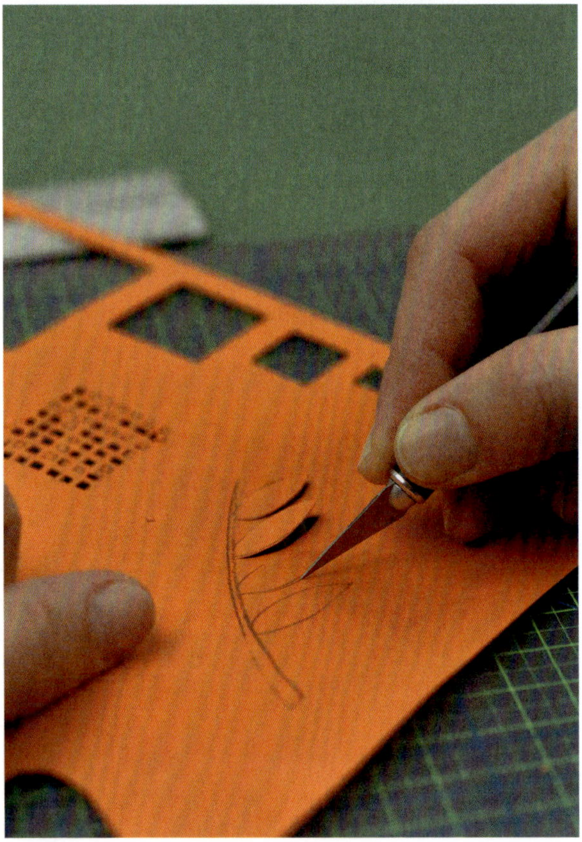

7. Nun schneiden Sie die Kreise aus. Achtung! Drehen Sie dabei das Papier oder die Schneidematte. Schneiden Sie stets in kleinen Etappen, und drehen Sie das Papier dann wieder. Stellen Sie sich eine Uhr vor, bei der Sie von 12 Uhr bis ein Uhr schneiden, dann bis zwei Uhr, drei Uhr usw. Das wiederholen Sie so oft, bis der Kreis vollständig ausgeschnitten ist. Eigentlich besteht ein Kreis aus vielen kleinen, sehr kurzen Linien.

8. Die Vierecke schneiden Sie zuerst entlang der vertikalen Linien, dann entlang der horizontalen Linien aus. Auch hier drehen Sie das Papier. Die kleinen Vierecke schneiden Sie folgendermaßen: Ziehen Sie zuerst alle vertikalen kurzen Linien entlang. Gehen Sie dabei Schritt-für-Schritt vor, als ob es eine unterbrochene Linie ist, wie in Schritt 6. Machen Sie dann mit dem Papier eine Vierteldrehung, und schneiden Sie dann alle horizontalen Linien.

9. Schneiden Sie erst den einfachen Stern aus, dann den mit doppelter Kontur. Hierfür schneiden Sie zuerst die innere Kontur des Sterns, dann nach außen hin Schritt-für-Schritt die äußere. Auf diese Weise erhalten Sie zwei »gefüllte« Sterne und einen filigranen Stern.

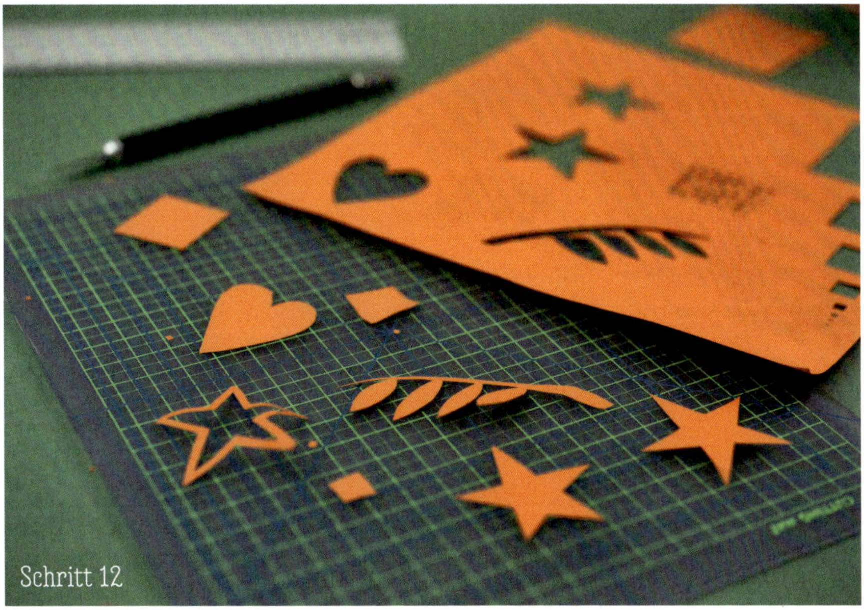

Schritt 12

10. Das Herz schneiden Sie, indem Sie von der Innenseite einen Schnitt nach außen machen, einen links herum und einen rechts herum. Dann schneiden Sie - während das Papier mitdreht - Schritt-für-Schritt weiter, genauso wie bei den Kreisen.

11. Jetzt ist der Zweig an der Reihe: Schneiden Sie zuerst die Blätter von oben nach unten aus. Beginnen Sie am oberen Bogen, und ziehen Sie das Messer bis zum unteren Bogen. Achten Sie darauf, dass die Blätter jeweils am Blattstiel* mit dem Zweig verbunden bleiben. Die Bögen kreuzen sich lediglich an der Blattspitze. Schneiden Sie zwischen den Blattansätzen am Zweig entlang, und schließlich den übrigen Zweig aus.

12. Geschafft! //

Schneeflocke

Für diese Übung benötigen Sie: ein 21 x 21 cm großes Origamipapier, ein Falzbein, einen Bleistift, einen Radiergummi, ein Lineal, eine Papierschere, ein Papiermesser mit Reserveklinge und eine Schneidematte sowie ggf. den entsprechenden Schneidebogen von S. 115.

MIT SCHNEIDEBOGEN

1. Legen Sie das Origamipapier auf eine ebene Arbeitsfläche. Falten Sie es mittig diagonal, so dass ein Dreieck entsteht, und streichen Sie den Falz mit dem Falzbein glatt. Verwenden Sie das Falzbein auch bei jedem folgenden Falz.

2. Legen Sie das Dreieck quer, mit der Spitze nach oben, vor sich auf die Arbeitsfläche. Zuerst falten Sie die linke Spitze im 60 Grad-Winkel nach rechts, dann die rechte Spitze nach links um. Sie haben nun ein Dreieck mit einer »Krone«.

3. Legen Sie das gefalzte Papier (»Krone« nach oben) vor sich auf die Arbeitsfläche. Ziehen Sie dann mit Bleistift und Lineal eine Linie zwischen den beiden Ansatzpunkten der »Krone«. Schneiden Sie die »Krone« entlang dieser Linie ab, so dass ein Dreieck übrig bleibt.

4. Legen Sie das Dreieck mit der Spitze nach unten vor sich auf die Arbeitsfläche. Zeichnen Sie die Schneeflocke. Die Ausläufer der Schneeflocke müssen stets parallel zur Rautenform in der unteren Spitze ausgerichtet sein, s. Foto 4. Ggf. verwenden Sie den Schneidebogen als Vorlage.

5. Nehmen Sie nun das Papiermesser und die Schneidematte zur Hand. Denken Sie daran, stets von sich weg zu schneiden! Schneiden Sie die Raute in der Spitze aus. Sie müssen durch sechs Lagen Papier hindurch, also achten Sie darauf, wieviel Druck Sie benötigen. Ggf. schneiden Sie mehrmals. Die geraden Ausläufer der Schneeflocke schneiden Sie anschließend mit der Schere aus.

6. Nehmen Sie dann wieder das Messer, und schneiden Sie beidseitig das Papier zwischen den Ausläufern der Schneeflocke weg.

7. Mit der Schere schneiden Sie dann die Ausläufer im gleichen Winkel ab, wie die Falze der Schneeflocke verlaufen. Der mittlere Ausläufer ist der kürzeste. Vom obersten Ausläufer wird im Grunde nur ein kleines Dreieck abgeschnitten.

8. Entfalten Sie die Schneeflocke, und streichen Sie alle Falze mit dem Falzbein wieder auseinander.

9. Und so sieht das Ergebnis aus! //

TIPP:
Streichen
Sie die
Falze
glatt!

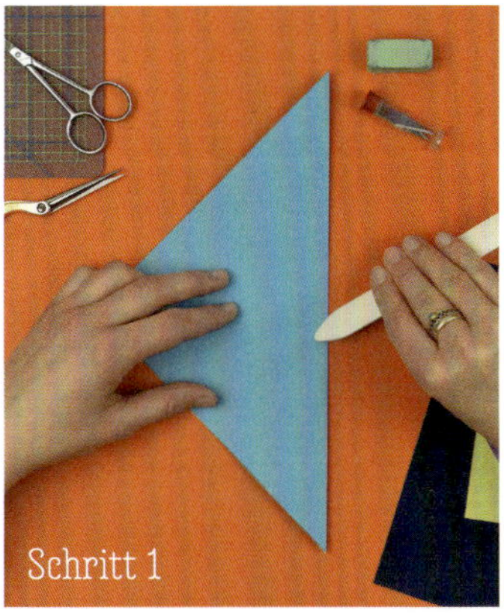
Schritt 1

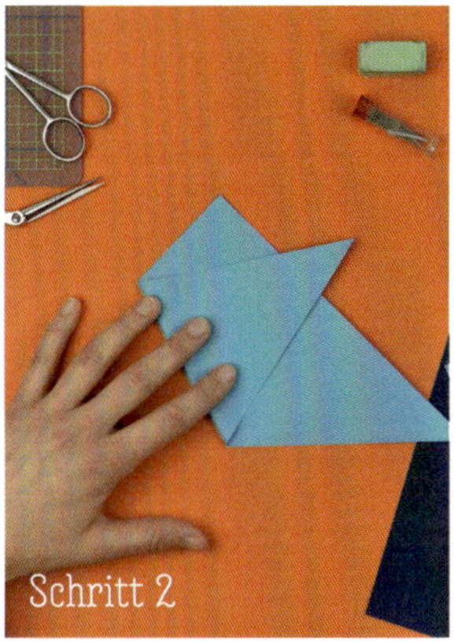
Schritt 2

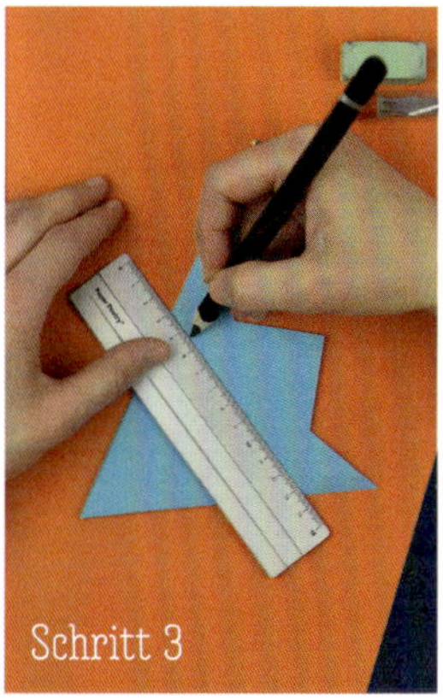
Schritt 3

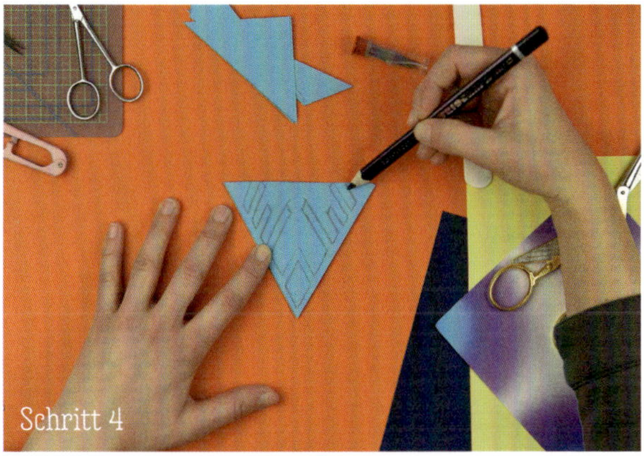
Schritt 4

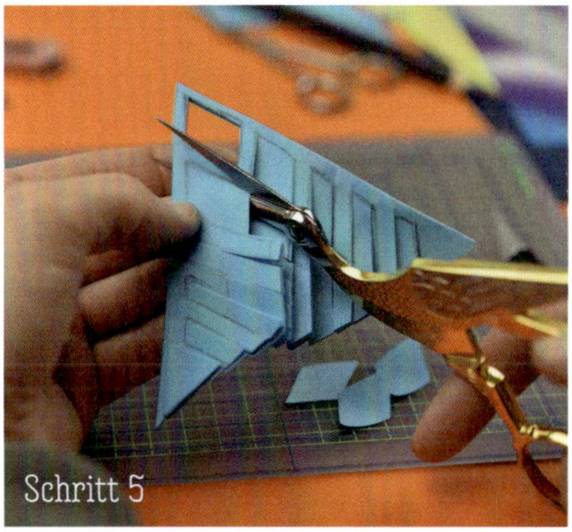
Schritt 5

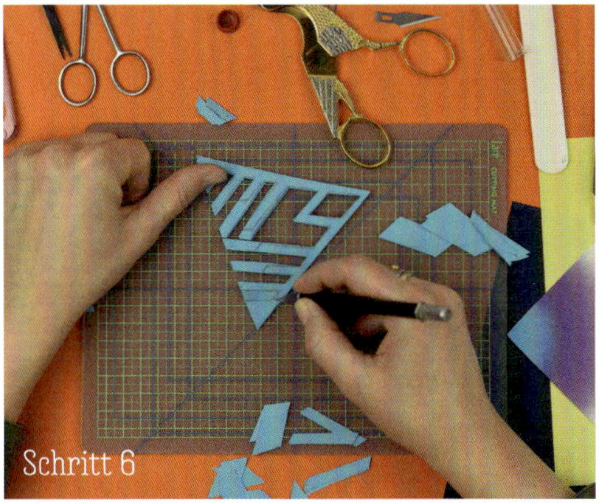
Schritt 6

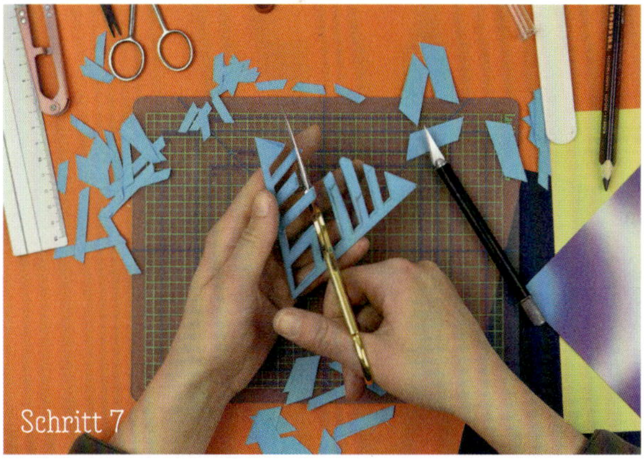
Schritt 7

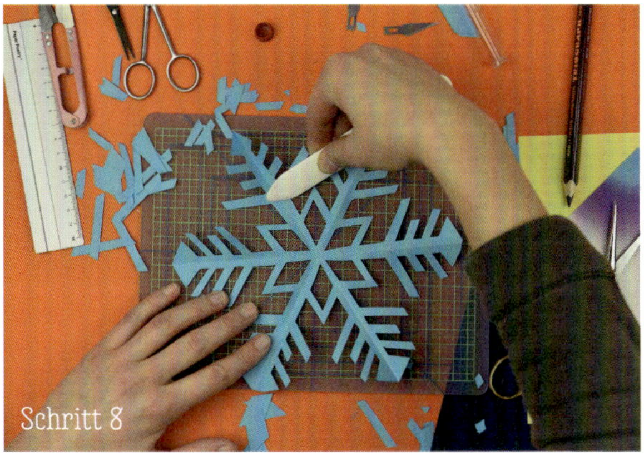
Schritt 8

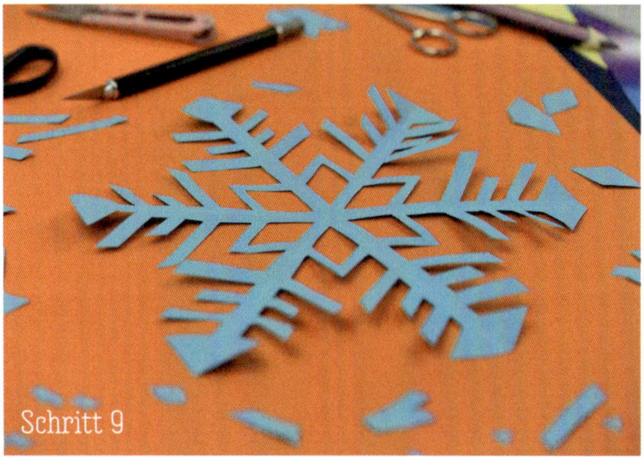
Schritt 9

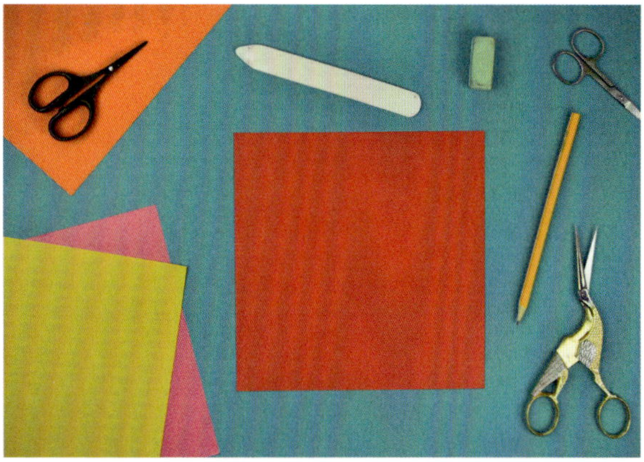

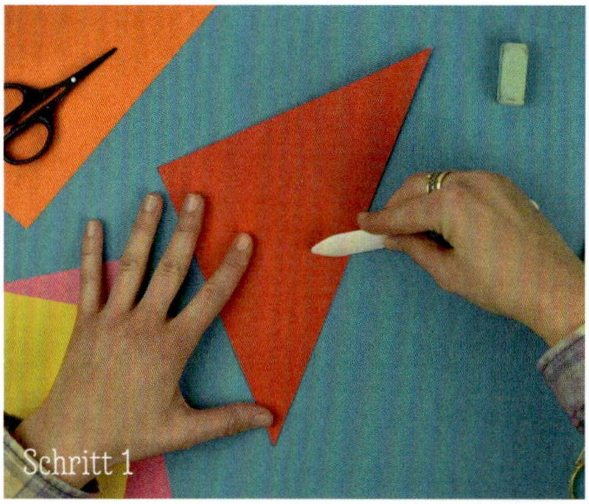

Schritt 1

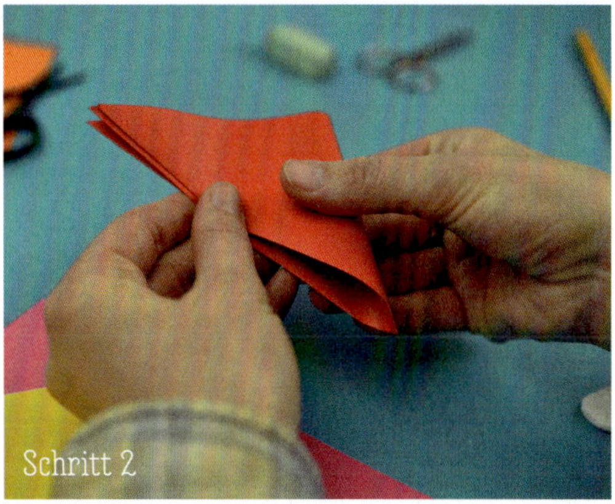

Schritt 2

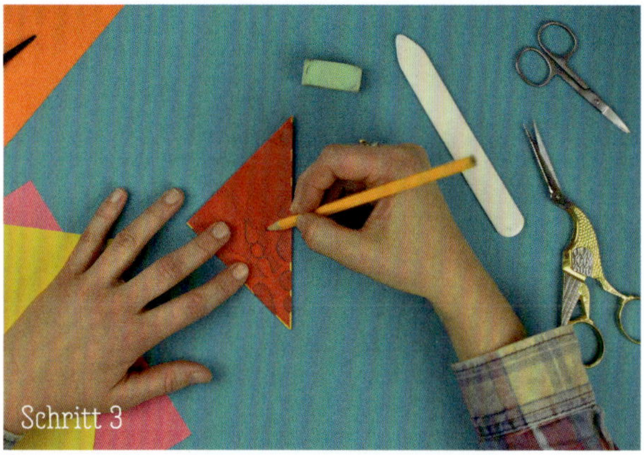

Schritt 3

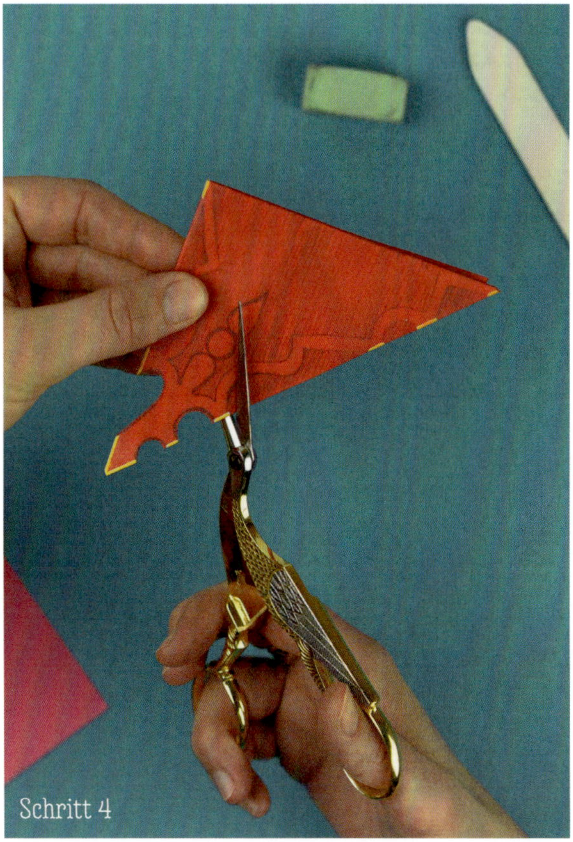

Schritt 4

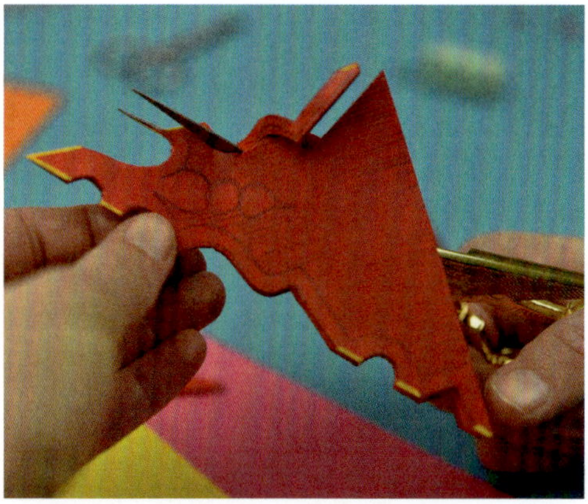

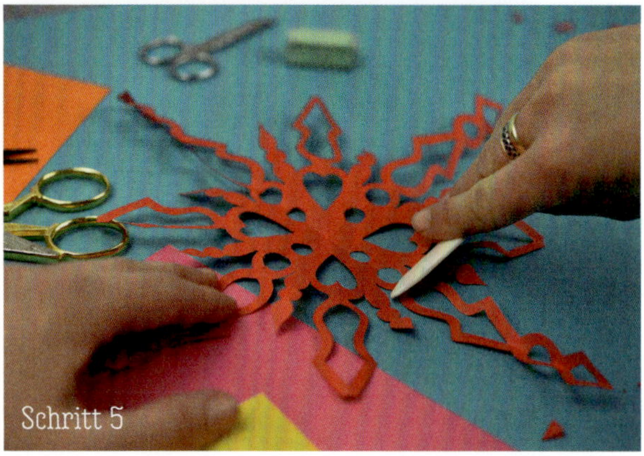

Schritt 5

Papierspitze

Für diese Übung benötigen Sie: ein Origamipapier, ein Falzbein, einen Bleistift und eine Schere.

1. Legen Sie das Origamipapier auf eine ebene Arbeitsfläche. Falten Sie es mittig diagonal, so dass ein Dreieck entsteht, und streichen Sie die Falze mit dem Falzbein glatt. Verwenden Sie das Falzbein auch bei jedem folgenden Falz.

2. Legen Sie das Dreieck mit der Spitze nach oben. Falten Sie es nochmals mittig, indem Sie die seitlichen Spitzen zusammenlegen. Wiederholen Sie diesen Schritt ein weiteres Mal. Legen Sie das Dreieck nun mit der dicken Spitze nach unten vor sich.

3. Zeichnen Sie Formen auf das Dreieck, die Sie später ausschneiden. Schattieren Sie, was weggeschnitten werden muss. Die gelben Linien auf dem Foto zeigen, wo Brücken* stehen bleiben müssen.

4. Schneiden Sie nun mit der Schere entlang der Linien. Die schattierten Flächen kommen weg, aber schneiden Sie nicht entlang der gelben Striche!

5. Entfalten Sie das Papier. Streichen Sie die Falze mit dem Falzbein wieder auseinander.

6. So sieht das Resultat aus! //

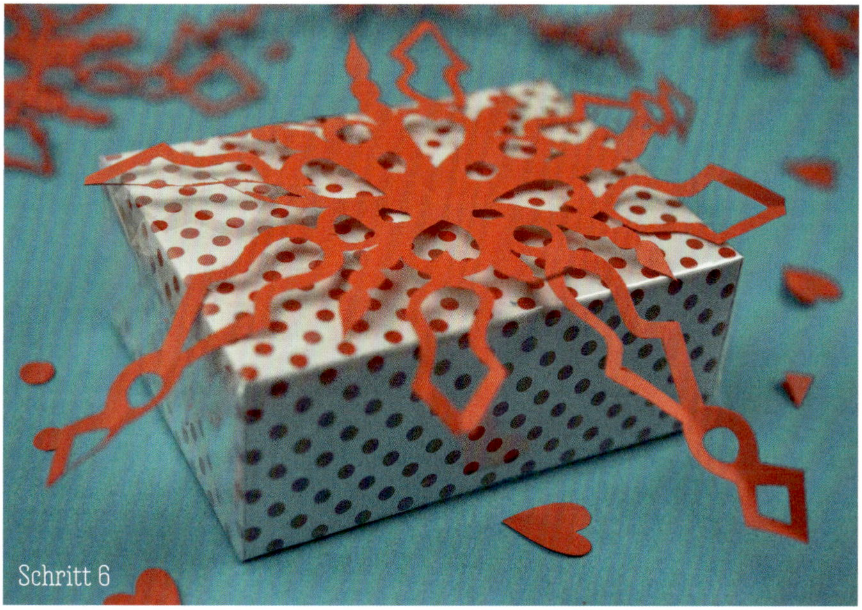

Schritt 6

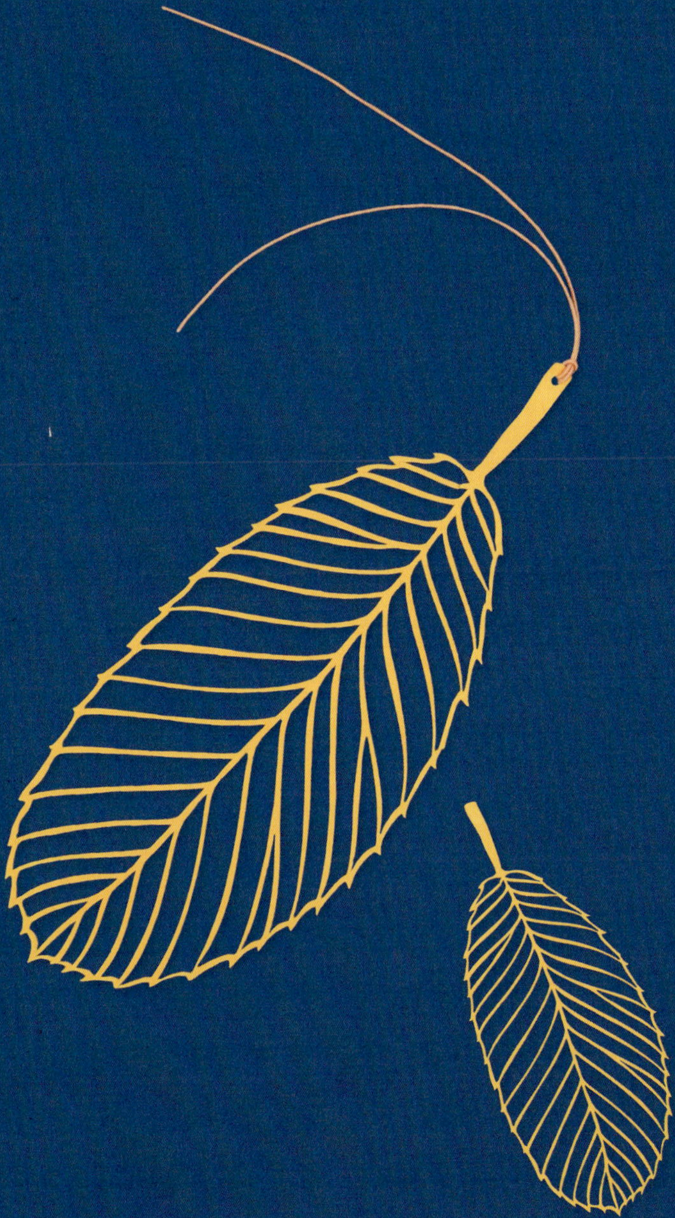

KAPITEL 4

LESE ZEICHEN

Wir beginnen ganz einfach! Bei diesem Projekt wenden Sie die Übungen aus dem vorigen Kapitel an. Wir gestalten ein Lesezeichen – ganz einfach, aber mit tollem Ergebnis.

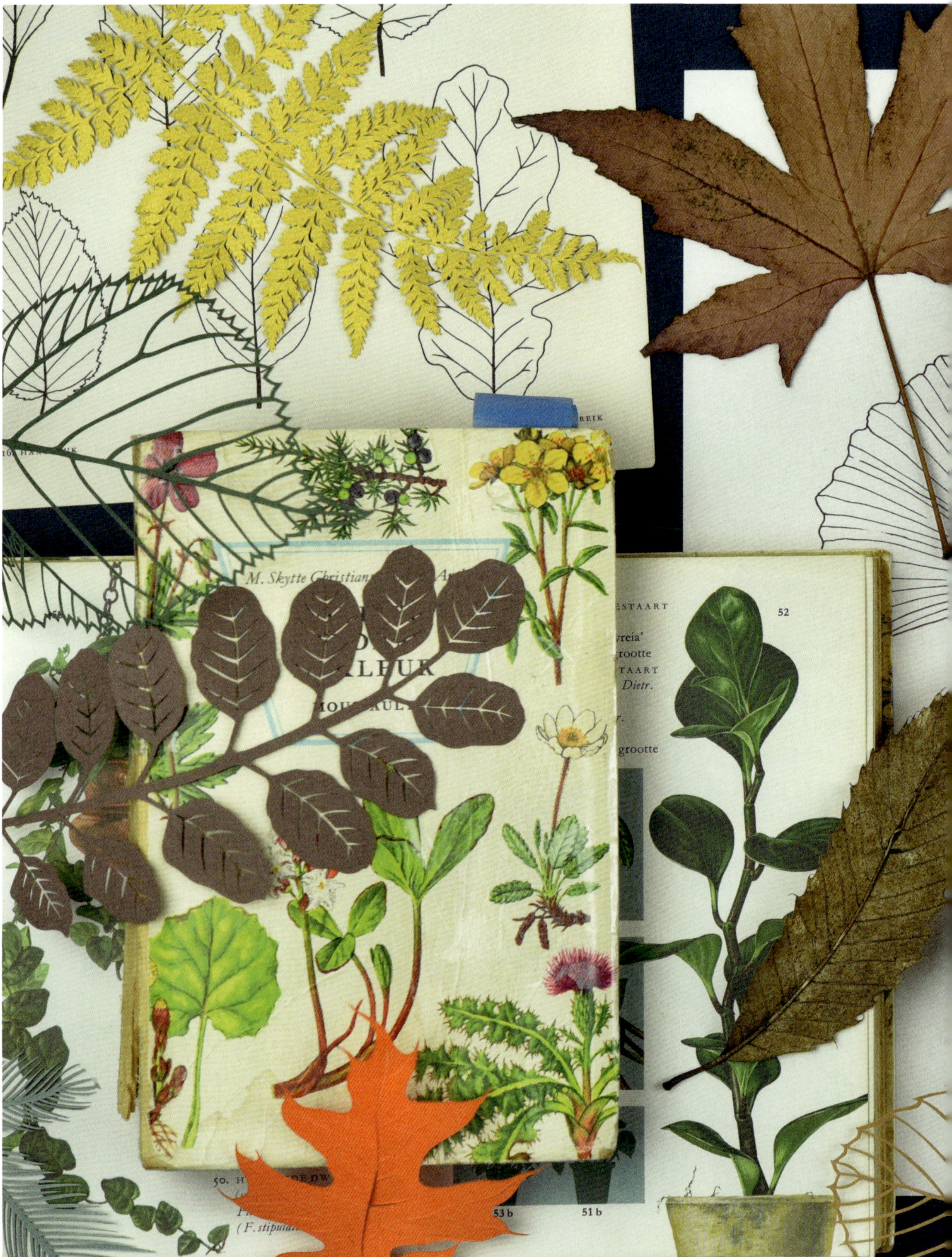
52
grootte
Dietr.
53 b
51 b

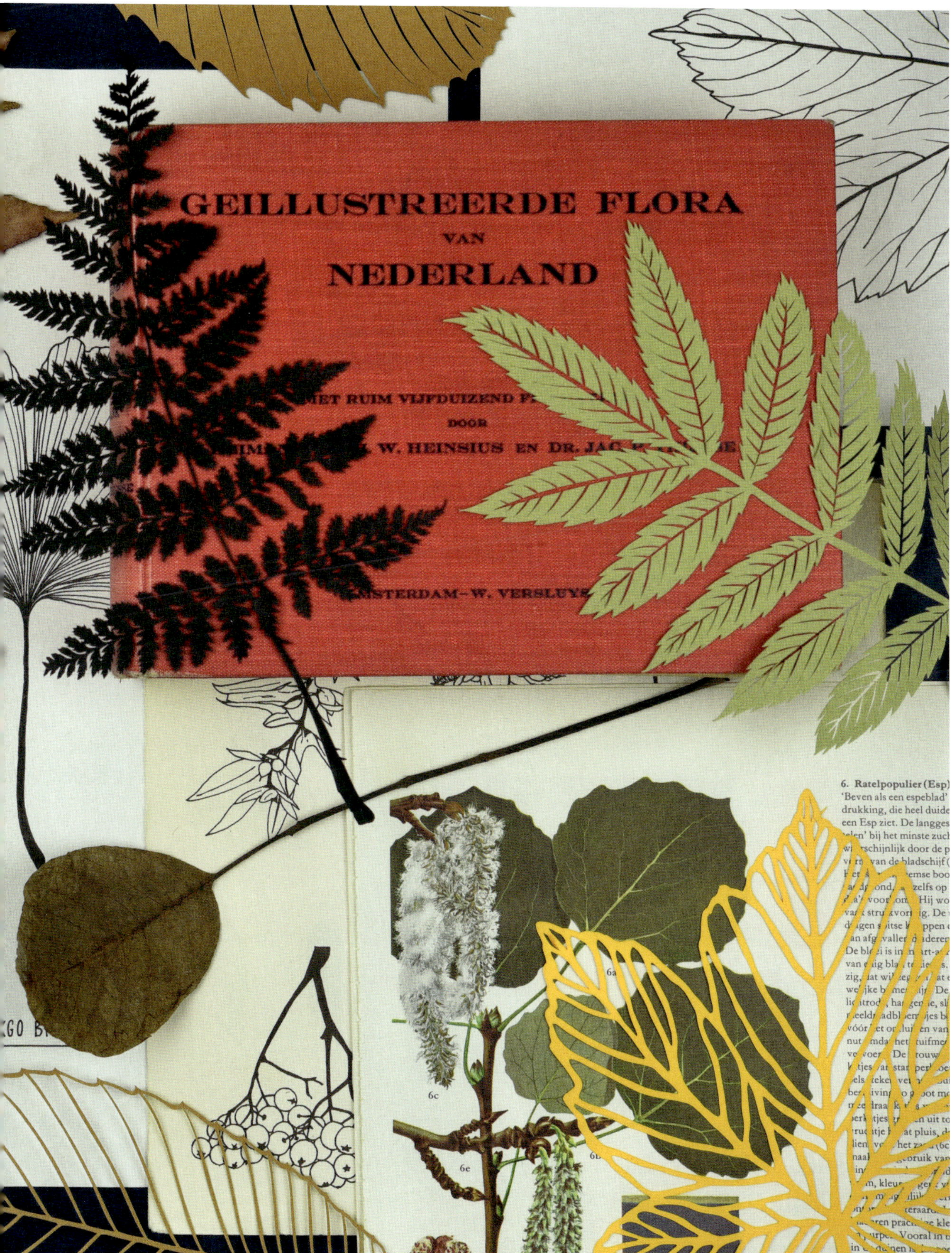
GEILLUSTREERDE FLORA
VAN
NEDERLAND
DOOR
6. Ratelpopulier (Esp)

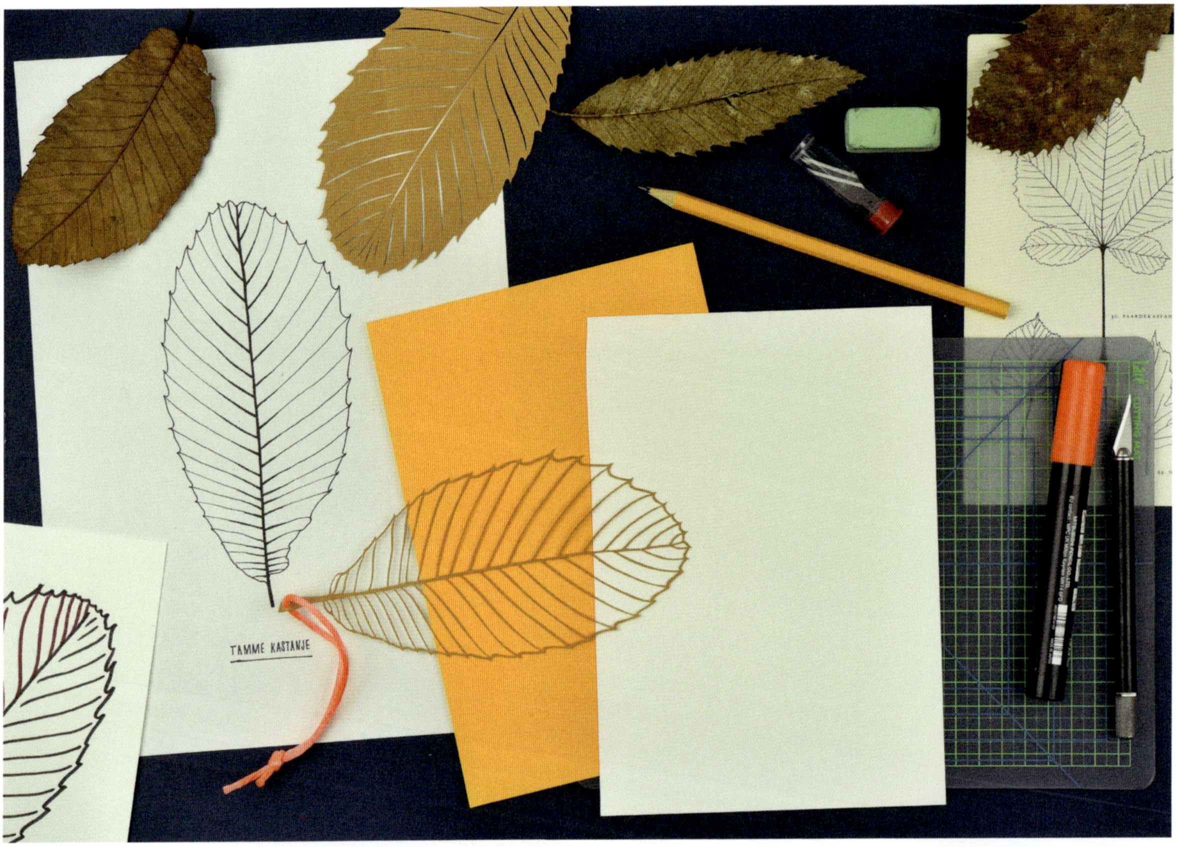

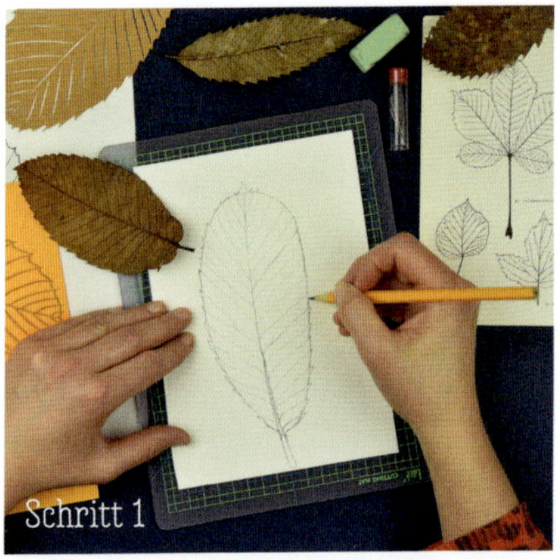
Schritt 1

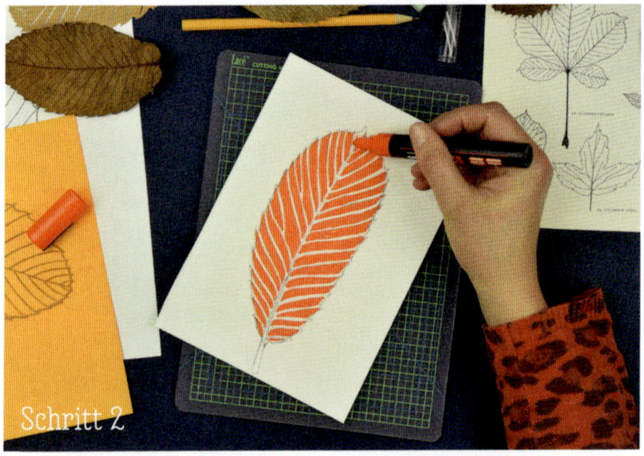
Schritt 2

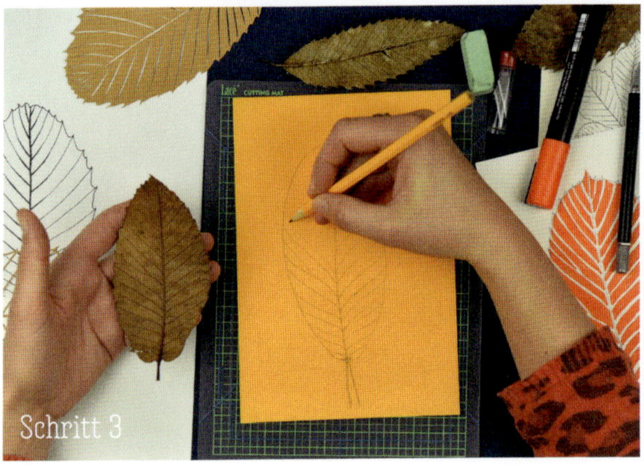
Schritt 3

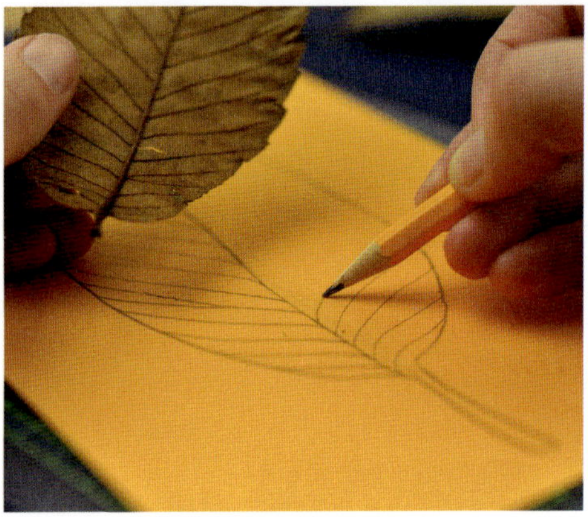

Lesezeichen

Für dieses Projekt benötigen Sie: einen weißen Bogen Papier, einen Bogen Tonapier (DIN A5), einen Bleistift, einen Radiergummi, einen Stift, ein Papiermesser und eine Schneidematte. Als Vorlage verwenden Sie ein echtes Blatt, oder Sie arbeiten mit dem Schneidebogen auf S. 117.

VORBEREITUNG
Gehen Sie hinaus in die Natur, und sammeln Sie Blätter mit einer schönen Aderzeichnung. Es ist egal, ob es grüne oder vertrocknete Blätter sind, wichtig ist die Maserung. Finden Sie keine schönen Blätter, reichen auch Abbildungen von Blättern, z.B. aus einem Pflanzenbuch oder dem Internet.

1. Legen Sie den weißen Bogen Papier vor sich. Zeichnen Sie die Kontur des Blattes und mittig eine Linie als Hauptader*, sowie den Blattstiel. Zeichnen Sie dann die seitlichen Blattadern. Diese sollten ungefähr parallel im gleichen Abstand voneinander und in der gleichen Richtung verlaufen. Zur Blattspitze hin verlaufen die Blattadern jeweils schräger.
Den Blattrand gestalten Sie, indem Sie jeweils an der Stelle, wo die Blattadern auf den Blattrand stoßen, Zacken* zeichnen.

2. Markieren Sie alle Teile, die direkt weggeschnitten werden. Es gibt verschiedene Möglichkeiten, ein Blatt als Paper Cut zu gestalten. Hier schneiden wir das Blattgewebe* weg, während die Adern und der Blattrand stehen bleiben. Umgekehrt geht es natürlich auch, aber dann wird das Paper Cut-Motiv nicht so stabil. Schattieren Sie alle Flächen, die weggeschnitten werden sollen. Der weiße Bogen dient als Vorlage.

MIT SCHNEIDE-BOGEN

3. Und los geht´s! Zeichnen Sie nochmals die Konturen des Blattes, den Blattstiel und die Hauptader. Nehmen Sie das Blatt zur Hand, und zeichnen Sie die Seitenadern sowie die gezackte Blattkontur nach. Ggf. verwenden Sie hierfür den Schneidebogen als Vorlage.

4. Nehmen Sie das Papiermesser und die Schneidematte. Kontrollieren Sie, ob die Messerspitze scharf ist, indem Sie einen Testschnitt vornehmen, und ziehen Sie die Schraube fest. Die Messerklinge muss fest sitzen. ▶

5. Schneiden Sie die Seitenadern ein, indem Sie einen Schnitt unter- und einen oberhalb der Bleistiftlinie ansetzen. Jede Seitenader ergibt einen 2 mm breiten Streifen, der stehen bleiben muss. Schneiden Sie noch nichts weg, und achten Sie darauf, dass die Verbindung zur Hauptader nicht zerschnitten wird. An der rechten Seite schneiden Sie von unten nach oben, dann an der linken Seite von oben nach unten.

6. Jetzt schneiden Sie das Blattgewebe von der Hauptader weg. Achten Sie anhand der Vorlage genau darauf, was Blattgewebe und was Blattadern sind. Schneiden Sie stets mit Unterbrechung an der Linie entlang, wie bei der Übung in Kapitel 3. Erst rechts von unten nach oben, dann links von oben nach unten. Das Blattgewebe sitzt nun nur noch am Blattrand fest.

7. Schneiden Sie dann das Blattgewebe zum Blattrand hin weg. Mit der freien Hand halten Sie das Papier fest. Arbeiten Sie von unten nach oben und wieder nach unten zum Blattstiel hin. Am besten setzen Sie das Messer an der äußersten Spitze der Einkerbung* auf der Blattader an und schneiden von Einkerbung zu Einkerbung. Fahren Sie fort, bis das Blattgewebe komplett weggeschnitten ist.

8. Um den Rand frei zu schneiden, machen Sie lange vertikale Schnitte, Schritt-für-Schritt, von Zacke zu Zacke. Der Rand ist ebenfalls circa 2 mm dick. Arbeiten Sie von unten zur Spitze und von der Spitze wieder nach unten. Achtung! Das Blatt sitzt noch fest, Sie schneiden erst alle vertikale Linien rund um das Blatt.

9. Dann sind die horizontalen Streifen an der Reihe. Schneiden Sie alle Zacken aus, indem Sie erst an der rechten Seite von unten nach oben hin alle horizontalen Streifen ausschneiden. Drehen Sie dann das Blatt, sodass der Blattstiel nach oben zeigt. Und nehmen Sie an dieser Seite ebenfalls die horizontalen Einkerbungen vor. Drehen Sie das Blatt um, damit Sie in der gleichen Richtung vom Blatt wegschneiden können. Zuletzt schneiden Sie den Blattstiel aus.

10. Lösen Sie das Blatt vorsichtig aus dem Papierbogen. **Achtung!** Sollte es stellenweise noch am Papier festsitzen, reißen Sie es nicht los, sondern schneiden Sie an der Stelle vorsichtig mit dem Messer nach.

11. Auf den Blattstiel zeichnen Sie einen kleinen Kreis, den Sie ausschneiden. Oder Sie lochen den Blattstiel.

12. Fädeln Sie ein circa 25 cm langes Band durch die Lochung, und fertig ist das Lesezeichen!

13. Das ist das Ergebnis! //

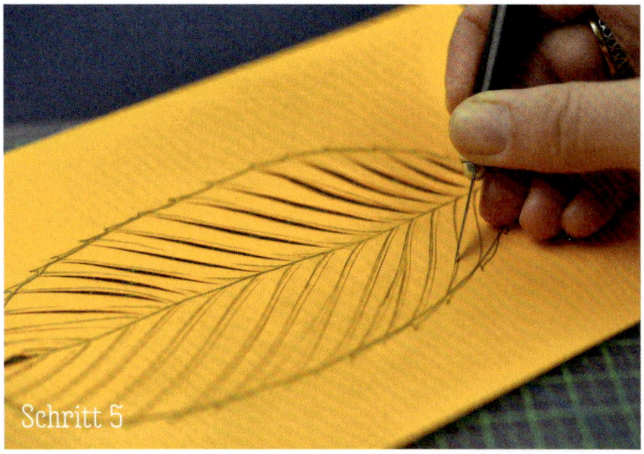

Schritt 5

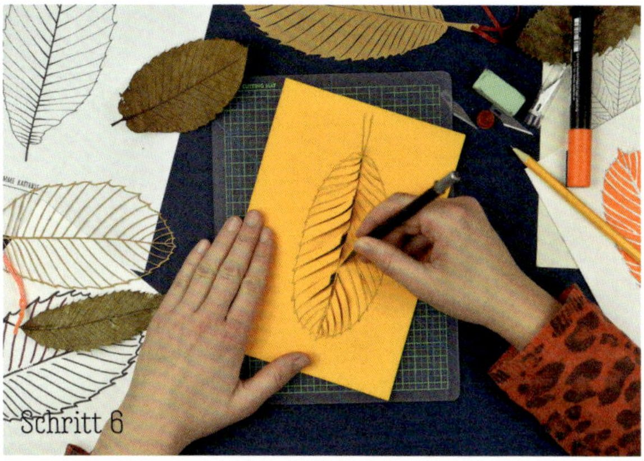

Schritt 6

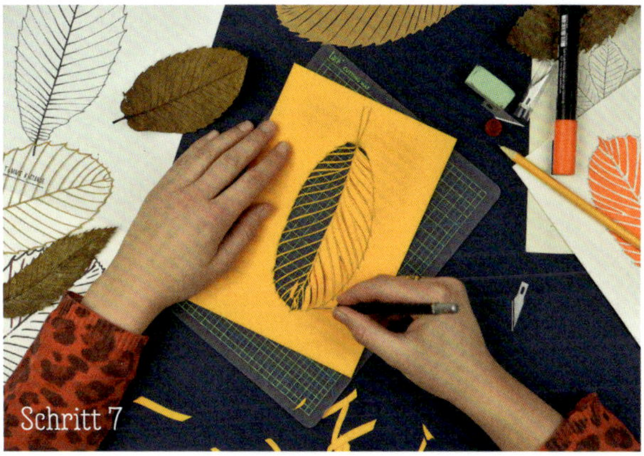

Schritt 7

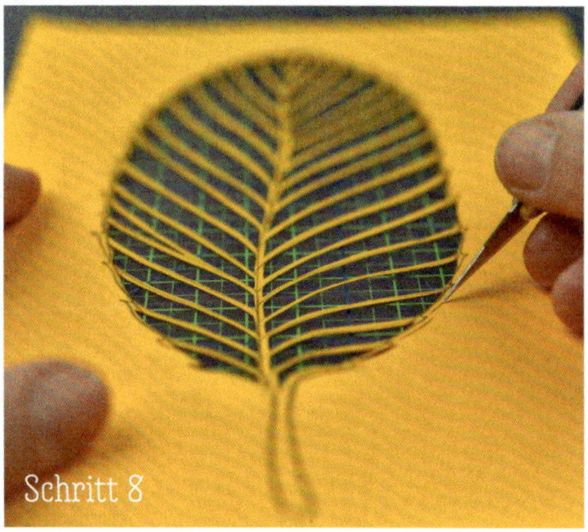

Schritt 8

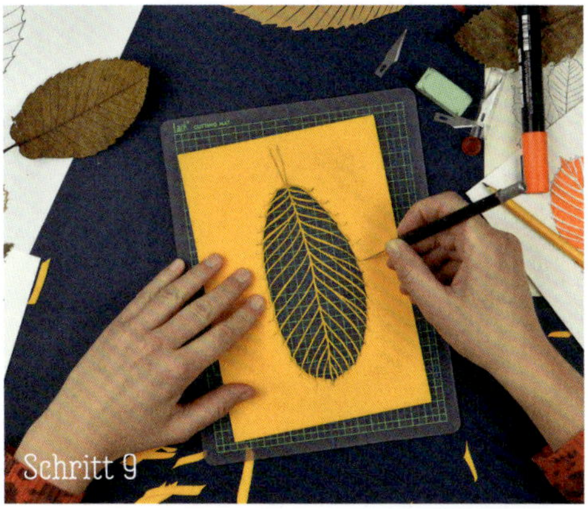

Schritt 9

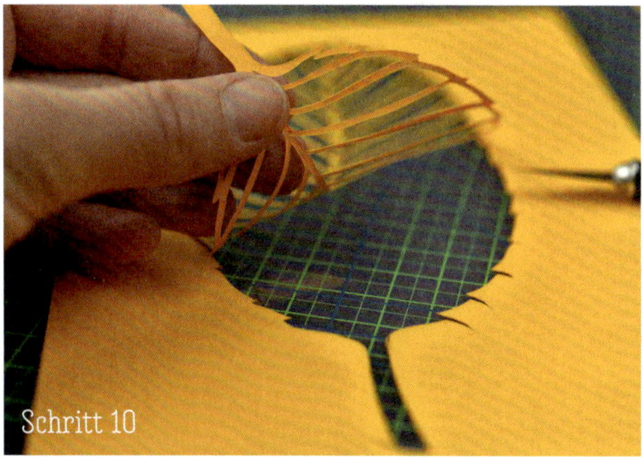

Schritt 10

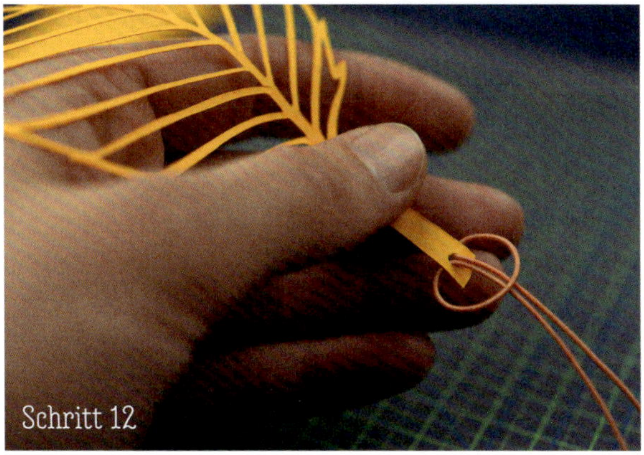

Schritt 12

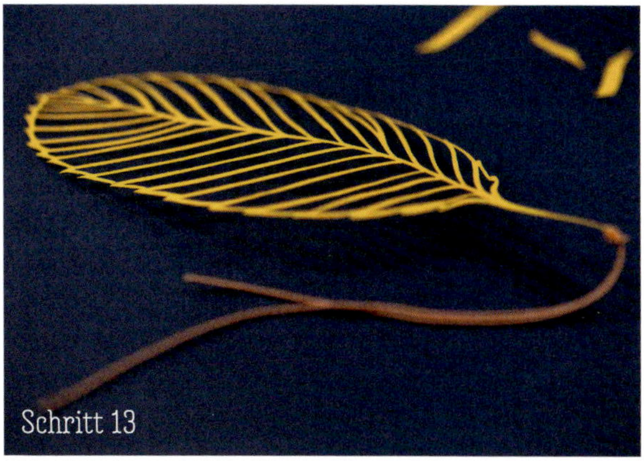

Schritt 13

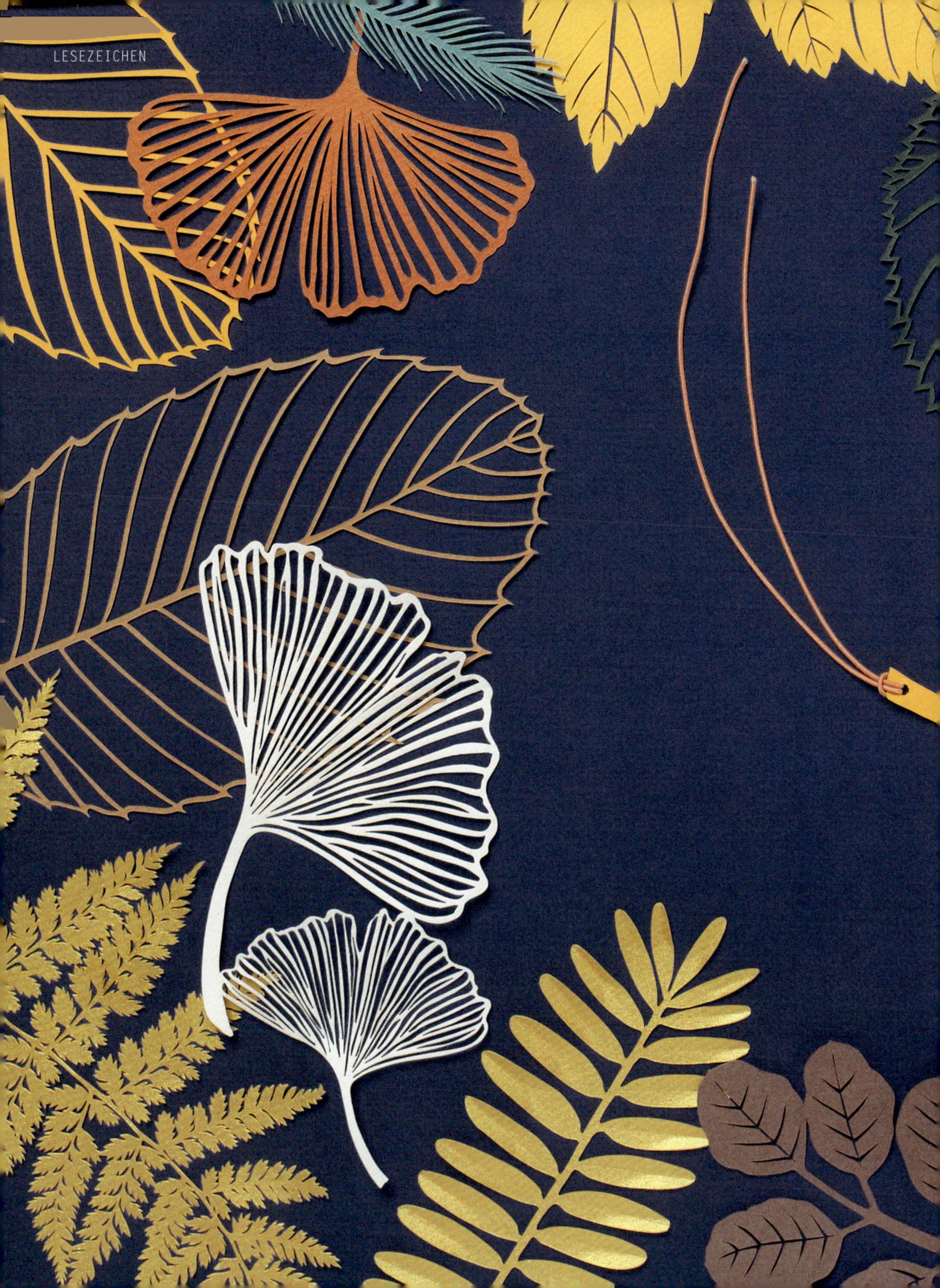

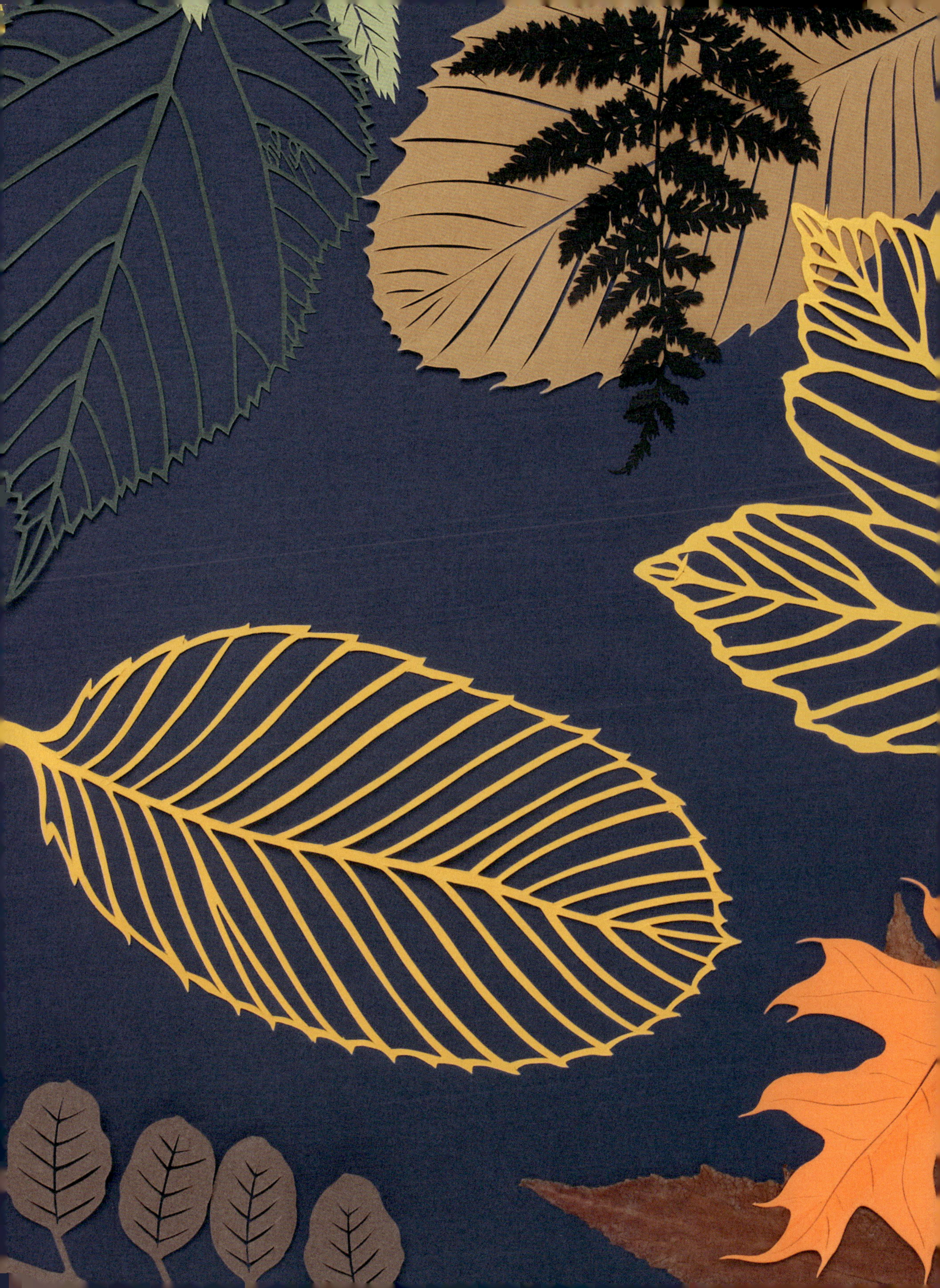

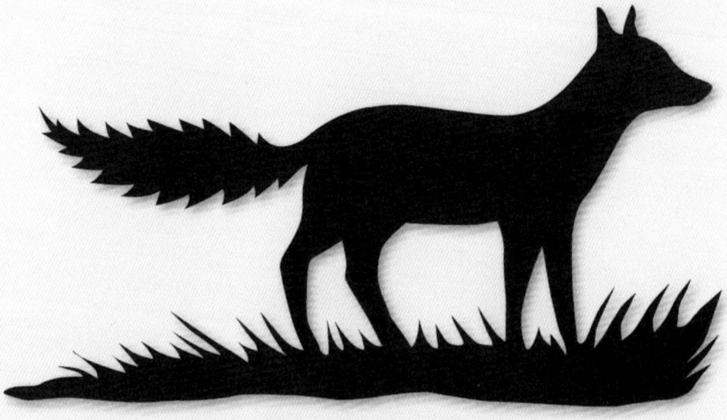

KAPITEL 5

BUCH HÜLLE

Da Sie nun schon ein wenig Übung im Umgang mit dem Papiermesser haben, können wir einen Schritt weiter gehen. In diesem Kapitel gestalten Sie ein symmetrisches Paper Cut-Motiv, als Illustration für die Vorderseite eines Notizbuchs oder Heftes. Ihr eigenes Buchcover! Sie können es ganz nach Wunsch mit oder ohne den Fuchs gestalten.

Buchhülle

Für dieses Projekt benötigen Sie:
einen Bogen Origamipapier (Vorderseite farbig, Rückseite weiß), einen Radiergummi, ein Papiermesser mit Reserveklinge und eine Schneidematte. Außerdem benötigen Sie: ein Heft oder Notizbuch mit einer blanko Vorderseite, Sprühkleber, Zeitungspapier als Arbeitsunterlage und ggf. den Schneidebogen auf S. 119.

MIT SCHNEIDEBOGEN

1. Legen Sie das Origamipapier vor sich auf die Arbeitsfläche. Falten Sie es längs mittig zu einem Rechteck. Der Falz verläuft an der rechten Seite.

2. Zeichnen Sie vom Falz ausgehend eine Baumhälfte. Beginnen Sie mit dem Stamm, und zeichnen Sie dann die Zweige, wie die gespreizten Finger einer Hand. Die Ausläufer verzweigen stets weiter. Ggf. verwenden Sie hierfür den Schneidebogen.

3. Zeichnen Sie dann einfach geformte Blätter an die Zweige, nach der Methode Klammer auf – Klammer zu *, wobei die Linien oben aufeinander treffen. Fahren Sie fort, bis die Baumhälfte vollständig ist. Hier und da sollte ein Blatt den Zweig darüber berühren. Das sorgt für mehr Stabilität des Paper Cuts.

4. Dann gestalten Sie die Umgebung. Malen Sie ein Tier unter den Baum, z.B. einen Fuchs. Seine charakteristische Silhouette ist anhand der spitzen Ohren und des struppigen Schwanzes gut zu erkennen. Eine weniger komplexe Gestalt ist natürlich auch möglich, eine Schnecke, ein Hase oder eine Schildkröte beispielsweise. Blättern Sie in Tierbüchern oder suchen Sie im Internet nach Vorlagen. Allein der Baum als Motiv ist natürlich ebenfalls möglich. In diesem Fall überspringen Sie die Schritte mit *. Unterhalb vom Baum und dem Fuchs zeichnen Sie eine Grasnarbe. ▶

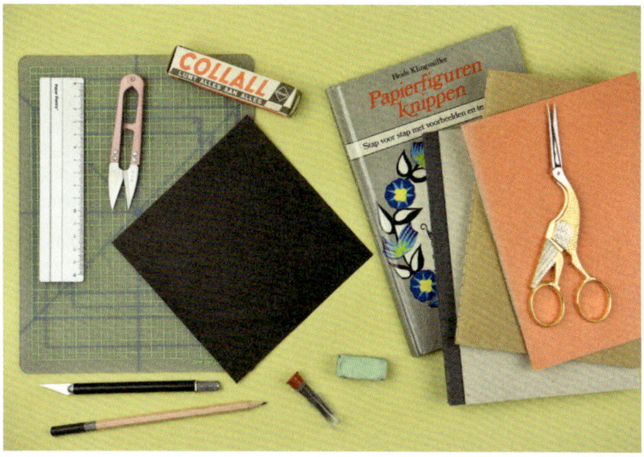

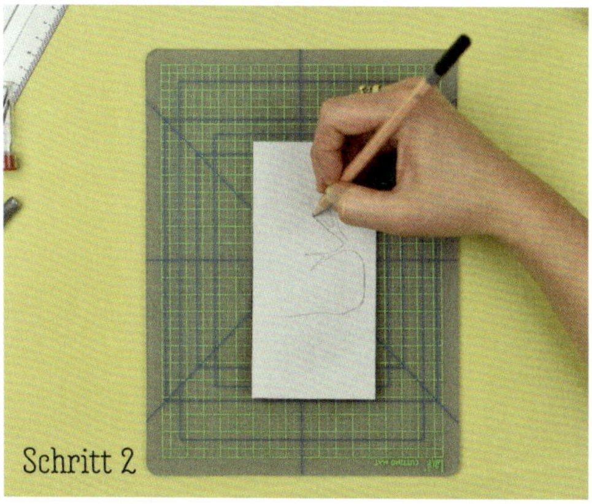

Schritt 2

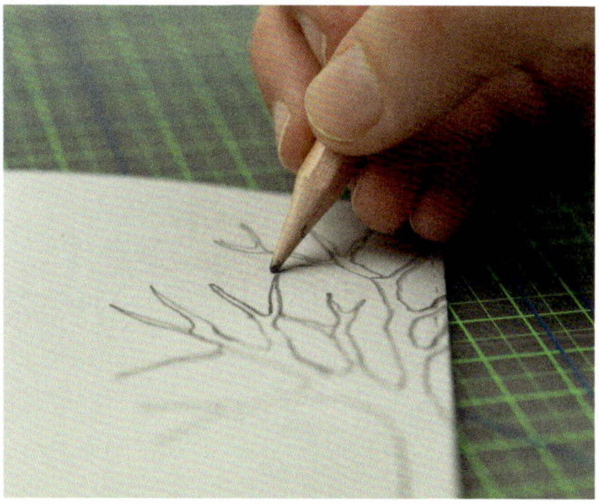

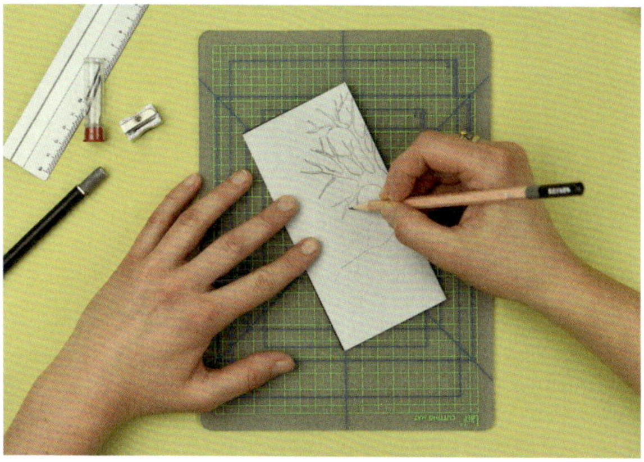

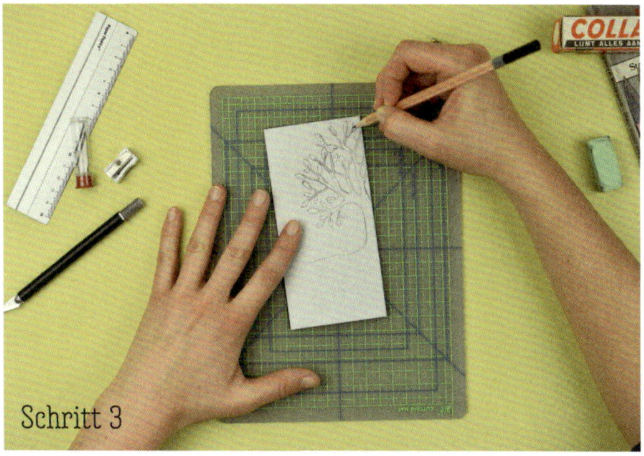

Schritt 3

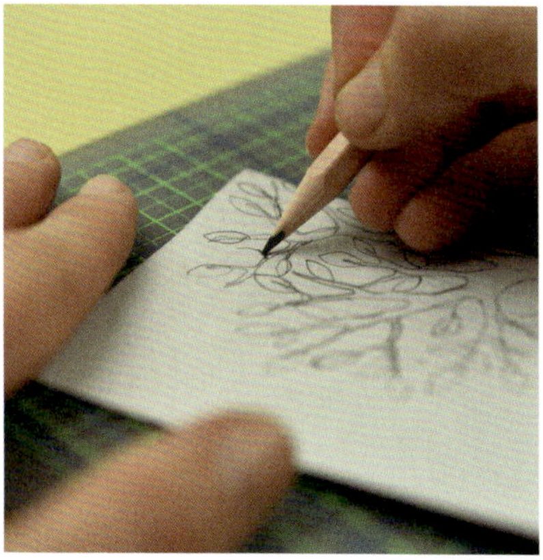

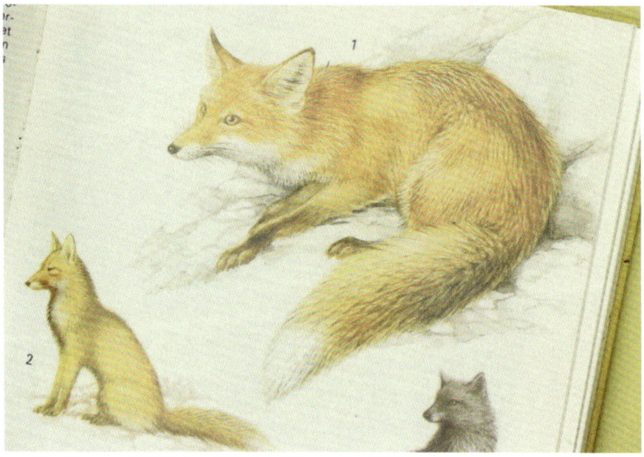

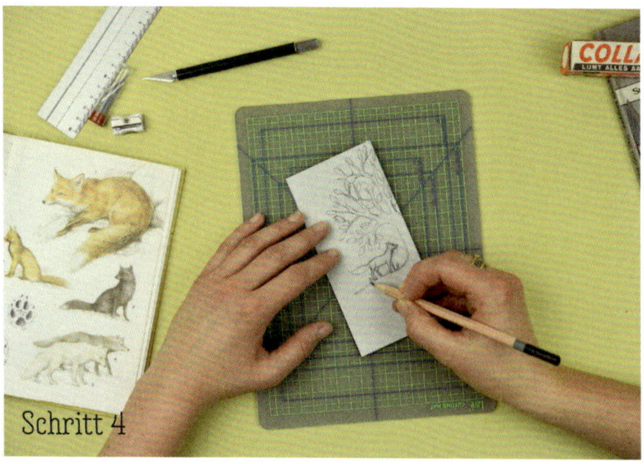

Schritt 4

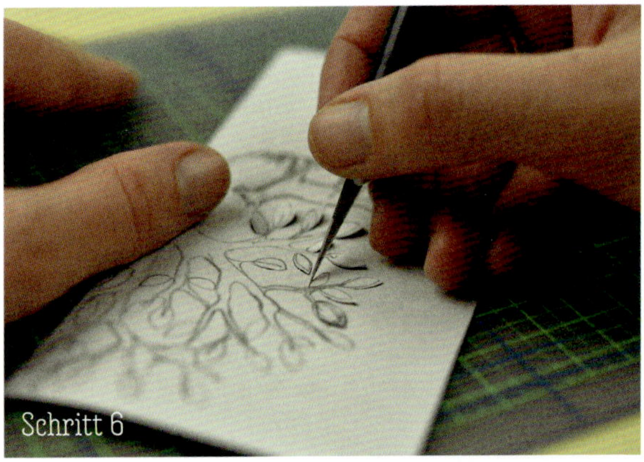

Schritt 6

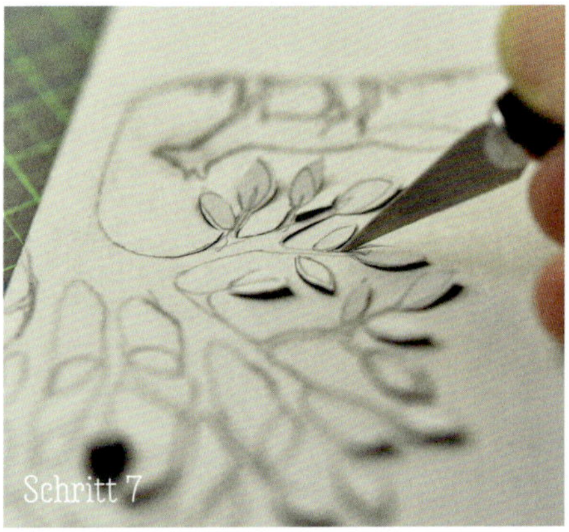

Schritt 7

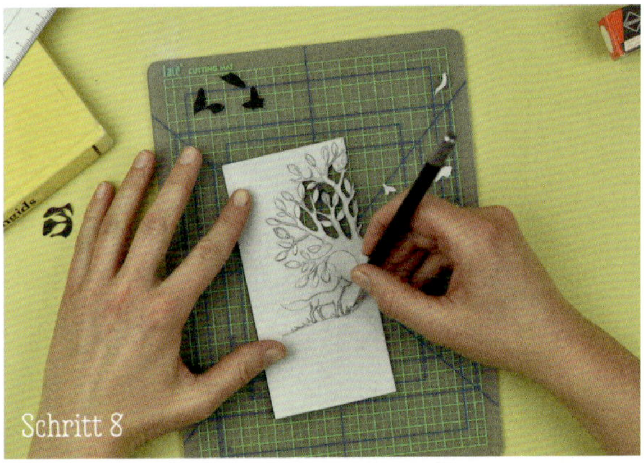

Schritt 8

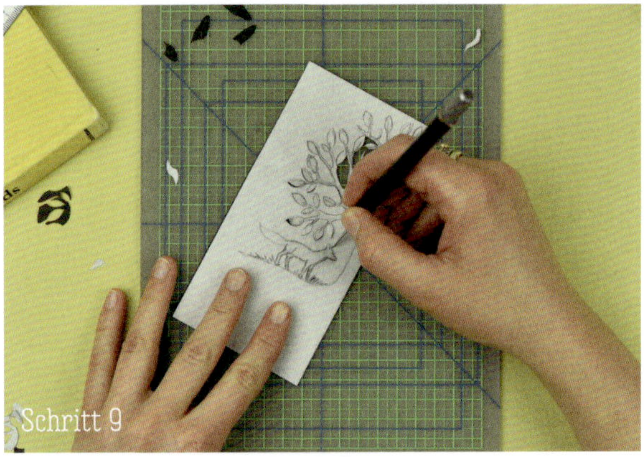

Schritt 9

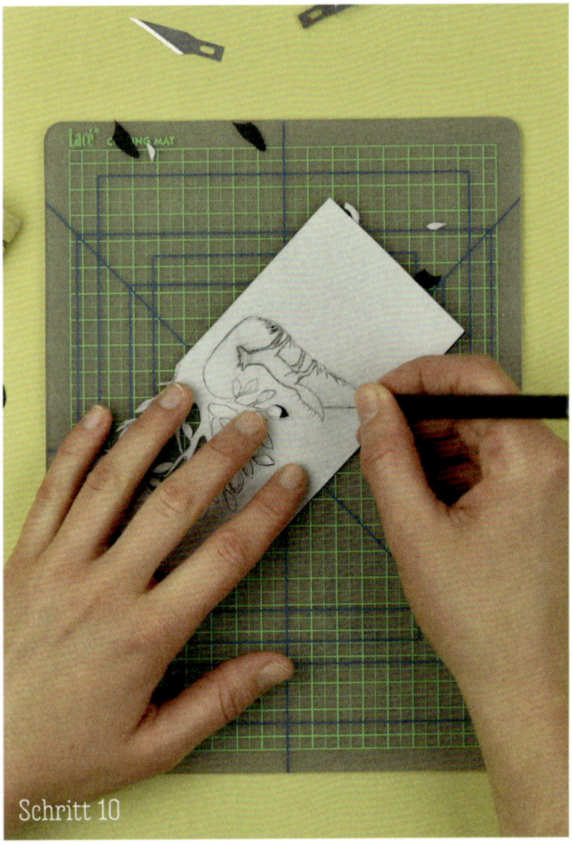

Schritt 10

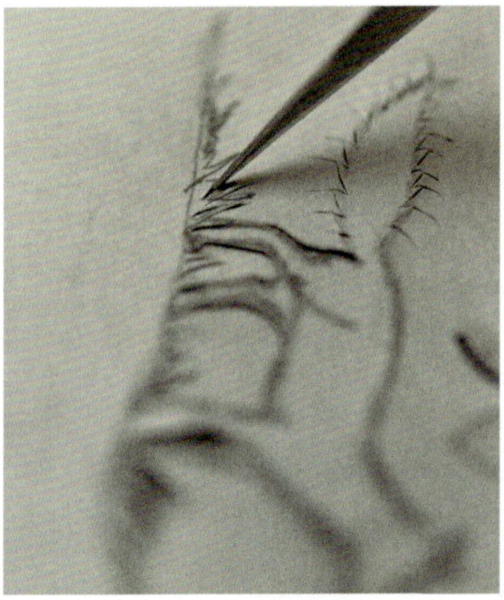

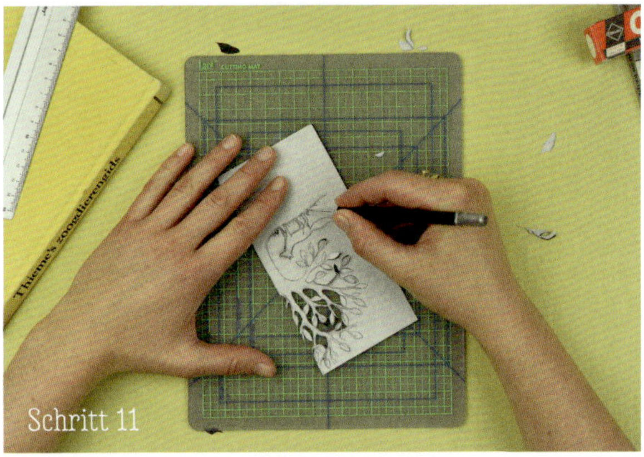

Schritt 11

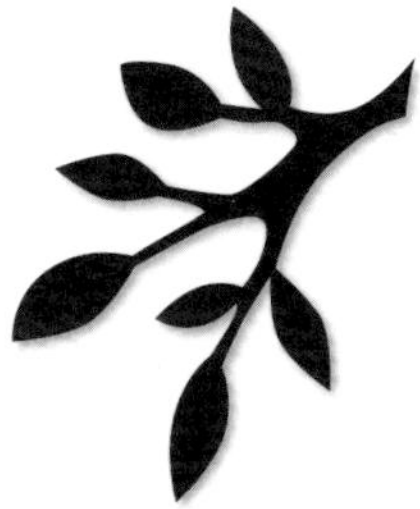

5. Wechseln Sie die Klinge des Papiermessers, und ziehen Sie die Schraube gut an. Schneiden Sie stets von sich weg, und üben Sie genügend Druck aus.

6. Legen Sie das Origamipapier auf die Schneidematte, und schneiden Sie die Blätter aus. Achten Sie darauf, dass Blatt und Blattstiel verbunden bleiben. Die Blattkontur wird also rundum nicht komplett ausgeschnitten, sondern zum Blattstiel hin bleibt eine Lücke von 2 mm. Arbeiten Sie von unten nach oben, und drehen Sie dabei das Papier oder die Schneidematte.
Hand und Puls bleiben während des Ausschneidens in der gleichen Haltung. Wichtig ist, dass Sie das Origamipapier erst auseinanderfalten, wenn Sie wirklich fertig sind, auch wenn die Versuchung groß ist, zwischendurch das Ergebnis zu prüfen.

7. Nach dem Ausschneiden der Blätter sind die Zweige an der Reihe. Setzen Sie die Messerspitze stets am Blattansatz an, und schneiden Sie bis zum folgenden Blatt. So können Sie sicher sein, nichts zu vergessen. Drehen Sie auch hier wieder das Papier oder die Schneidematte. Arbeiten Sie von unten nach oben zur Baumkrone hin.

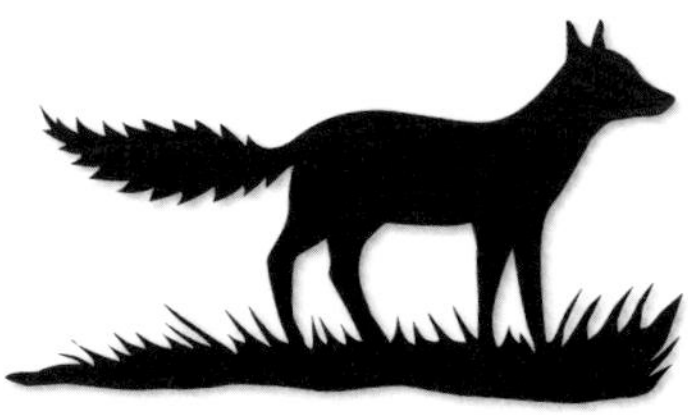

8. Den Baumstamm schneiden Sie von oben nach unten aus, das Gras, indem Sie nebeneinander eine gerade und eine gebogene Linie schneiden, die an der Spitze zusammentreffen.

*9. Die Vorder- und Hinterläufe vom Fuchs werden vom Boden bis zur Schulter bzw. Hüfte hinauf geschnitten. Beginnen Sie mit den Hinterläufen, und arbeiten Sie dann von den Vorderläufen zur Brust hinauf, rundum den Kopf und die spitzen Ohren. Denken Sie daran, stets das Papier oder die Matte und nicht die Hand zu versetzen. Schneiden Sie die Kontur des Fuchses bis zum Schwanzansatz.

*10. Den buschigen Fuchsschwanz schneiden Sie auf die gleiche Weise wie die Blattkontur in Kapitel 4. Zuerst werden alle Längslinien rechts und links vom Schwanz jeweils bis zur Spitze geschnitten, dann alle schrägen Linien. Achten Sie darauf, dass sich die schrägen Einschnitte mit den Längsschnitten kreuzen. Auf diese Weise ist gewährleistet, dass sich der Schwanz schließlich gut aus dem Papier lösen lässt. Dann ist der Bauch an der Reihe. Er wird von links nach rechts ausgeschnitten. ▶

11. Schließlich schneiden Sie das Gras hinter dem Fuchs aus. Indem Sie die Linien nach links immer schräger werdend schneiden, wirkt das Gras hier niedergetreten. Nach links hin lassen Sie die Grasnarbe flach auslaufen, sodass der letzte Grashalm praktisch horizontal in die Wellenlinie des Untergrunds übergeht.

12. Diese wellige Linie schneiden Sie unterhalb der Grasnarbe weiter, zum Falz hin.

13. Die symmetrische Form ist nun vollständig ausgeschnitten, sodass Sie das Motiv aus dem Restpapier* lösen können. Gehen Sie dabei schrittweise vor. Fangen Sie im Bereich unterhalb des Baumes an, indem Sie das Papier links vom Grasstreifen wegschneiden.

14. Dann wird das Papier von der Grasnarbe bis zum Schwanzansatz, um den Schwanz, rundum den Fuchs und den Baumstamm hinauf weggeschnitten, dann rundum die Baumkrone und zuletzt zwischen Bauch, Beinen und Grasnarbe.

15. Nun dürfen Sie das Papier endlich auseinanderfalten! Mit dem Falzbein streichen Sie den Falz wieder auseinander, während Sie mit der anderen Hand die Silhouette festhalten. Kleine Unregelmäßigkeiten korrigieren Sie einfach mit der Schere.

16. Das filigrane Motiv ist nun fertig!

17. Legen Sie es auf das Notizbuch, und markieren Sie die Position. Dann kommt das Paper Cut-Motiv, mit der Rückseite nach oben liegend, auf eine Zeitungsseite. Besprühen Sie es dünn mit Sprühkleber, und nehmen Sie das Motiv sofort wieder von der Zeitung (damit es nicht haften bleibt), und fixieren Sie es innerhalb der Markierungen auf dem Notizbuch. Hierfür streichen Sie das Motiv vorsichtig von der Mitte aus - also vom Stamm - zu den Seiten hin glatt. //

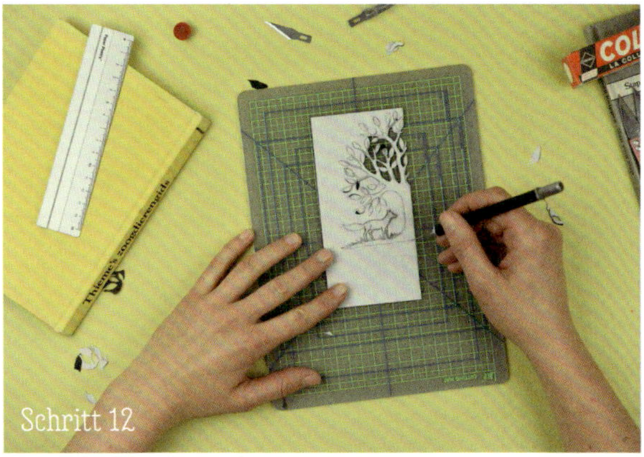
Schritt 12

TIPP: Lässt sich das Motiv nicht aus dem Papierbogen lösen, helfen Sie stellenweise mit dem Messer nach. Ziehen Sie aber niemals an festsitzenden Papierstückchen, denn dann reißt das Papier womöglich ein.

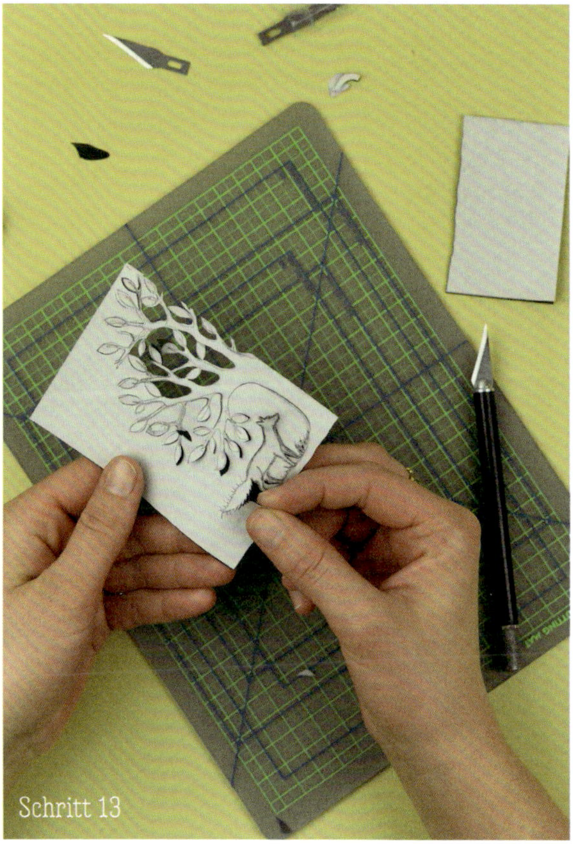
Schritt 13

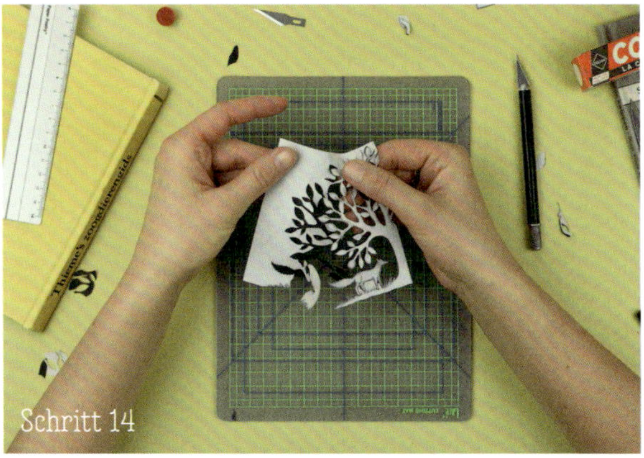
Schritt 14

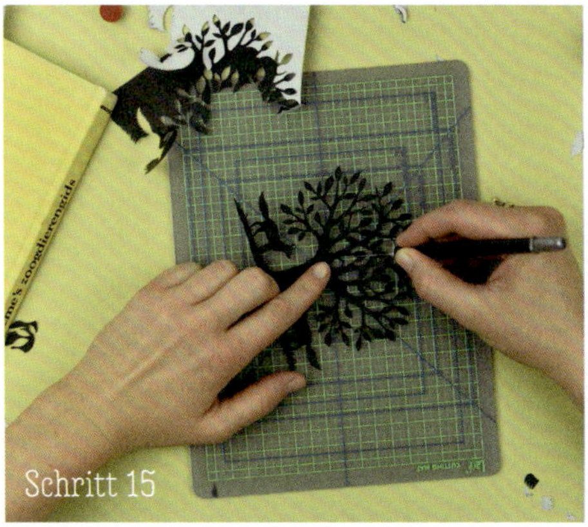
Schritt 15

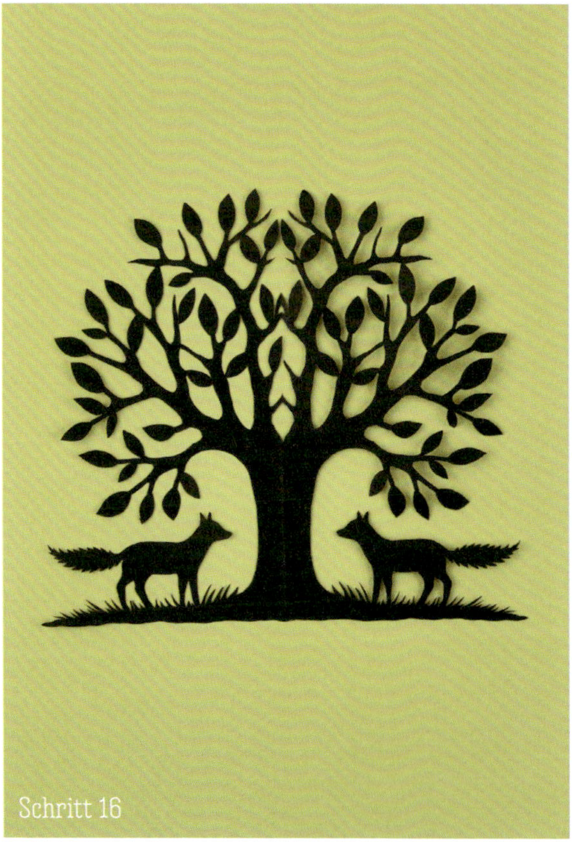
Schritt 16

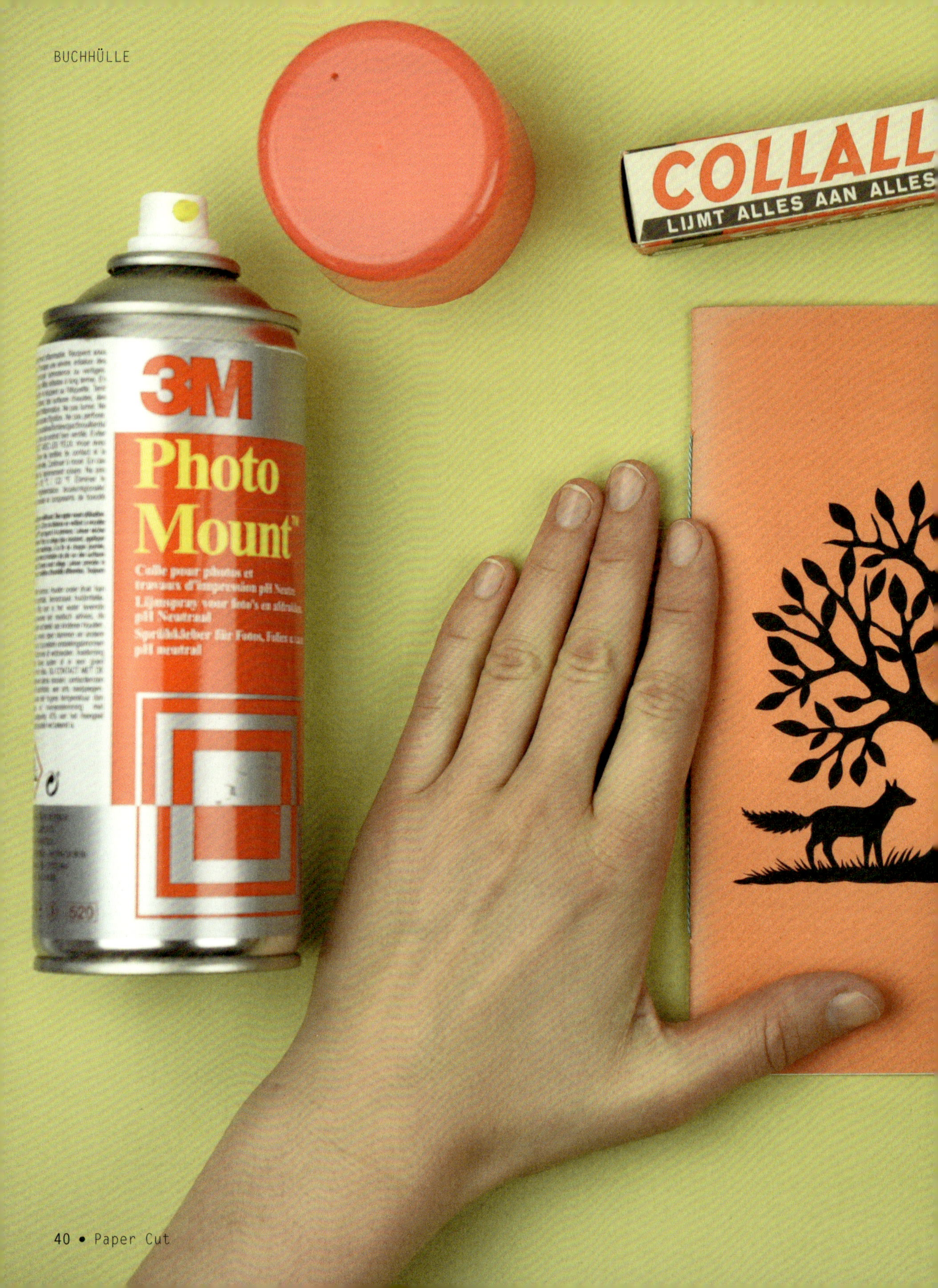
3M
Photo
Mount
COLLALL
LIJMT ALLES AAN ALLES

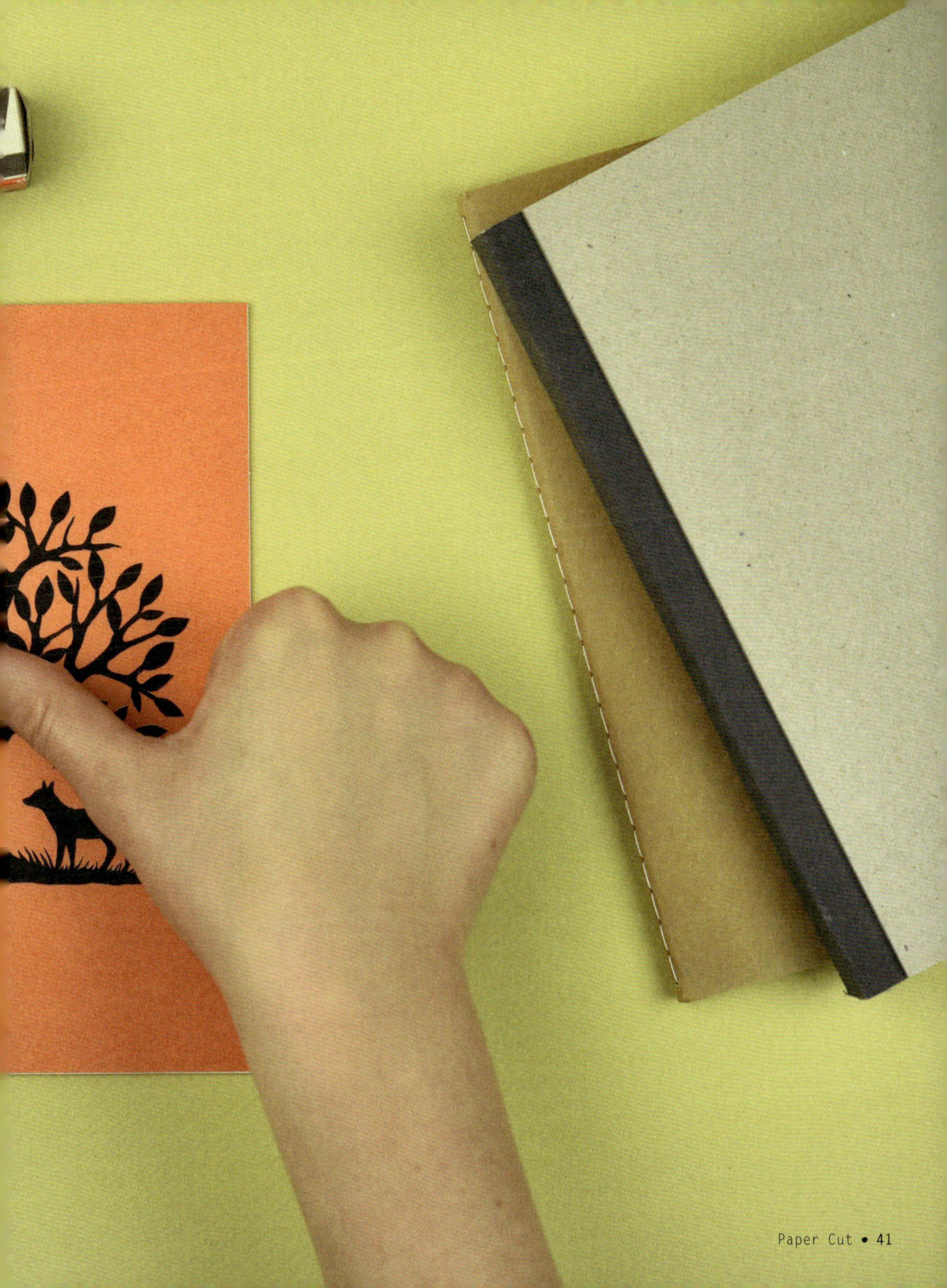

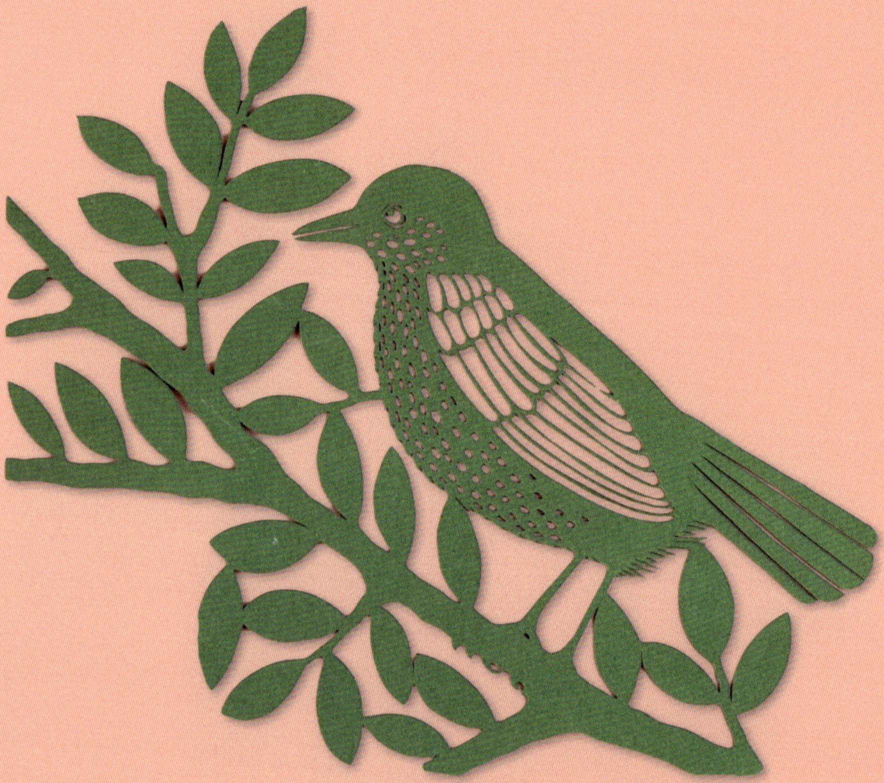

KAPITEL 6

VOGEL IM BAUM

Dieses Projekt ist gar nicht so schwierig, wie es auf den ersten Blick erscheint, denn die Technik ist die gleiche wie zuvor. Das Motiv ist lediglich etwas größer und macht daher etwas mehr Mühe.

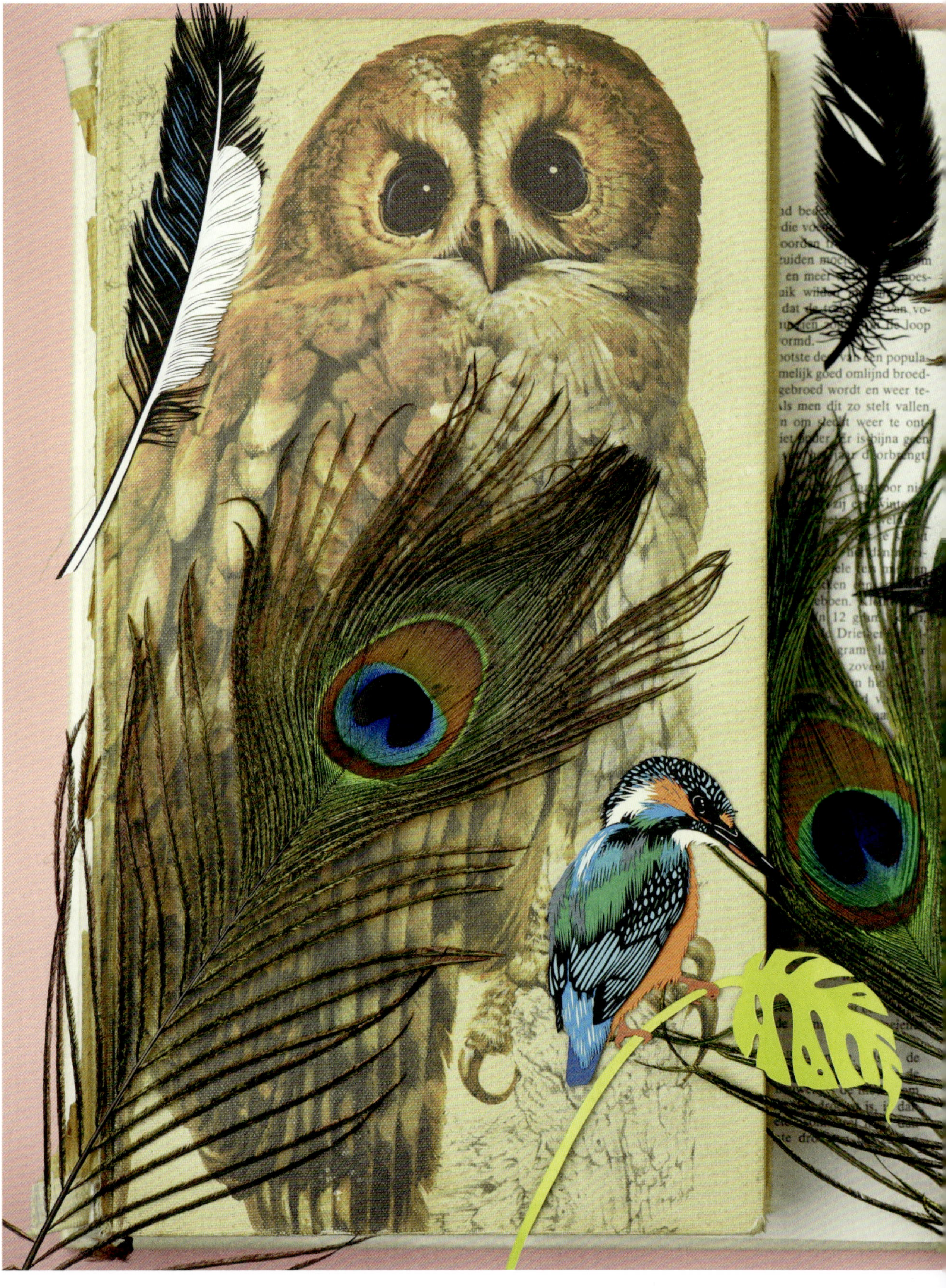

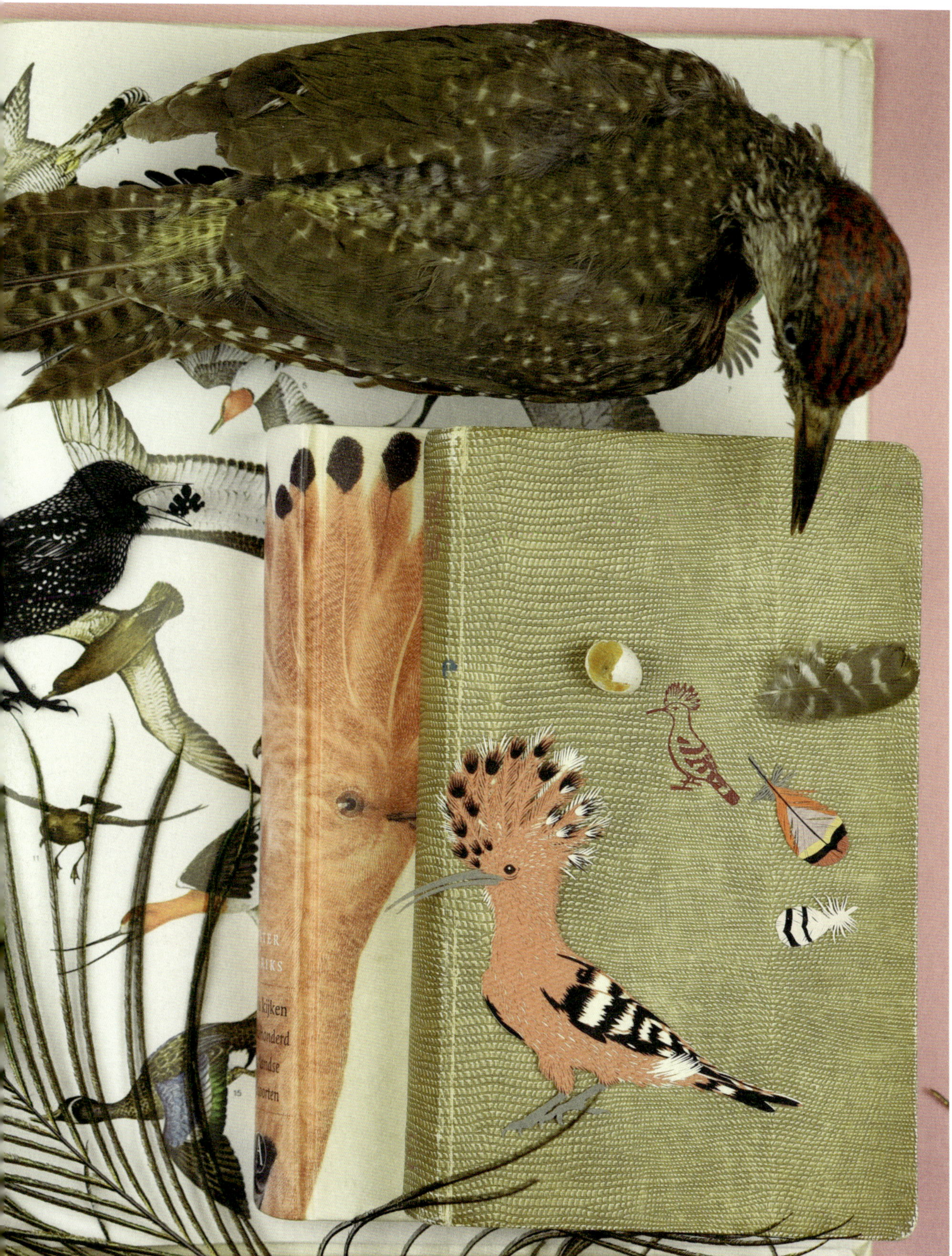

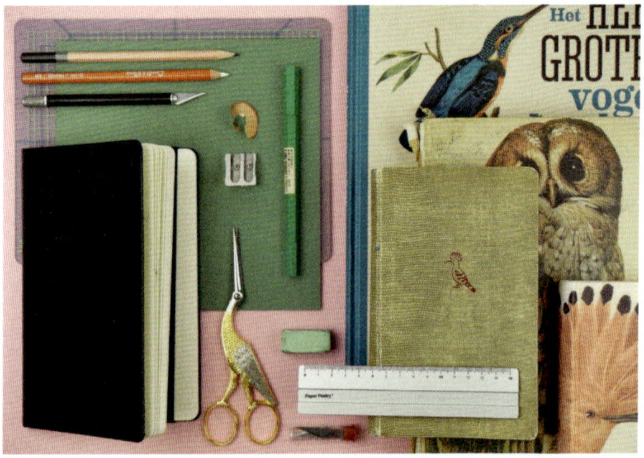

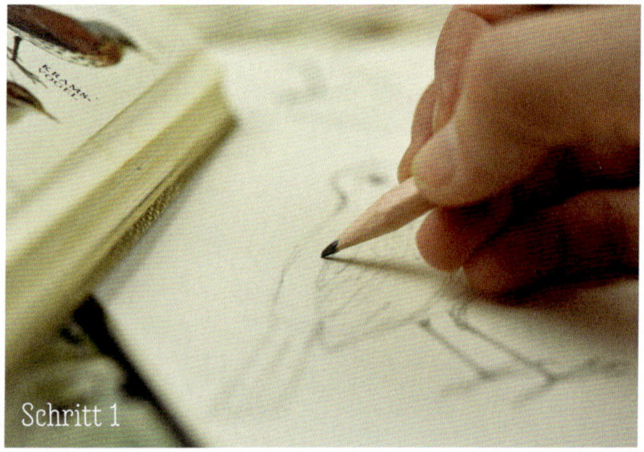

Schritt 1

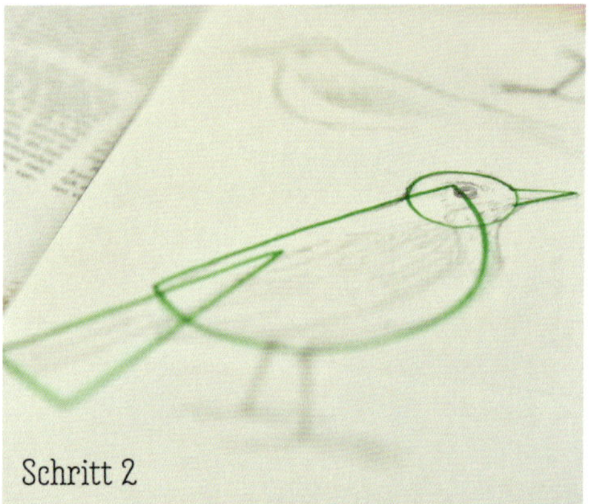

Schritt 2

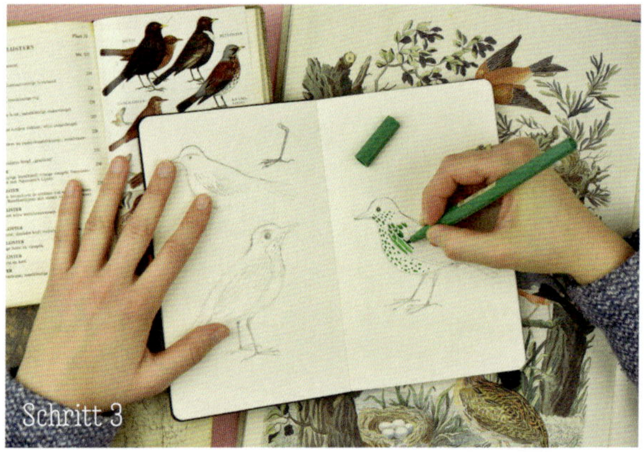

Schritt 3

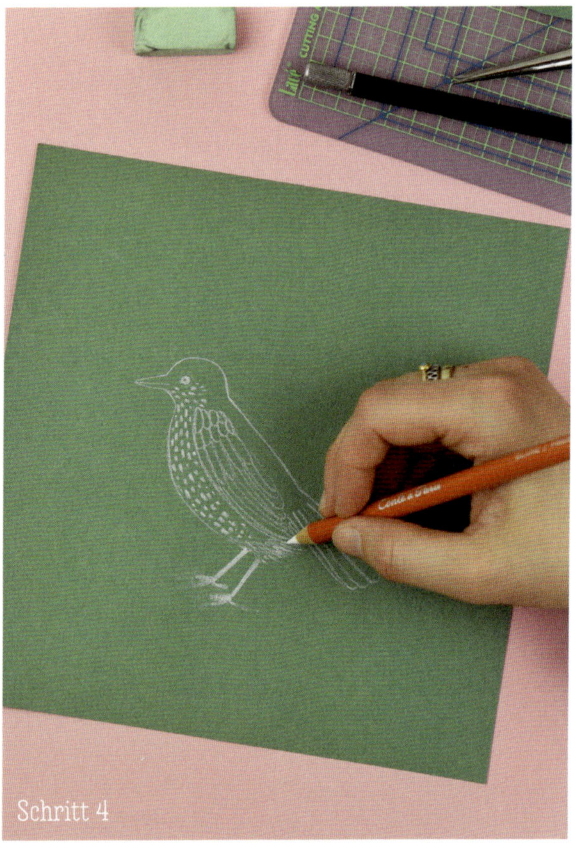

Schritt 4

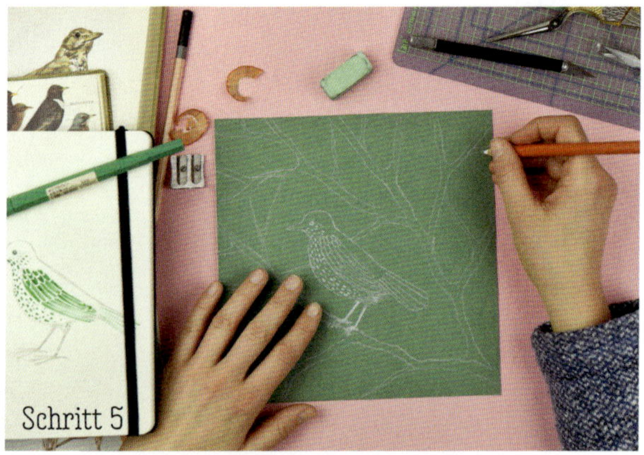

Schritt 5

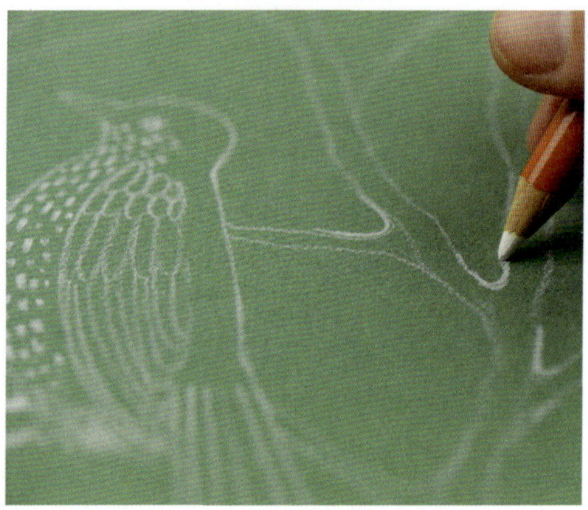

Vogel im Baum

Für dieses Projekt benötigen Sie: Skizzenpapier, Bleistift, Radierer und einen Stift, eine Schneidematte, ein Papiermesser mit Reserveklinge, eine Schere und ein Lineal, ein 21 x21 cm großes Tonpapier (120 g/m²). Wenn Sie mit dunkel getöntem Papier arbeiten, einen weißen Buntstift und einen Anspitzer.

VORBEREITUNG
Sammeln Sie alles, was mit Vögeln zu tun hat: Bücher, Federn, Poster, Vorlagen, ausgestopfte Vögel – einfach alles. Betrachten Sie die Vögel genau, und wählen Sie dann einen Vogel, dessen Silhouette und Federkleid gut zu erkennen sind, z.B. einen Star, eine Drossel oder einen Specht.

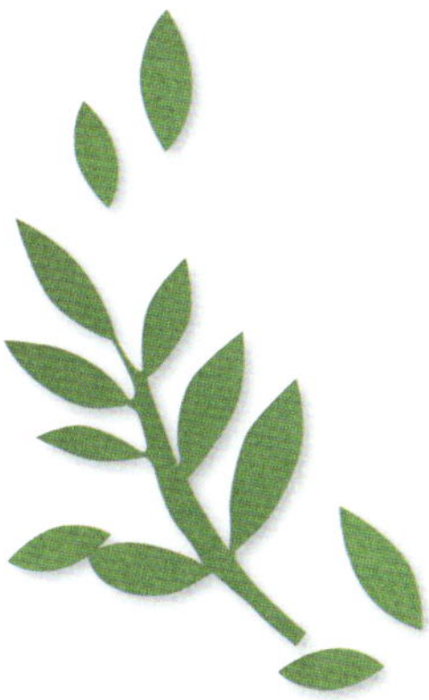

1. Üben Sie auf dem Skizzenpapier, um sich mit der Gestalt des Vogels vertraut zu machen.

2. Vereinfacht ausgedrückt besteht ein Vogel aus einem Kreis mit einem kleinen Dreieck und aus einem Halbkreis mit einem großen, langen Dreieck.

3. Wählen Sie die am besten gelungene Skizze aus, und markieren Sie alle Teile, die für den Paper Cut weggeschnitten werden. Berücksichtigen Sie, dass die Flächen, die schraffiert bzw. später ausgeschnitten werden, nicht zu groß sind. Unterteilen Sie z.B. den Flügel in kürzere und längere »Federn«.

4. Nehmen Sie das Tonpapier zur Hand. Hat es eine dunklere Farbe, übertragen Sie dann mit einem Buntstift, ansonsten mit einem Bleistift, die Vogelform von der Skizze noch einmal, ungefähr mittig platziert, auf das Tonpapier. Die Krallen sparen Sie vorläufig aus. An der Stelle, wo die Beine aus dem Vogelkörper ragen, zeichnen Sie kleine Herzen. Dies ist der etwas plustrige Teil im Federkleid.

5. Schräg unter den Beinen zeichnen Sie einen Ast. Der Ast bekommt außerdem eine Abzweigung, ebenfalls unterhalb der Beine. Die Krallen zeichnen Sie leicht gekrümmt um den Ast. Der Ast erhält weitere Abzweigungen. Verbinden Sie die Zweige teilweise miteinander und teilweise mit dem Papierrand, indem von den Abzweigungen weitere Verästelungen abgehen. Die Zweigansätze* werden nicht spitz, sondern abgerundet gestaltet. ▶

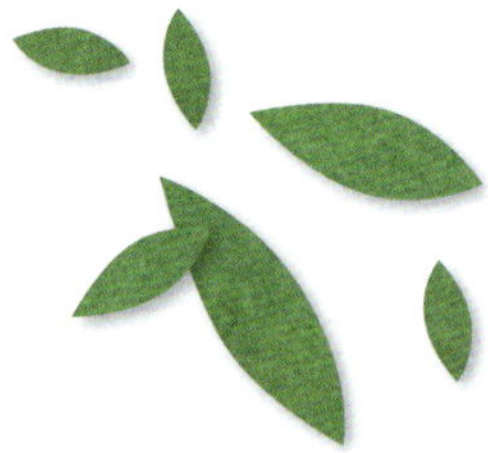

6. An die Äste und Zweige zeichnen Sie die Blätter, so viele wie möglich. Manchmal sind es gleich drei Blätter übereinander, dann jeweils eins links und rechts an einem Zweig, und ab und zu ist es nur ein einzelnes Blatt, um eine Lücke zu füllen. Sorgen Sie dabei für zahlreiche Überschneidungen, denn je mehr Motiv-Teile miteinander verbunden sind, umso stabiler wird der Paper Cut.

7. Legen Sie die Schneidematte auf die Arbeitsfläche, und setzen Sie eine neue Klinge in das Papiermesser. Achten Sie darauf, dass die Klinge absolut fest sitzt.

8. Bei einem großen Paper Cut-Motiv wie hier gehen Sie folgendermaßen vor: Beginnen Sie mit dem Ausschneiden der kleinen Teile, und fahren Sie dann mit den größeren fort. Zum Schluss schneiden Sie das Restpapier* weg. Hier beginnen Sie also mit den Sprenkeln im Federkleid. Man beginnt übrigens mit den kleineren Teilen, weil hierfür mehr Stabilität des Papiers nötig ist. Ist nämlich bereits ein großer Teil des Papiers weggeschnitten, wenn Sie mit dem Ausschneiden der kleinen Teile beginnen, besteht die Gefahr, dass das verbleibende Papier einreißt.

9. Die Sprenkel lösen Sie mit zwei kleinen Schnitten aus dem Papier. Dabei gehen Sie genauso wie bei den Blättern im vorigen Kapitel vor, nach der Klammer auf - Klammer zu* Methode, nur etwas abgerundeter. Zuerst werden alle Linien »Klammer auf«, dann alle Linien »Klammer zu« geschnitten.

10. Beim Auge gehen Sie wie folgt vor: Schneiden Sie zuerst eine kleine, halbmondähnliche Form aus. Dann schneiden Sie oberhalb und unterhalb davon jeweils einen länglichen Bogen aus. Komplett um das Auge herum können Sie nicht schneiden, denn die Fläche zwischen den flachen Bögen dient als Brücke*, damit das Auge nicht aus dem Papier fällt.

11. Die Flügel schneiden Sie von links nach rechts aus, damit die Arbeitshand nicht über den ausgearbeiteten Flügel streicht. Vergleichen Sie den Paper Cut stets mit Ihrer Skizze, um zu prüfen, was weggeschnitten wird, und was stehen bleibt. Es erscheint schwieriger als es ist, denn genau genommen ist es hier nicht anders als bei der Übung von Kapitel 3 mit den kleinen Rechtecken: Zuerst werden alle vertikalen Linien, dann alle horizontalen Linien ausgeschnitten.

12. Beim Schwanz schneiden Sie eine Einkerbung* vom Schwanzansatz bis zum äußersten Schwanzende. Dann setzen Sie das Messer wieder am selben Punkt am Schwanzansatz an und schneiden in einem leichten Bogen bzw. etwas schräger zum Schwanzende hin. Gerade so, als ob Sie einen Grashalm ausschneiden. Arbeiten Sie von unten nach oben.

13. Nachdem nun alle Sprenkel, der Flügel und die Schwanzfedern ausgeschnitten sind, beginnen Sie mit den Blättern. Das machen Sie wieder nach der Klammer auf - Klammer zu Methode. Die Blattstiele* lassen Sie an den Zweigen stehen, damit die Blätter nicht herausfallen. Manchmal sorgt ein Blatt auch für die Verbindung zwischen zwei Zweigen. In diesem Fall lassen Sie nicht nur die Blattstiele stehen, sondern auch die Blattspitzen. D.h. hier schließen Sie die »Klammern« nicht vollständig.

14. Nun schneiden Sie - von Blatt zu Blatt - die Zweige aus. Den Ast, auf dem der Vogel mit seinen Krallen steht, lassen Sie noch ruhen, dieser kommt später an die Reihe. ►

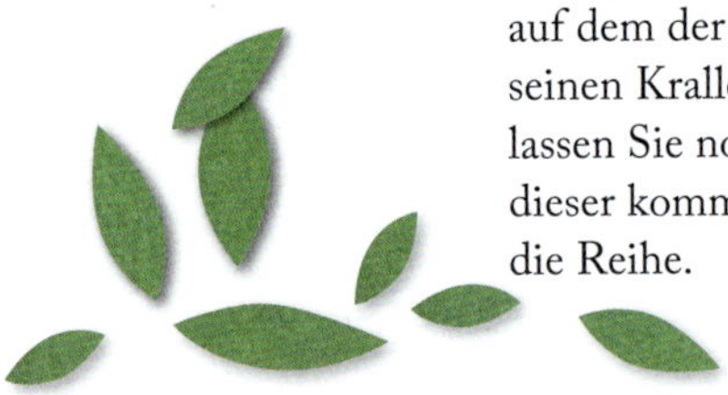

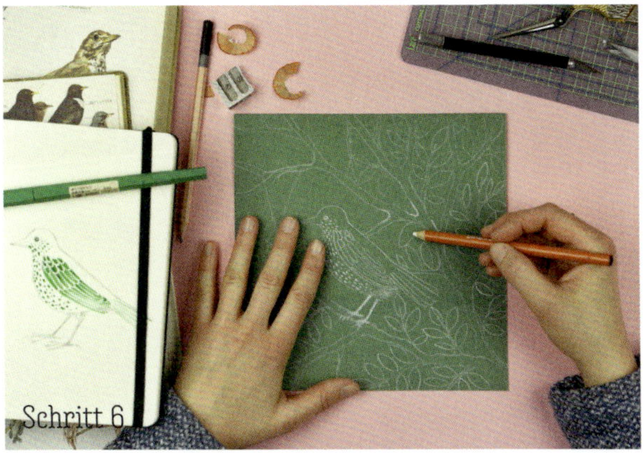
Schritt 6

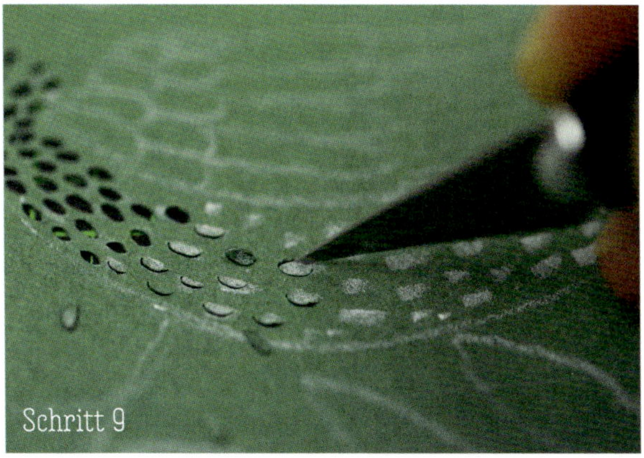
Schritt 9

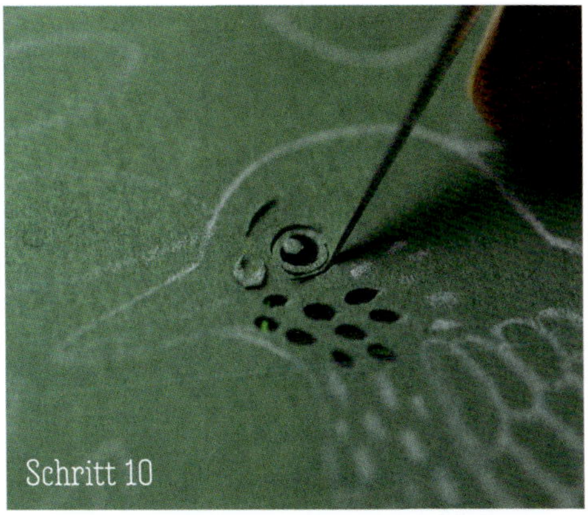
Schritt 10

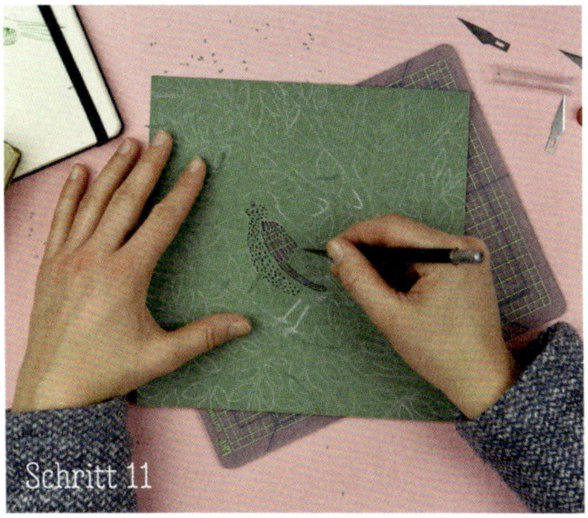
Schritt 11

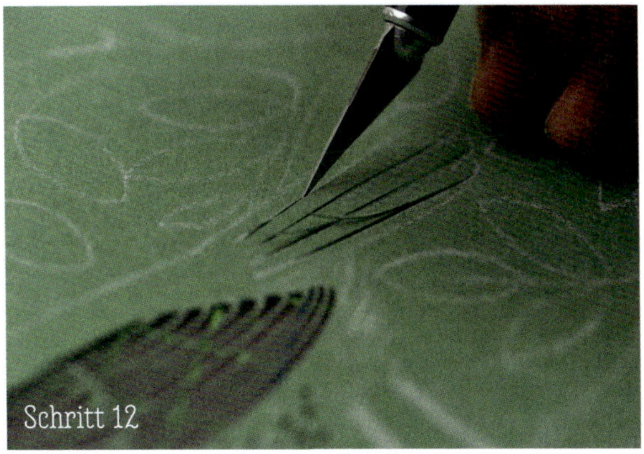
Schritt 12

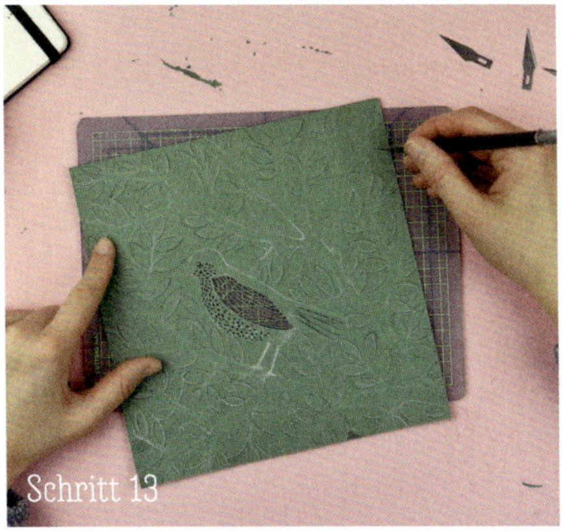
Schritt 13

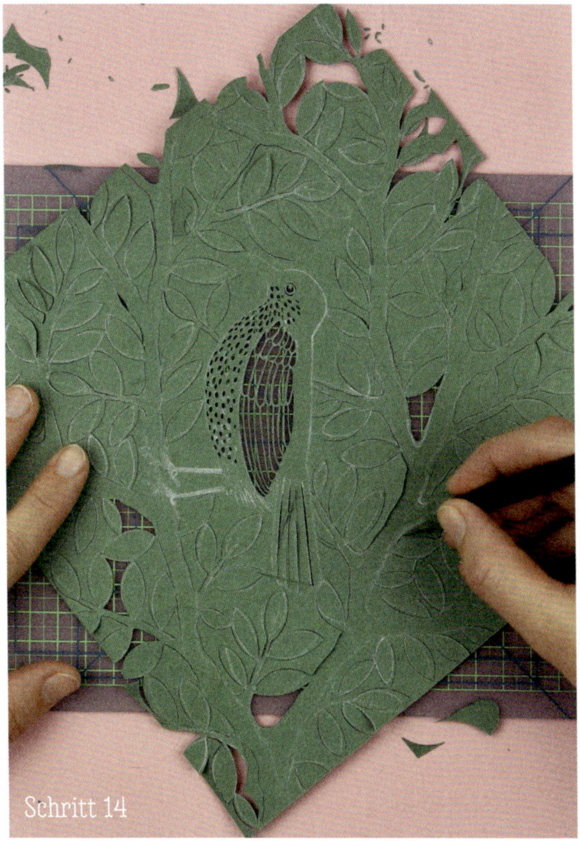
Schritt 14

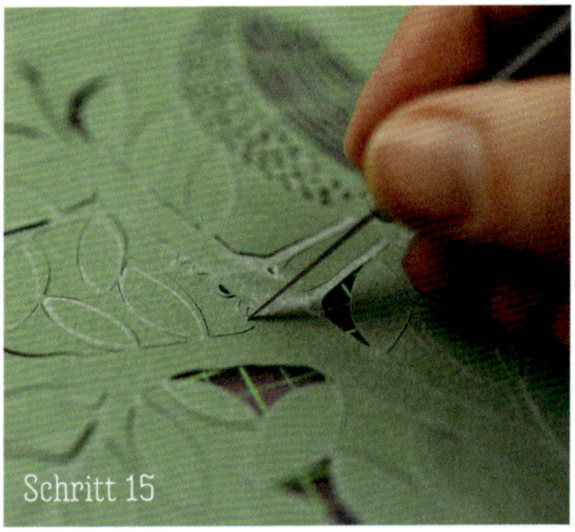
Schritt 15

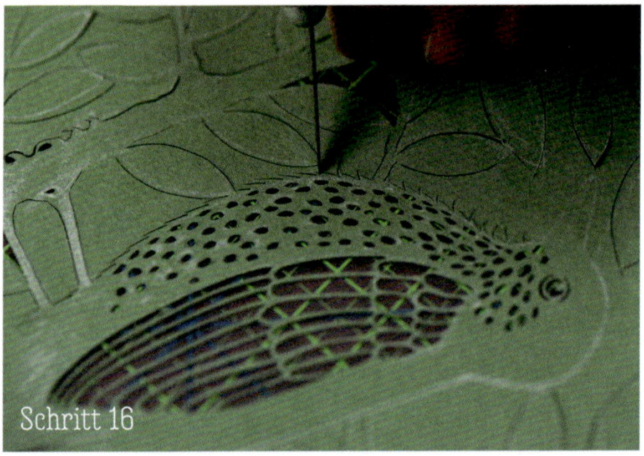
Schritt 16

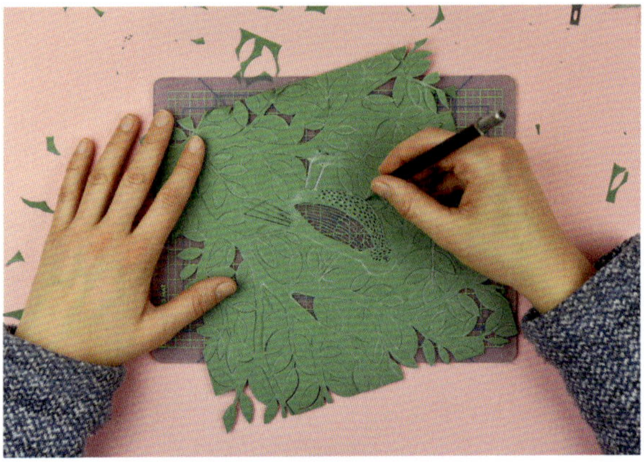

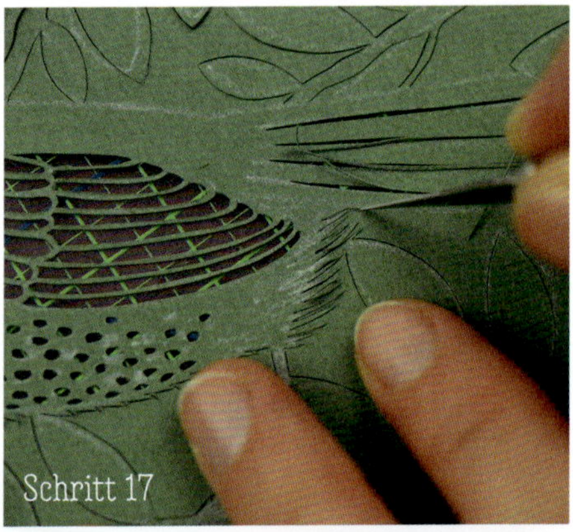
Schritt 17

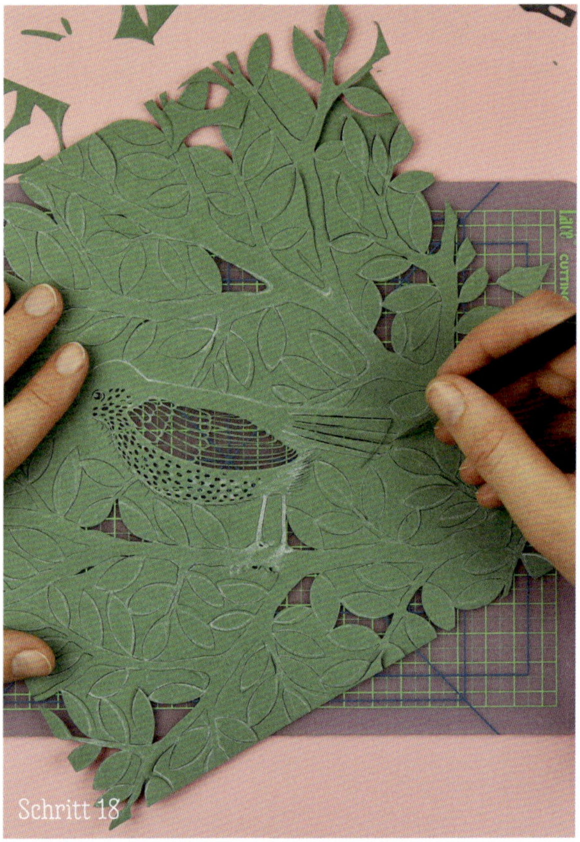
Schritt 18

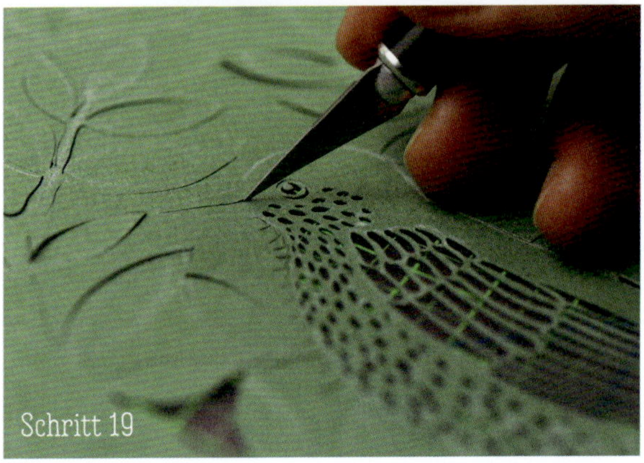
Schritt 19

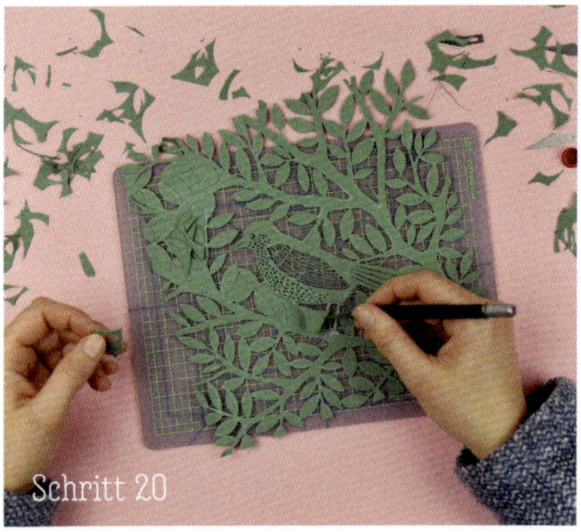
Schritt 20

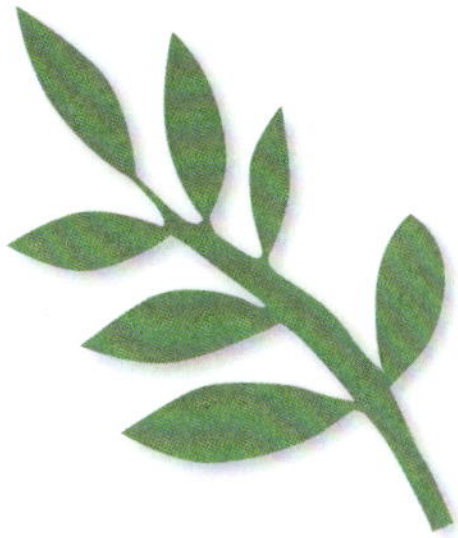

Setzen Sie das Messer stets am Blattstiel an, und schneiden Sie in einer Linie zum folgenden Blattstiel. Die Zweige wirken übrigens schöner, wenn sie nicht ganz gerade ausgeschnitten werden. Drehen Sie stets das Papier und nicht die Hand.

15. Bevor Sie die Krallen ausschneiden, schauen Sie am besten in einen Vorgelführer, wie genau die vier Krallen je Bein aussehen. Die vierte Kralle sieht man nicht, da sie vom Ast verdeckt wird. Die drei übrigen schneiden Sie wie drei Kugeln, die nebeneinander liegen, und aus denen »Nägel« wachsen.

16. Nun ist der Umriss des Vogels an der Reihe. Die gesprenkelte Brust versehen Sie mit einer kleinen Zacken*-Kontur, um das Federkleid zu betonen. Dann schneiden Sie zuerst - genau wie beim Lesezeichen in Kapitel 4 und beim Fuchsschwanz in Kapitel 5 - alle langen Einschnitte entlang der Brust und schließlich alle quer verlaufenden Linien.

17. Die Bauchfedern zum Schwanz hin schneiden Sie auf die gleiche Weise wie Grashalme aus. Sie schneiden eine gerade Linie, dann eine schräge, eine gerade und wieder eine schräge Linie, bis zum Schwanz hin.

18. Bevor Sie den Paper Cut vollständig aus dem Papier lösen, arbeiten Sie noch ein paar Details aus. Schneiden Sie die untere Schwanzfeder in der gleichen Richtung wie die obere Bauchfeder, und schneiden Sie dann von Feder zu Feder das Papier unterhalb des Schwanzes weg.

19. Machen Sie am Schnabel einen kleinen Einschnitt. Achtung! Je nachdem, wie schräg Sie schneiden, wirkt der Vogel griesgrämig oder fröhlich. Spielen Sie mit diesem Effekt, Sie haben die Wahl.

20. Schneiden Sie nun die Kontur rundum den Vogel aus. Mithilfe des Messers schneiden Sie auch das Restpapier komplett weg. An Stellen, wo die Schnitte noch nicht vollständig geführt sind, setzen Sie einfach noch einmal das Messer an.

21. Wenden Sie den Paper Cut, sodass die Bleistiftlinien auf der Rückseite sind. Der Vogel im Baum ist fertig! //

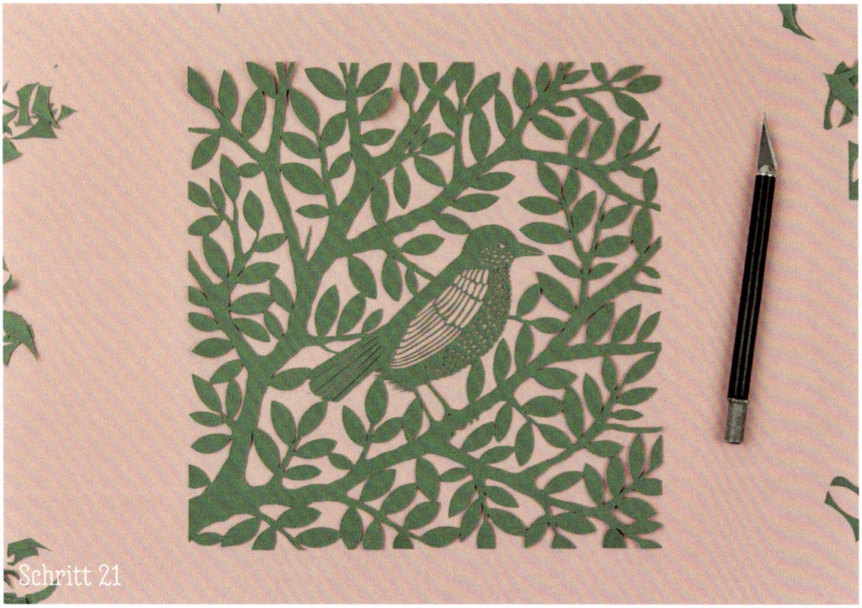

Schritt 21

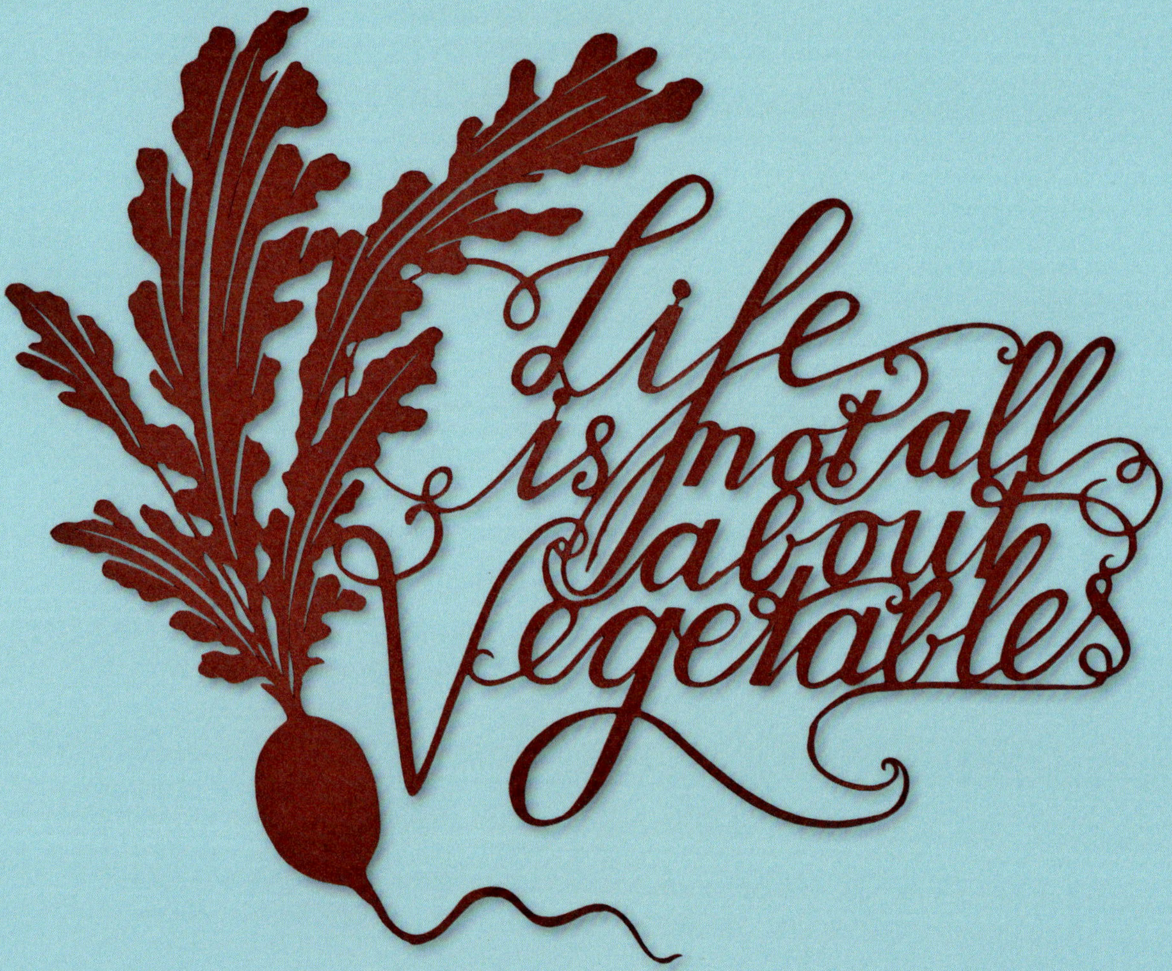
Life
is not all
about
Vegetables

KAPITEL 7

LETTERING

Ein Schriftzug als Paper Cut - Wow! Aber täuschen Sie sich nicht. Buchstaben auszuschneiden, ist nicht ganz einfach. Man arbeitet mit zwei übereinander liegenden Papierbögen, und das macht das Ausschneiden schwieriger. Der zusätzliche Bogen wird jedoch benötigt, um die Vorderseite sauber zu halten. Üben Sie es vorab einmal mit Buchstaben in Schreibschrift, die Sie aus einer Zeitschrift ausschneiden.

Lettering

MIT SCHNEIDE-BOGEN

Für dieses Projekt benötigen Sie: einen Text, einen dekorativen Schrifttyp, einen Bleistift, einen Radiergummi, einen Skizzenblock oder Dummy, ein dünnes Papier - z.B. Reis- oder Seidenpapier, ein 15 x 21 cm großes Tonpapier (120 g/m²; die Hälfte eines DIN A4 Bogens), Masking Tape, ein Papiermesser mit Reserveklinge, eine Schneidematte und ggf. den Schneidebogen auf S. 121.

VORBEREITUNG
Durchsuchen Sie das Haus nach schön geformten Utensilien. Kramen Sie in Küchenschubladen, Spielzeugkisten, oder stellen Sie den Geräteschuppen auf den Kopf. Bestimmt finden Sie etwas, was sich als Basis für den Schriftzug eignet. Denken Sie sich dann selbst einen Spruch aus, oder wählen Sie ein Zitat aus einem Film oder Buch. Das ist meist origineller als eine klischeehafte Lebensweisheit. Der Text sollte für den Anfang nicht zu lang sein!

1. Üben Sie auf dem Skizzenblock, die Buchstaben zu zeichnen. Ziehen Sie einige gerade Linien, auf denen Sie in Schreibschrift schreiben. Die Buchstaben versehen Sie mit Schnörkeln, die u.a. als Verbindungen zwischen den Buchstaben und dem Basismotiv dienen. Der Text sollte gut lesbar bleiben. Probieren Sie ruhig verschiedene Varianten aus.

2. Machen Sie die gezeichneten Buchstaben breiter, damit der Paper Cut stabiler wird. Alle vertikalen und runden Buchstabenlinien sowie die Schnörkel sollen breiter und dicker werden. Achten Sie darauf, dass alles gut miteinander verbunden ist.

3. Übertragen Sie dann Ihre fertige Skizze. Legen Sie dafür zuerst das dünne, transparente Papier über die Zeichnung, und fixieren Sie es mit Masking Tape. Dann übertragen Sie mit Bleistift alle Linien der Skizze und entfernen das dünne Papier wieder.

4. Zeichnen Sie nun das gewünschte Basismotiv auf das dünne Papier, dicht an die Buchstaben heran. Geschwungene Linien und Schnörkel dürfen sich ruhig mit dem Motiv überschneiden. Das Radieschen in unserem Beispiel hat stark gewellte Blätter, die ihm eine charakteristische und interessante Silhouette geben.
Sie können aber genauso gut einen Reiher, einen Oktopus oder eine Schneiderschere wählen. Oder Sie verwenden eine Vorlage aus dem Schneidebogen. ▶

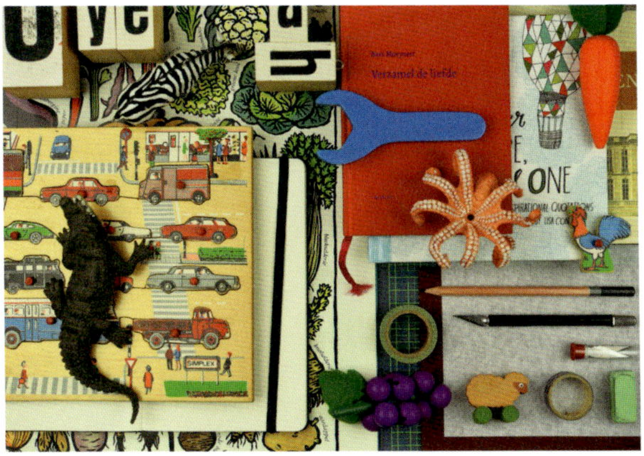

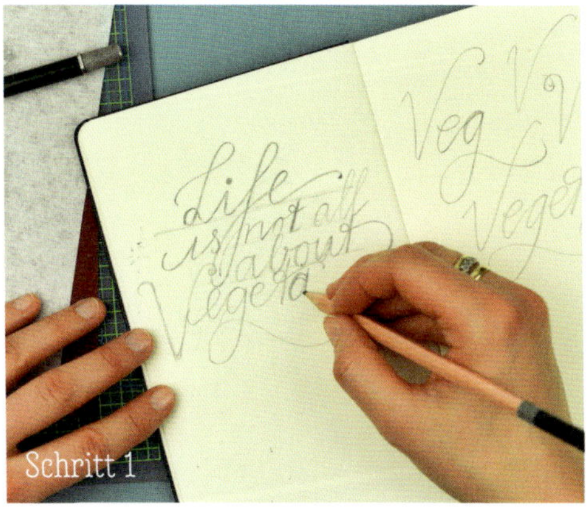

Schritt 1

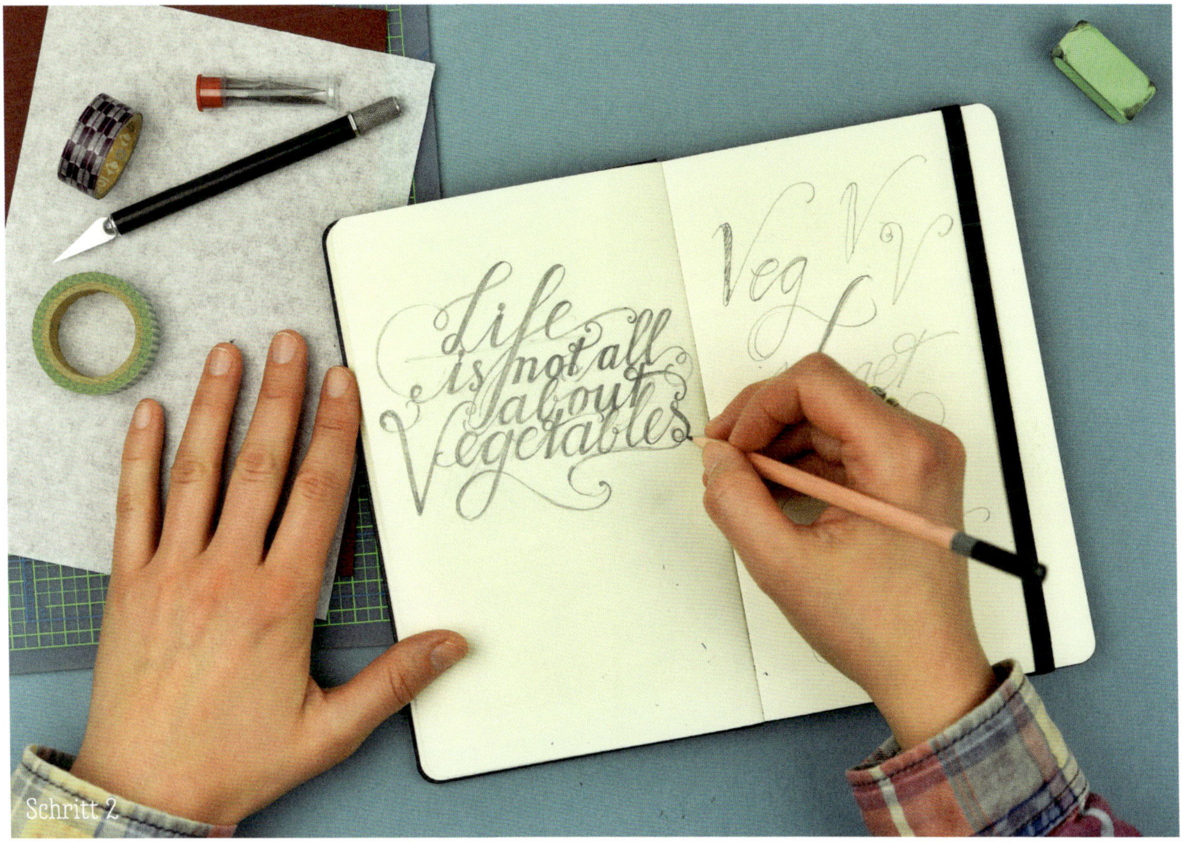

Schritt 2

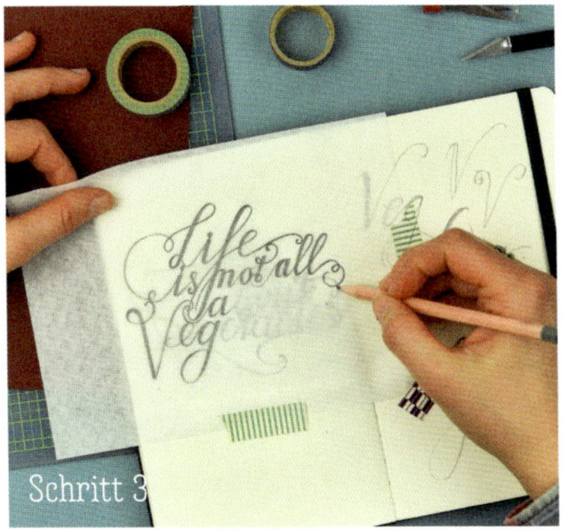

Schritt 3

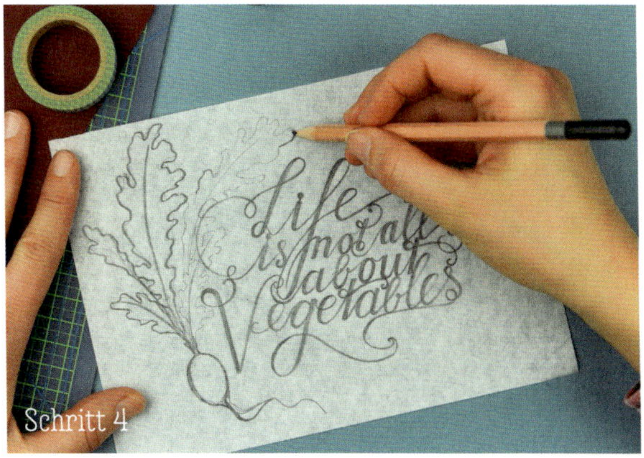

Schritt 4

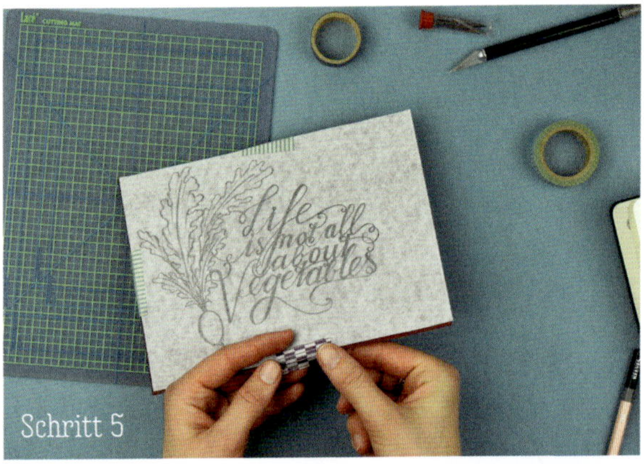

Schritt 5

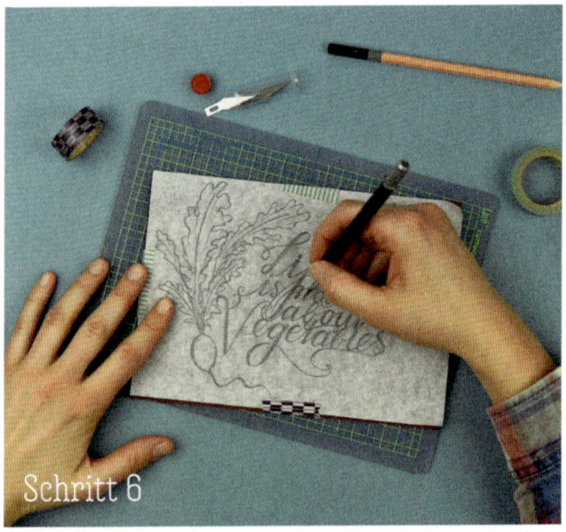

Schritt 6

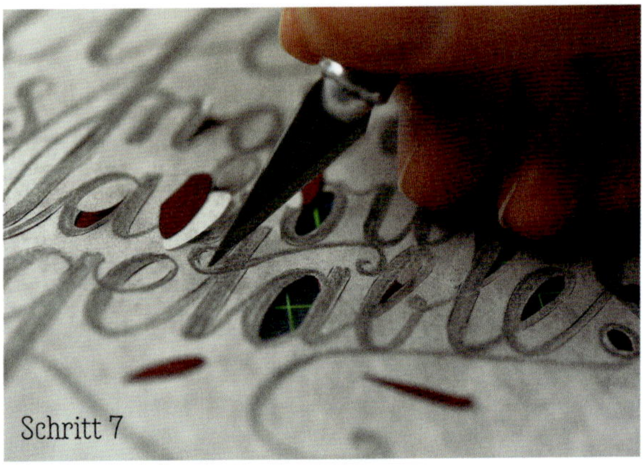

Schritt 7

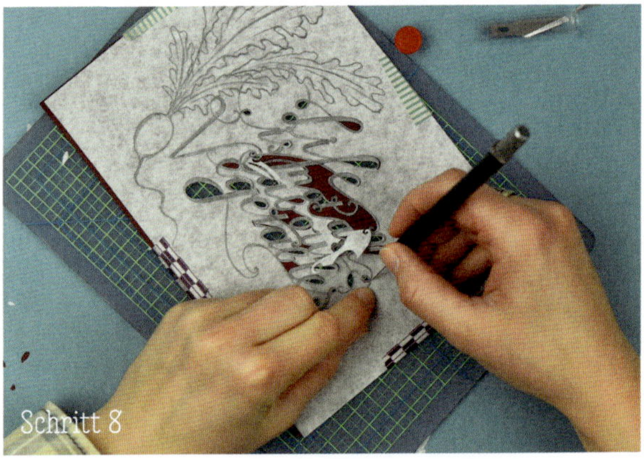

Schritt 8

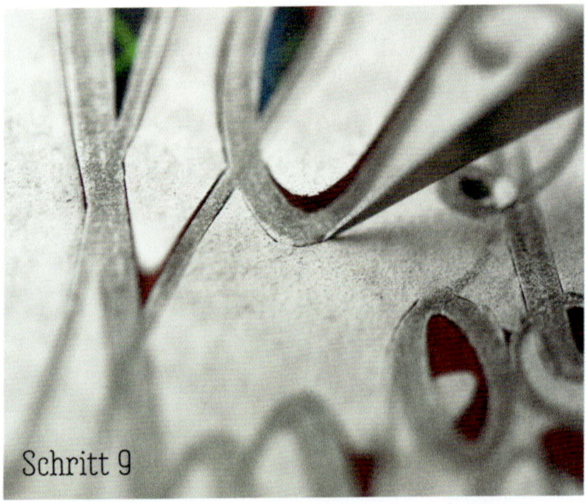

Schritt 9

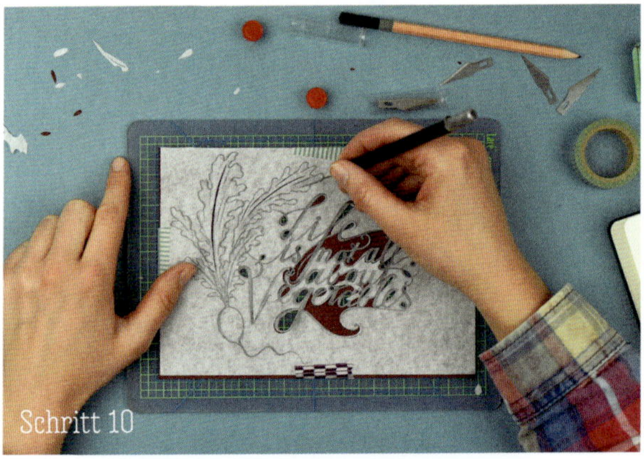

Schritt 10

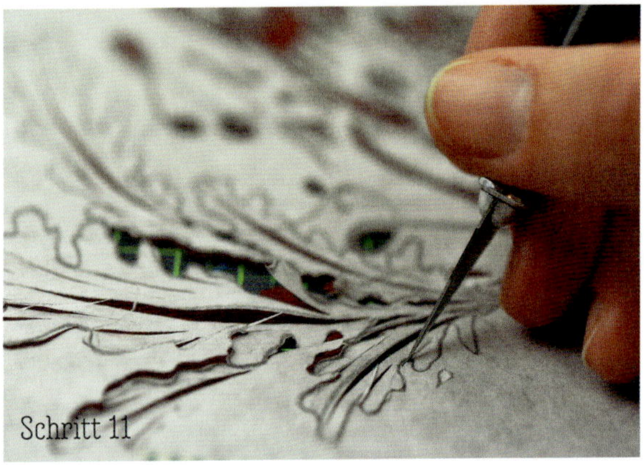

Schritt 11

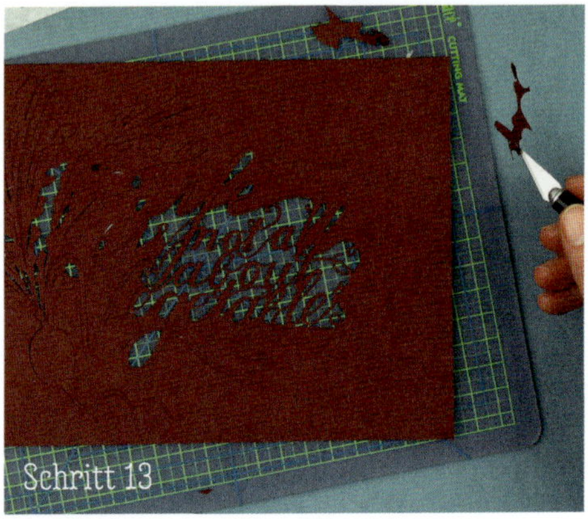

Schritt 13

5. Fixieren Sie das dünne Papier mit den Buchstaben mittels Masking Tape auf dem Tonpapier, rundum an vier Stellen.

6. Setzen Sie eine neue Messerklinge in das Papiermesser, und beginnen Sie mit dem Ausschneiden. Zuerst werden alle geraden, parallel verlaufenden Linien geschnitten, Reihe für Reihe.

7. Dann schneiden Sie die innenliegenden Flächen der Buchstabenschnörkel und -schlingen aus. Sollte das dünne Papier knittern, schneiden Sie es mit dem Messer ein wenig ein. Gehen Sie vor, als ob Sie einen Prickelstift verwenden. Hier stechen Sie nur keine Löcher, sondern kleine Striche. Ggf. wechseln Sie die Messerklinge, denn bei der Arbeit mit doppellagigem Papier muss die Klinge wirklich sehr scharf sein.

8. Schneiden Sie nun alle horizontalen und schrägen Linien sowie die Linien rundum die Schlingen und Schnörkel. Drehen Sie stets die Schneidematte, nicht das Papier. Dies ist der schwierigste Teil, gehen Sie also langsam vor! Die schmaleren Linien und Schlingen schneiden Sie ebenfalls Stückchen für Stückchen aus. Hierbei hilft es, das Papier mit einem Finger dicht an der Messerklinge auf die Matte zu drücken.

9. Wenn sich das dünne Papier wellt, überspringen Sie diesen Teil zunächst und schneiden ihn erst später aus. Auf dem Foto 9 sehen Sie, dass das Papier flach bleibt, indem diese schwierige Stelle übersprungen wird.

10. Nun schneiden Sie das Radieschen aus. Beginnen Sie jeweils mit der Hauptader* in der Mitte. Achten Sie aber darauf, dass Sie vor dem Blattrand stoppen! Danach kommen alle Einkerbungen* in den Ausbuchtungen der Blätter an die Reihe. Diese werden bis an den Blattrand geschnitten. Stellen Sie sich vor, es sind Grashalme.

11. Schneiden Sie dann die Blätter aus. Beginnen Sie mit den Blattrundungen, von Einschnitt zu Einschnitt. Das erinnert uns ein wenig an das Ausschneiden der Zweige zwischen den Blättern im vorherigen Kapitel. Sie arbeiten sich Schritt-für-Schritt vor.

12. Zuletzt wird die Knolle ausgeschnitten.

13. Lösen Sie das Tape und das dünne Papier. Kontrollieren Sie beim Tonpapier, ob die Buchstaben rundum gründlich ausgeschnitten sind. Haben Sie bei Schritt 9 einzelne Stellen ausgespart, holen Sie dies nun nach. Lösen Sie das Restpapier*, zuerst von der Motivmitte und dann von den umliegenden Flächen. Nehmen Sie das Papiermesser zuhilfe, wenn das Papier stellenweise noch aneinander haftet.

14. Und das ist das Ergebnis! //

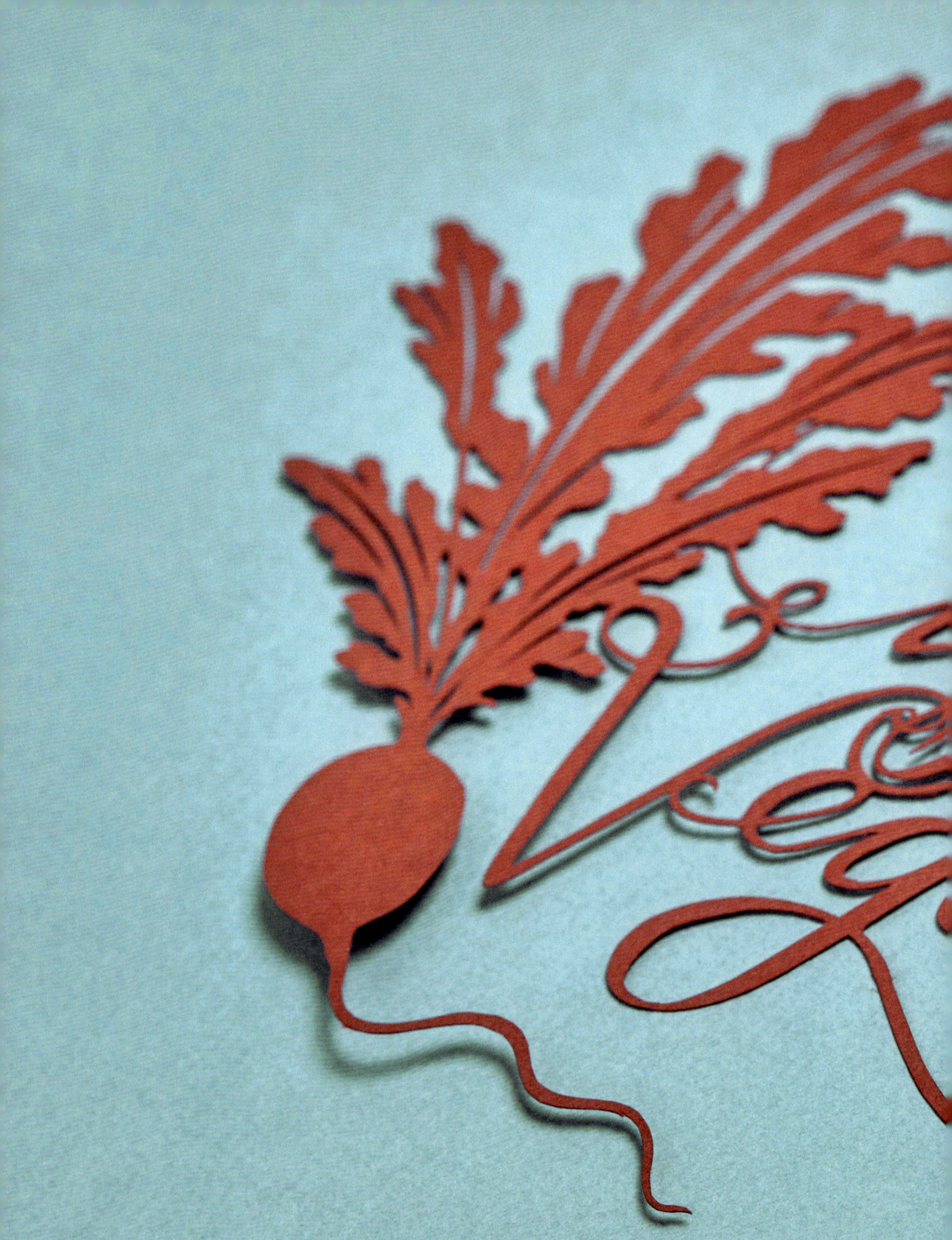

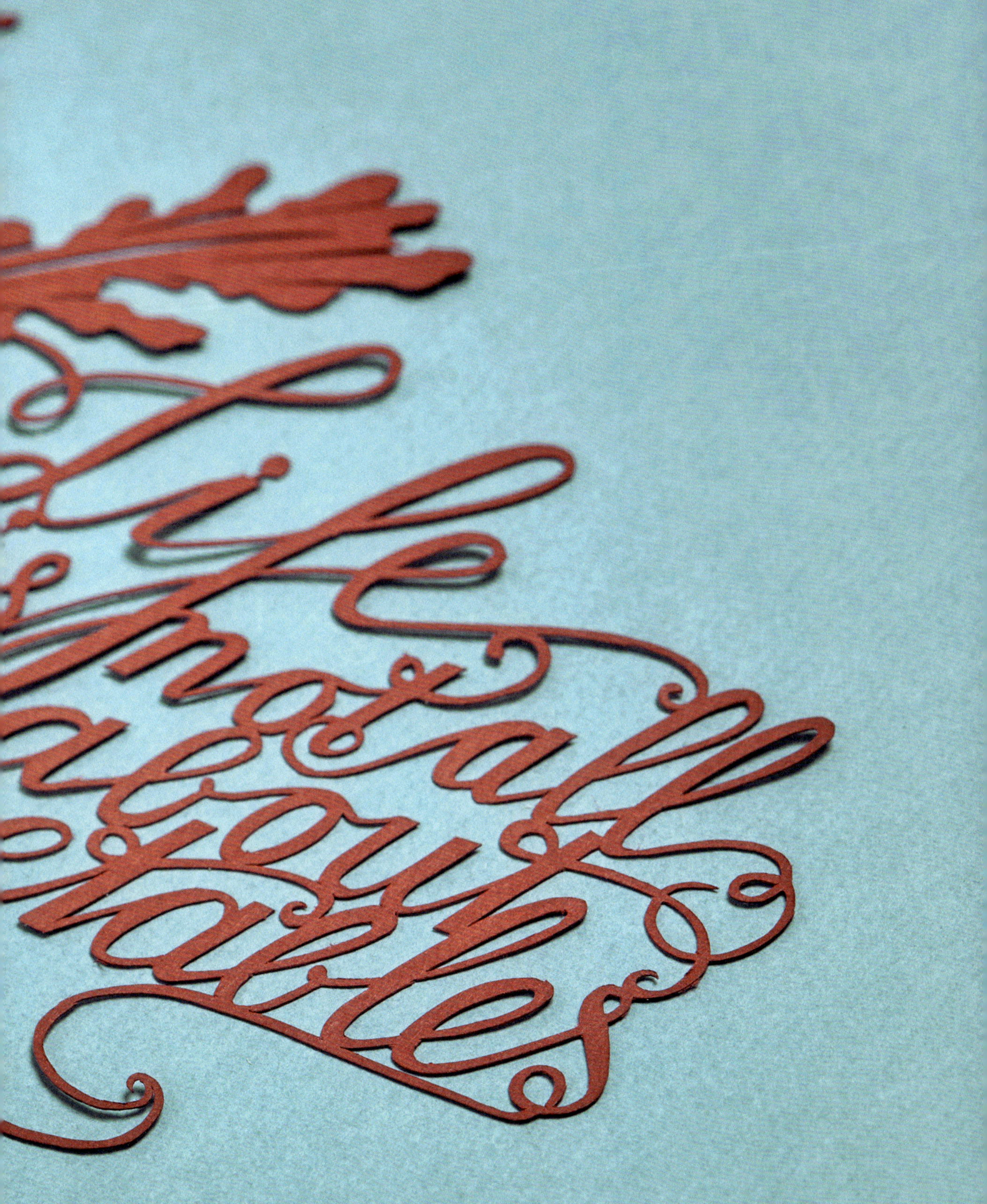

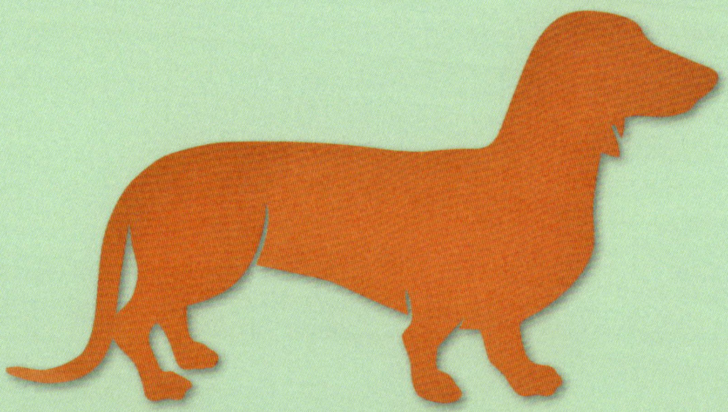

KAPITEL 8

POP-UP KARTE

Schon der Name klingt lustig, und es macht tatsächlich viel Spaß, eine Pop-up Karte zu gestalten. Außerdem ist es ganz einfach. In diesem Kapitel beginnen wir mit einem einfachen Paper Cut auf zwei Streifen. Zuerst suchen Sie ein schönes Motiv aus. Dafür können Sie wieder die Küchenschublade plündern, oder Sie wählen die Silhouette eines Tieres: ein Nilpferd, einen Schwan oder einen Dackel. Ein Pferd oder eine Giraffe eignen sich weniger, da sie mit dem Kopf über den Kartenrand hinausragen würden.

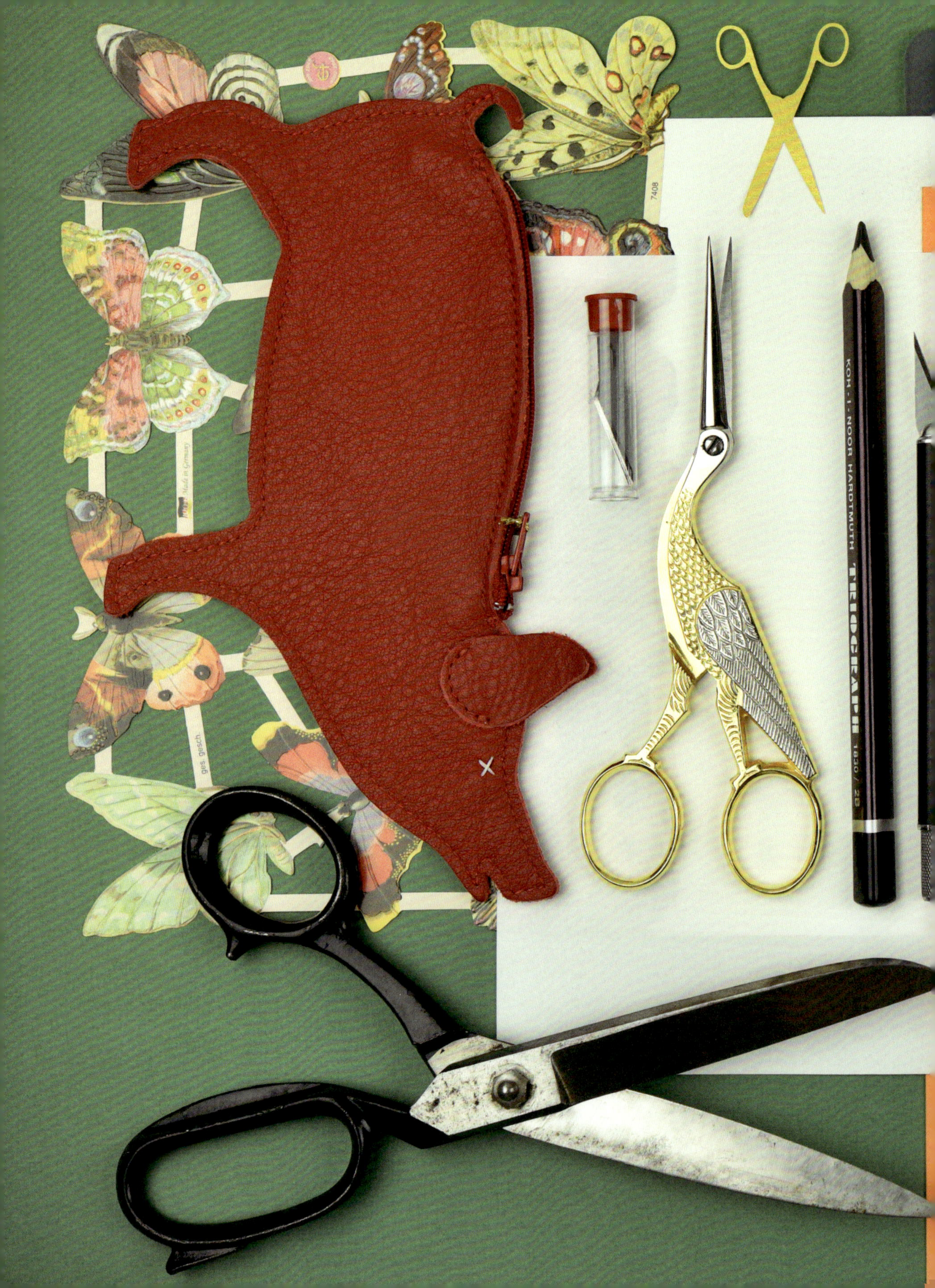
7408
Made in Germany
ges. gesch.
KOH-I-NOOR HARDTMUTH
1830 / 2B

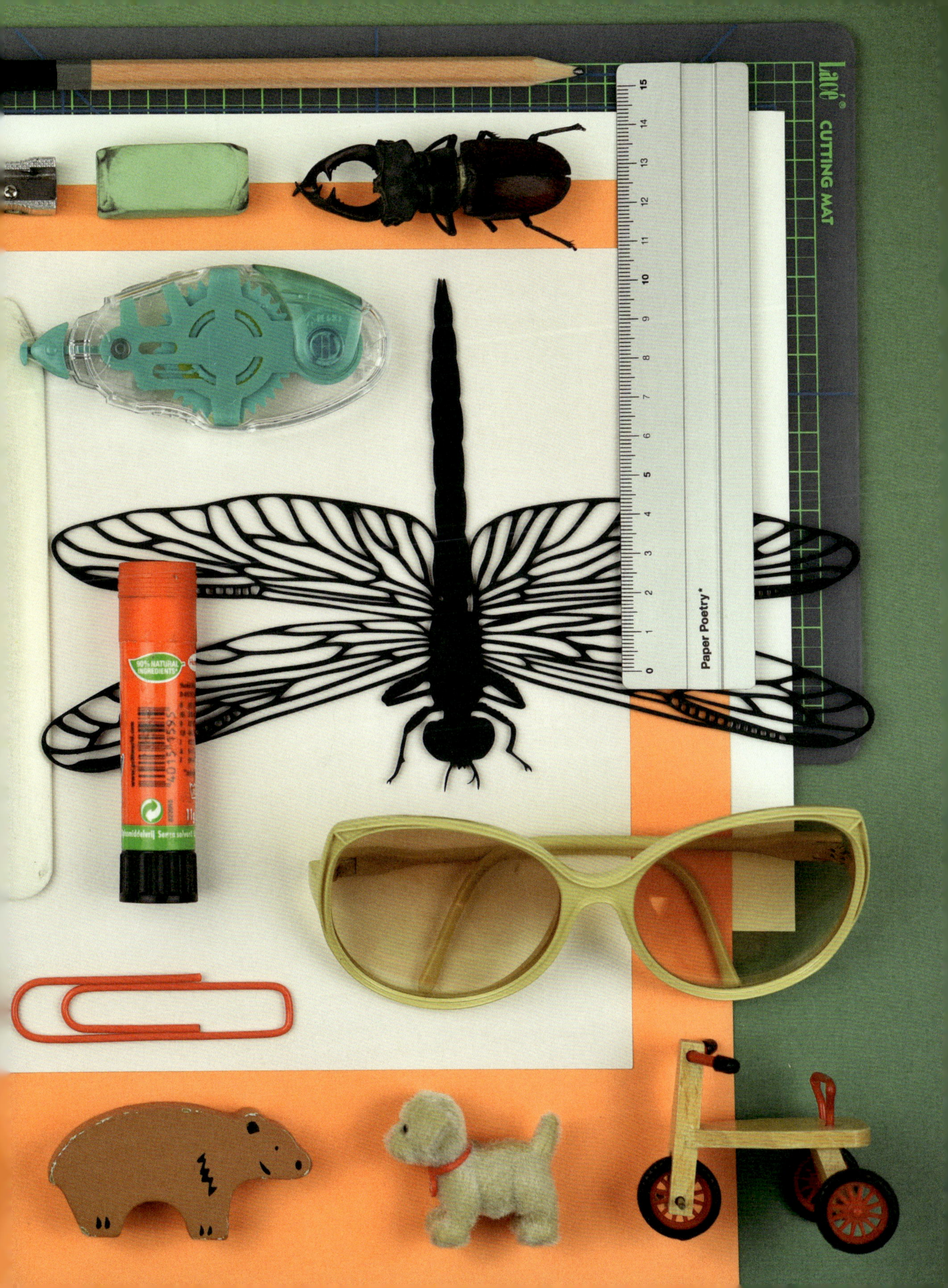
CUTTING MAT
Paper Poetry®
90% NATURAL INGREDIENTS

Pop-up Karte

Für dieses Projekt benötigen Sie: ein breit geformtes Motiv, eine Klappkarte im DIN A5 Format (oder einen DIN A4 Bogen aus festem Papier, der in der Mitte gefalzt* und gefaltet wird), einen dünnen, gefalteten Bogen als Einleger in der gleichen Farbe (für die Pop-up Streifen*), ein Tonpapier DIN A4 (für das Motiv), einen Bleistift, einen Radiergummi, ein Papiermesser, eine Schneidematte, eine Schere, Klebstoff oder Taperoller, ein Falzbein und ein Lineal.

1. Falzen und falten Sie* den Einleger in der Mitte. Dafür ziehen Sie zunächst mit Falzbein und Lineal eine Linie, an der das Papier akkurat gefaltet werden kann. Der Einleger kommt in die Klappkarte. Legen Sie beides zur Seite.

2. Zeichnen Sie das gewünschte Motiv auf das Tonpapier. Ggf. üben Sie zuerst anhand einer Skizze.

3. Fixieren Sie eine neue Klinge im Papiermesser. Achten Sie darauf, dass diese fest sitzt.

4. Schneiden Sie dann das Motiv aus: Beginnen Sie mit den innenliegenden Öffnungen, den Haaren, den Achsen* und den kleinen Formen. Die äußere Kontur wird zuletzt geschnitten. Lösen Sie das Motiv noch nicht vom Restpapier*!

5. Radieren Sie sämtliche sichtbaren Bleistiftlinien ganz vorsichtig weg.

6. Dann lösen Sie das Motiv aus dem Papier.

7. Säubern Sie die Arbeitsfläche, und nehmen Sie die Klappkarte mit dem Einleger wieder zur Hand. Legen Sie das Paper Cut-Motiv bündig an den Falz, sodass die untere Kontur des Motivs - in diesem Fall die Unterseiten der Pfoten des Dackels - den Falz berührt. Zeichnen Sie hier zwei Striche auf.

8. Legen Sie das Paper Cut-Motiv mittig auf den Bogen. Das Motiv darf den Papierrand nicht berühren.
Messen Sie den Abstand zwischen der Unterkante des Motivs und dem Falz. ▶

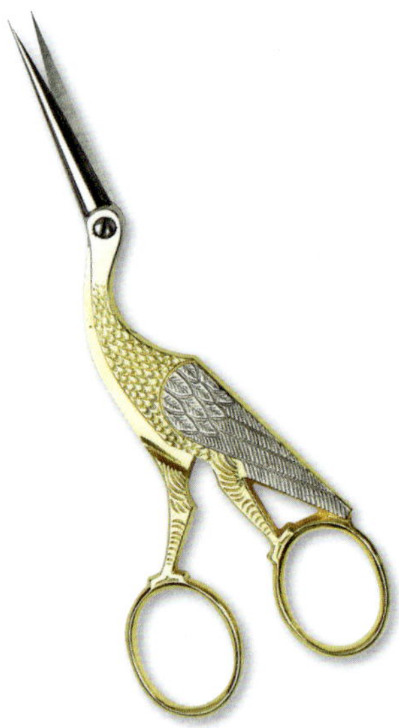

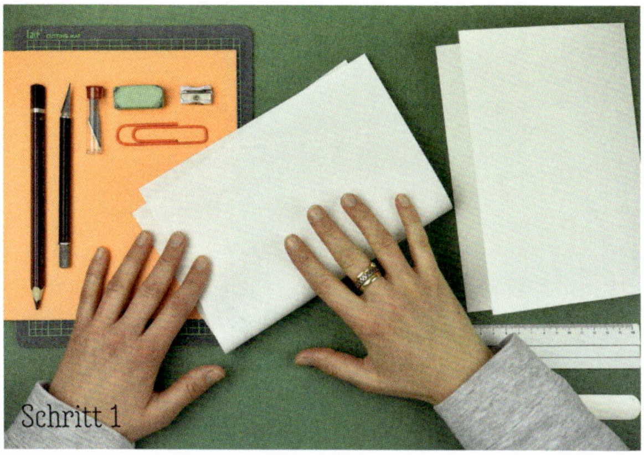

Schritt 1

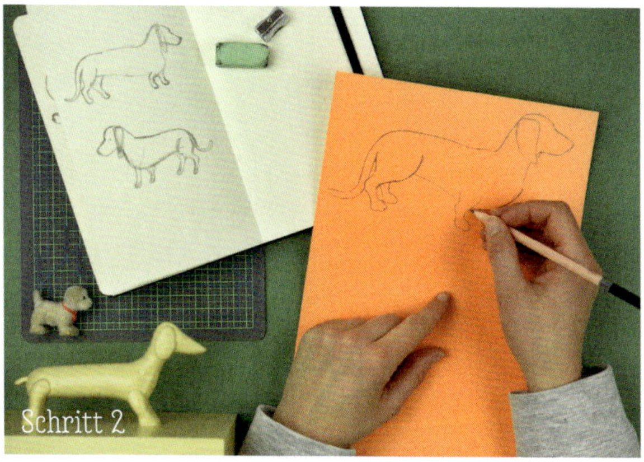

Schritt 2

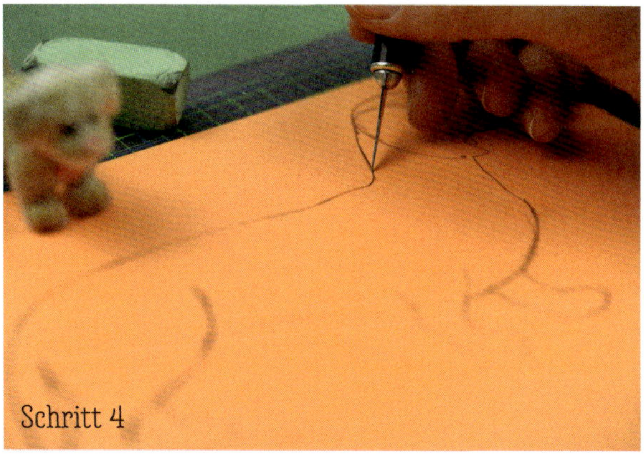

Schritt 4

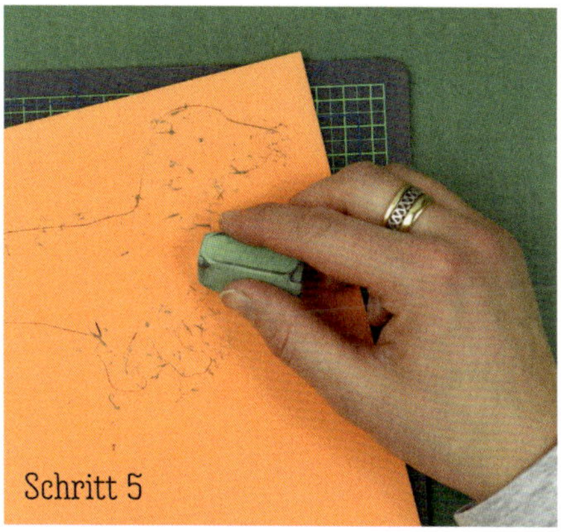

Schritt 5

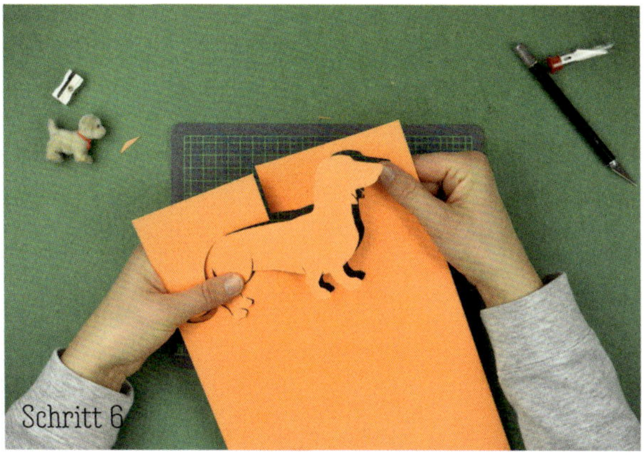

Schritt 6

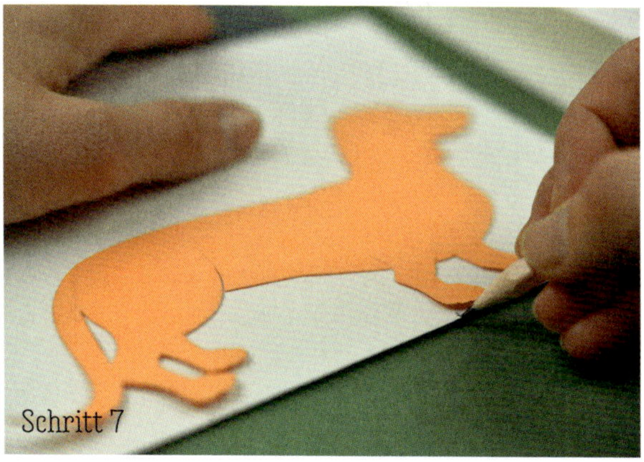

Schritt 7

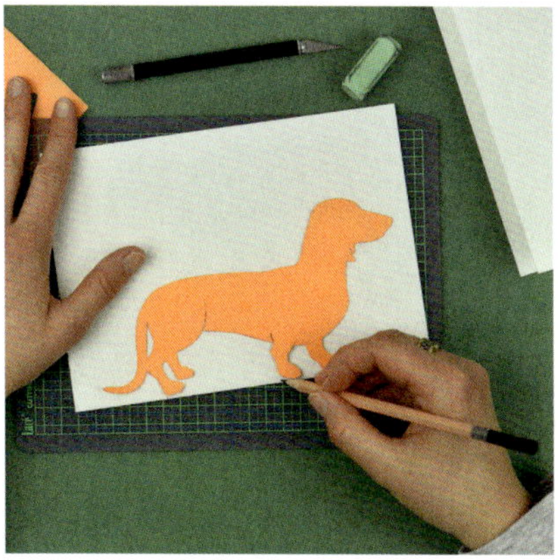

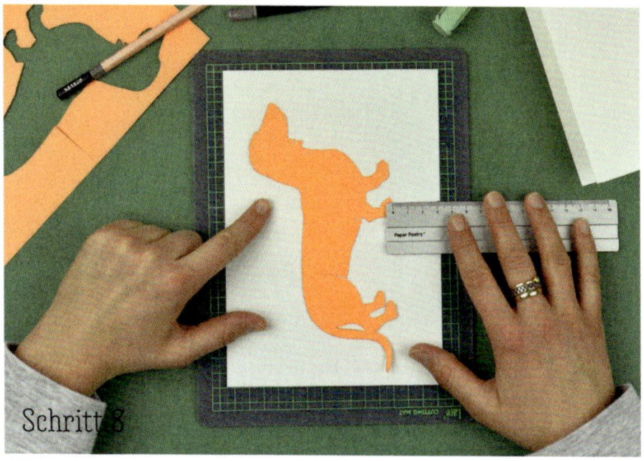

Schritt 8

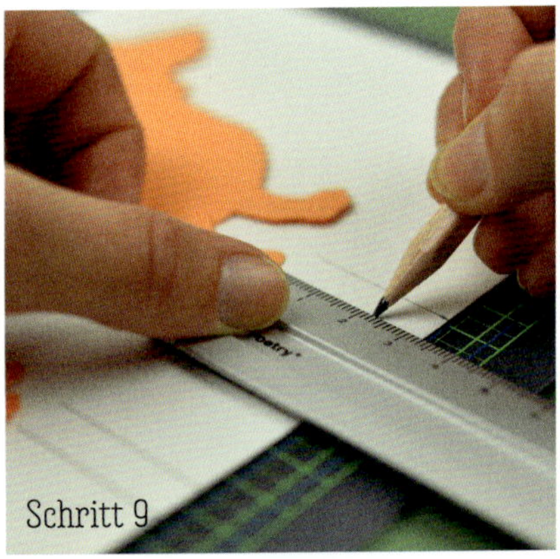
Schritt 9

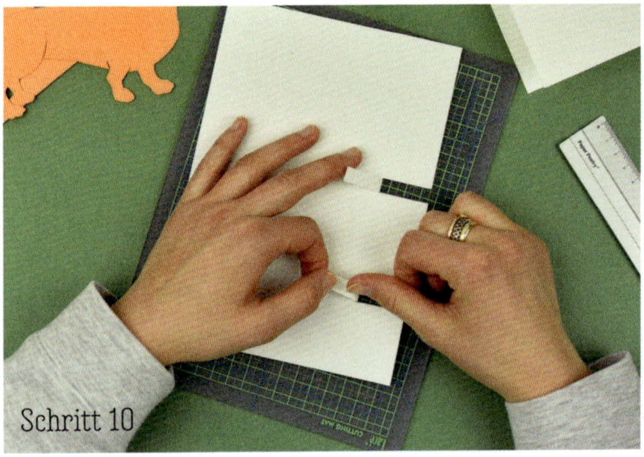
Schritt 10

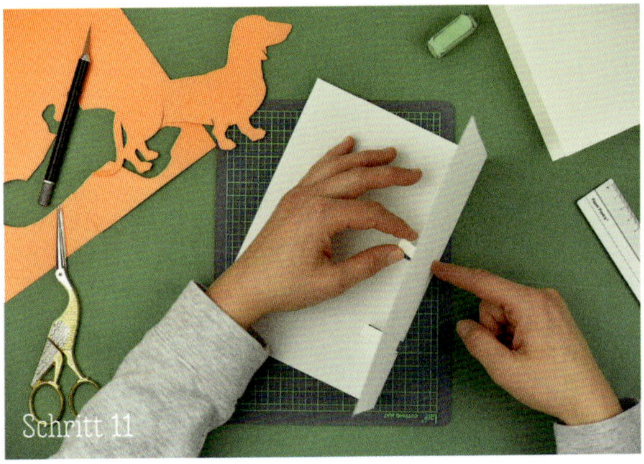
Schritt 11

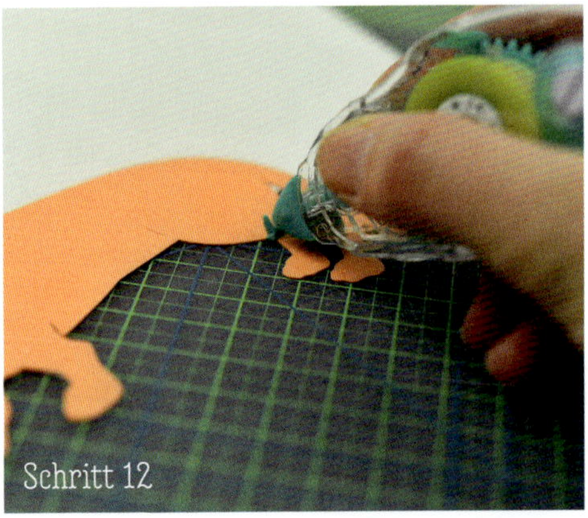
Schritt 12

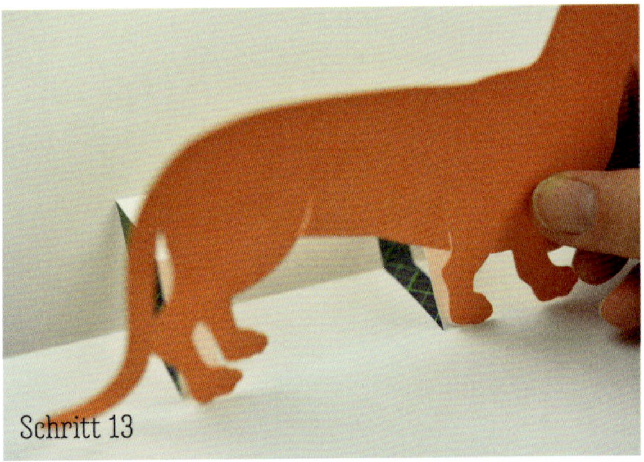
Schritt 13

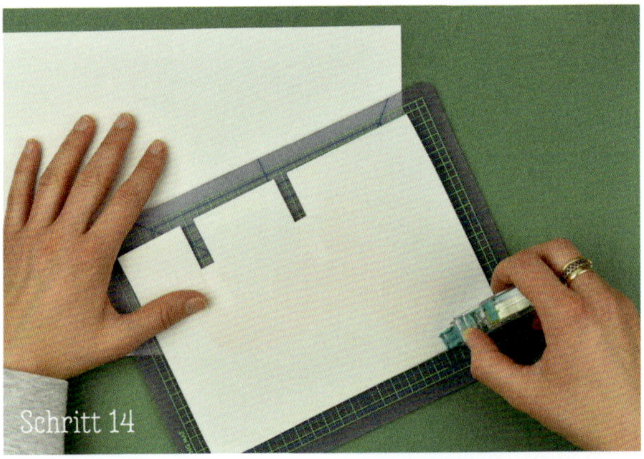
Schritt 14

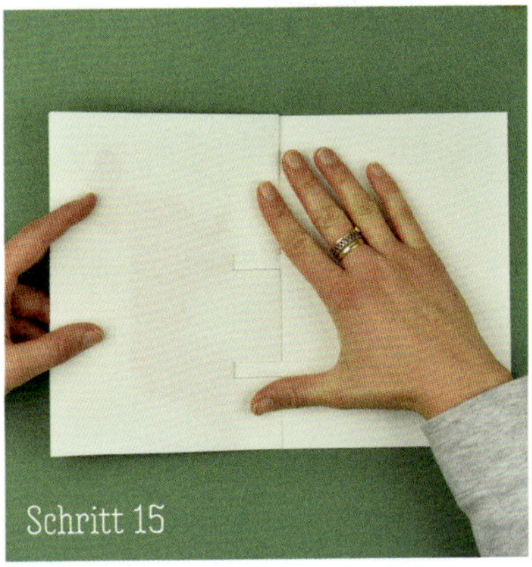
Schritt 15

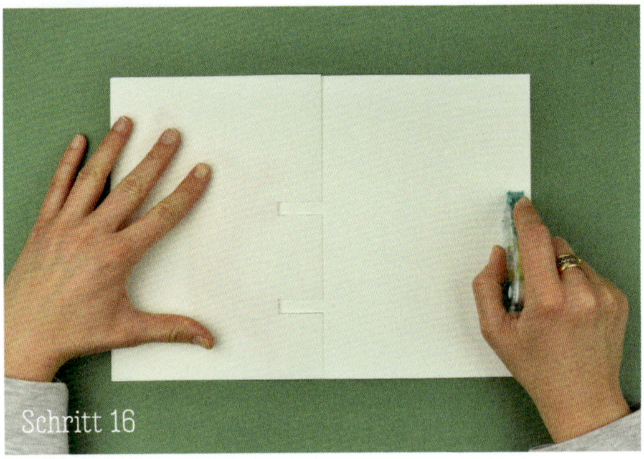
Schritt 16

Dies ergibt die Länge des Pop-up Streifens*.

9. Zeichnen Sie zwei Streifen, jeweils in 1 cm Breite und in der gleichen Länge, die Sie bei Schritt 8 gemessen haben. Dies werden die Pop-up Streifen. Beide Streifen müssen unbedingt die gleichen Maße haben.

10. Legen Sie die Streifen um.

11. Und falten Sie sie dann nach innen zur Innenseite des Einlegers hin.

12. Nehmen Sie das Paper Cut-Motiv wieder zur Hand. Setzen Sie es an den aufgeklappten Streifen, und schauen Sie, wo das Motiv den Streifen berührt. Kleben Sie diese Stelle an die Bleistiftseite* des Paper Cut-Motivs, mit dem Taperoller.

13. Öffnen Sie den Einleger im 90°-Winkel, und kleben Sie das Motiv an die Streifen. Achten Sie darauf, dass die untere Kante des Motivs den Boden der Streifen berührt. Klappen Sie den Einleger zusammen, und streichen Sie fest darüber.

14. Jetzt fixieren Sie den Einleger in der Klappkarte. Hierfür legen Sie die Rückseite des gefalteten Einlegers vor sich auf die Arbeitsfläche. Mit dem Taperoller fahren Sie am oberen Rand und dem Falz entlang.

15. Drücken Sie die geklebte Seite an die Innenseite der Klappkarte. Die beiden Falze müssen exakt aufeinander liegen.

16. Legen Sie die Karte dann aufgeklappt, mit der Innenseite nach oben, vor sich. Fahren Sie mit dem Taperoller am innenliegenden Seitenrand der Karte entlang. Klappen Sie die Karte zu, und streichen Sie darüber. Auf diese Weise wird der Einleger fest in der Klappkarte fixiert.

17. Und so sieht das Ergebnis aus! //

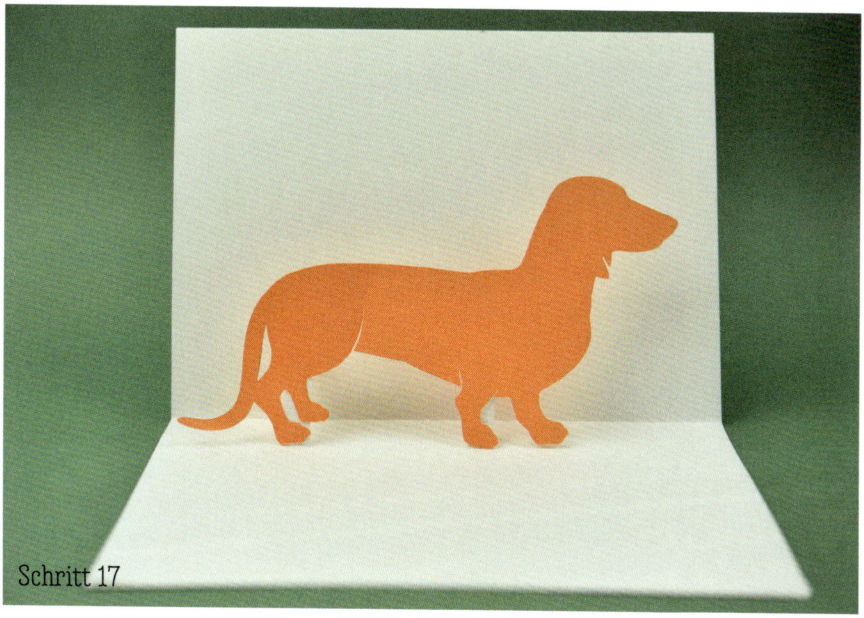

Schritt 17

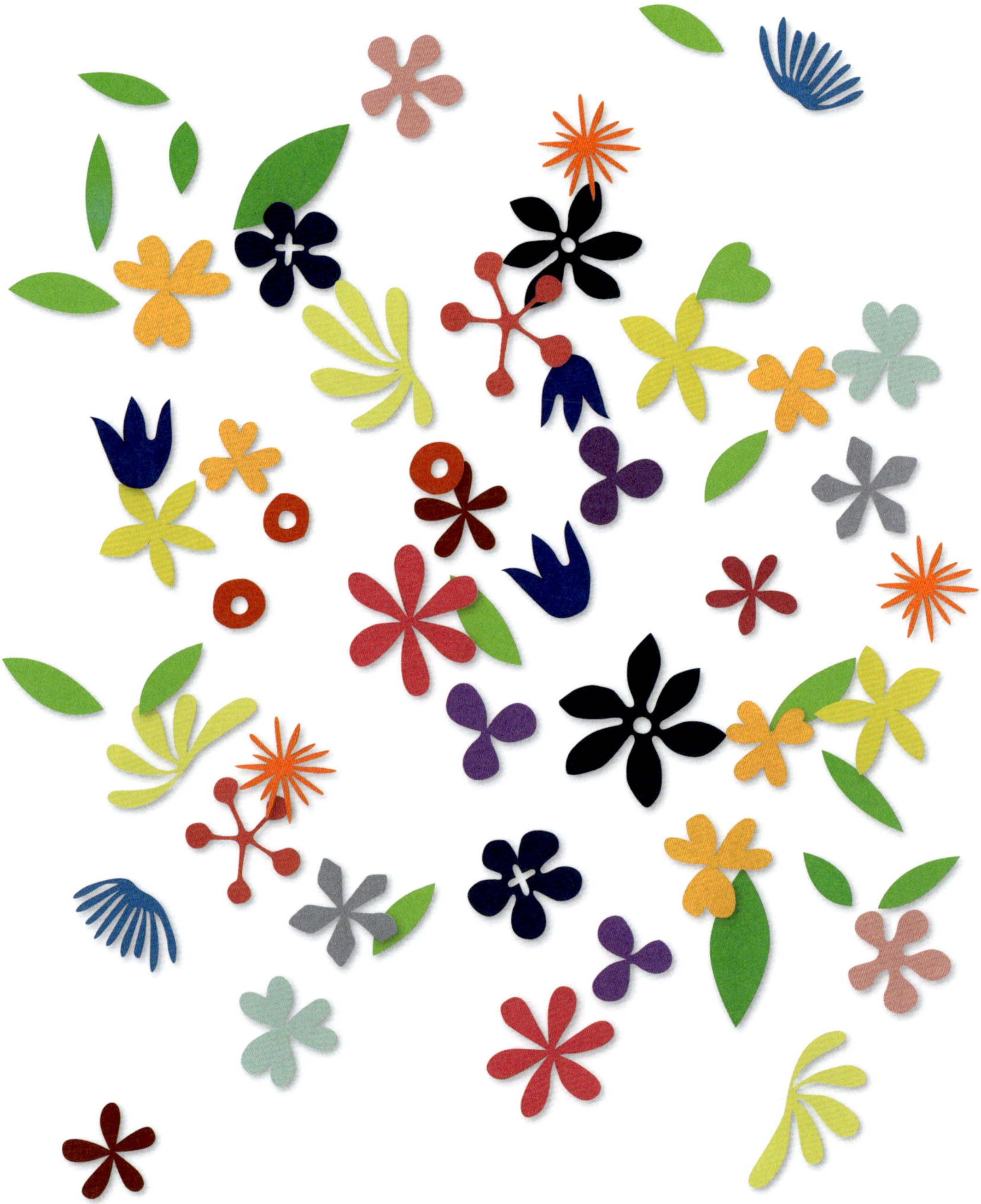

KAPITEL 9

POP-UP GARTEN

Wir legen einen Pop-up Garten an — ein ewig blühendes Pflanzenparadies. Bei diesem Pop-up Projekt fertigen Sie mithife einer Schablone neun Streifen an — jeweils in unterschiedlicher Länge — um die Blumen zu fixieren.

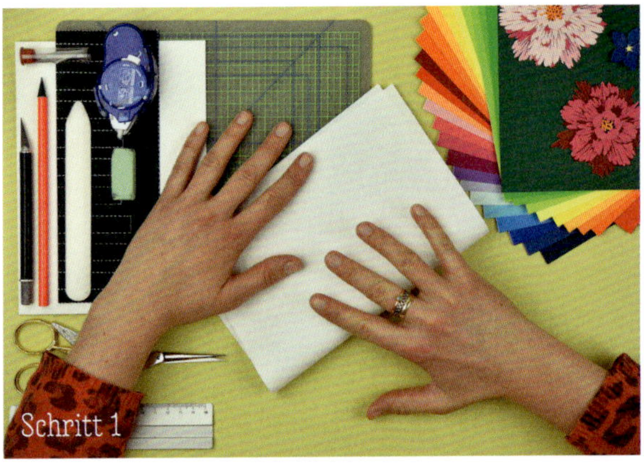
Schritt 1

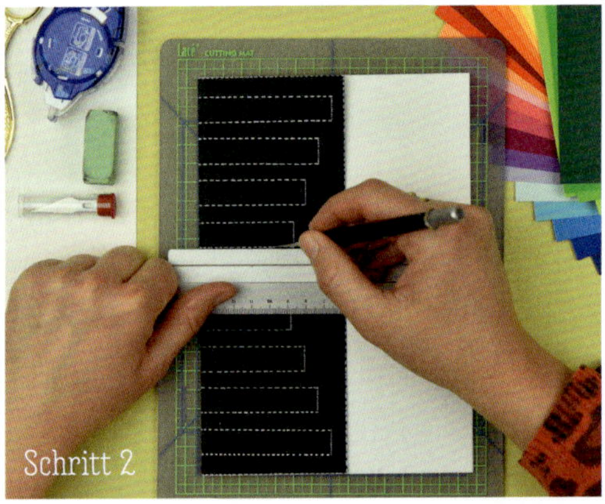
Schritt 2

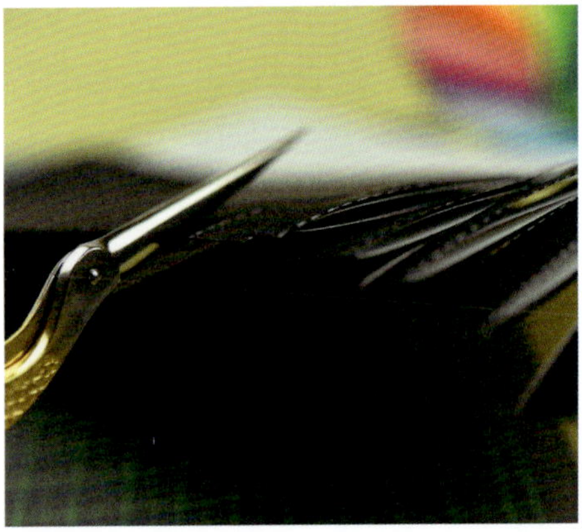

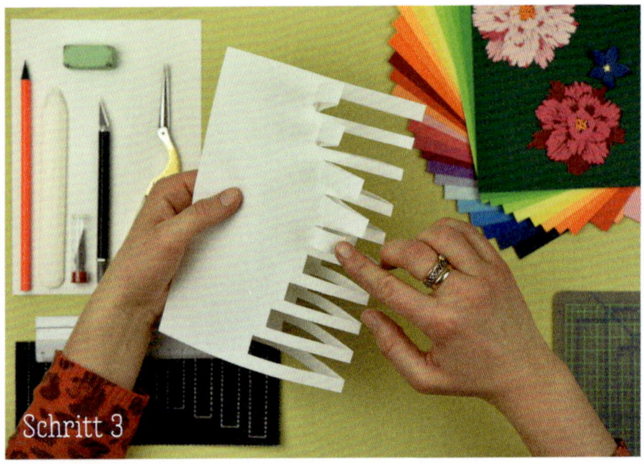
Schritt 3

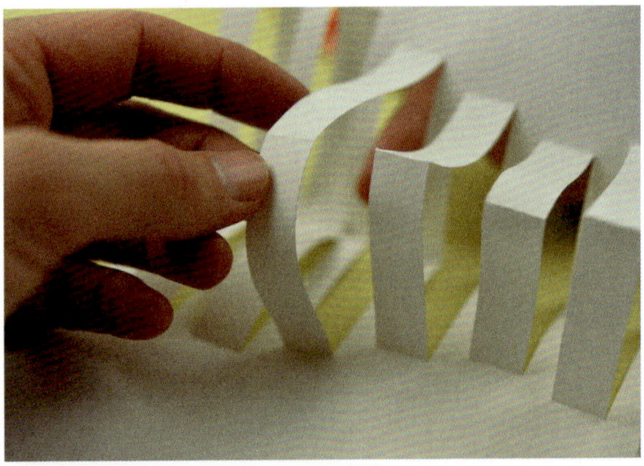

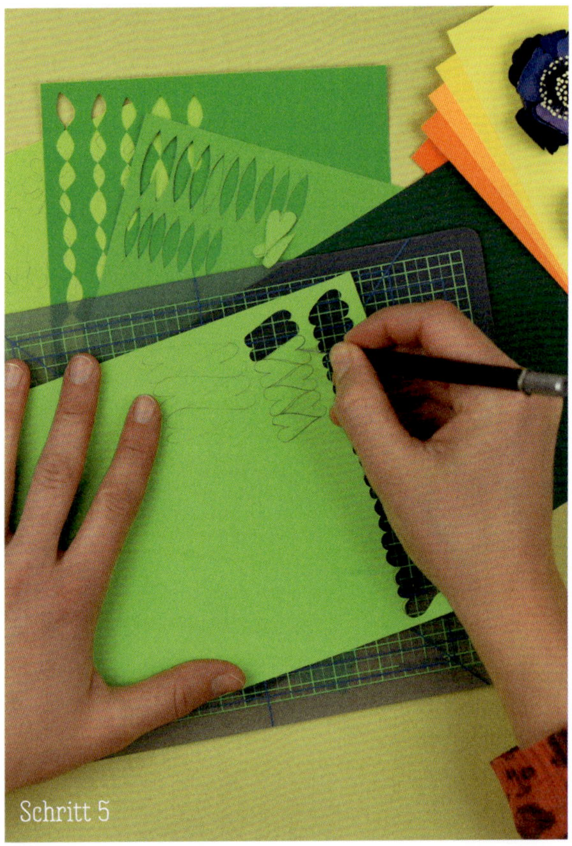
Schritt 5

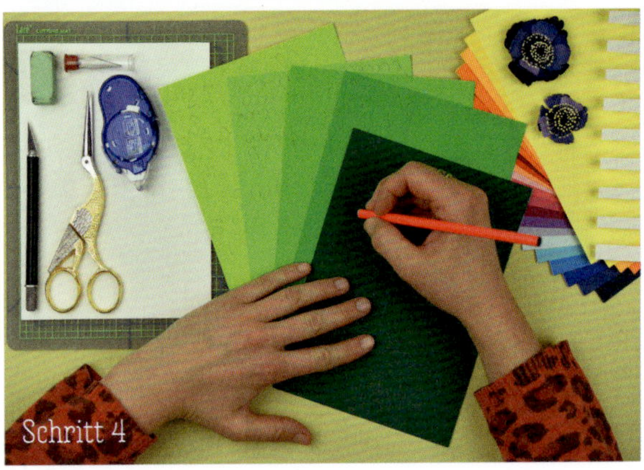
Schritt 4

Pop-up Garten

Für dieses Projekt benötigen Sie: eine Klappkarte im DIN A5 Format (oder einen DIN A4 Bogen aus festem Papier, der in der Mitte gefalzt* und gefaltet wird), einen dünnen, gefalteten Bogen als Einleger in der gleichen Farbe (für die Pop-up Streifen*), Tonpapier (100 - 130 g/m^2) in verschiedenen Farben (auch unterschiedliche Grüntöne für die Blätter), Bleistift, Radierer, Papiermesser, Reserveklinge, Schneidematte, ggf. Schere, Klebstoff oder Taperoller, Falzbein und Lineal sowie die Schneidebögen auf S. 123 und 125.

VORBEREITUNG Sammeln Sie zunächst eine Vielzahl unterschiedlicher Blumen. Pflücken Sie welche im Garten, am Wegesrand oder gehen Sie auf den Markt. Abbildungen von Blumen aus Pflanzenführern und Zeitschriften sind ebenfalls hilfreich. Oder Sie lassen sich von alten Gardinen- und Tapetenmustern inspirieren. Sortieren Sie die Blumen nach ihrer Form: Die Konturen einer vollen Rosenblüte sind nicht so geeignet wie die schlichte Silhouette des Großen Immergrüns.

1. Sie falzen* und falten den Einleger.

2. Falten Sie den Schneidebogen von S. 123, und schieben Sie ihn über den Falz des Einlegers. Schneiden Sie die Streifen ein. Schneiden Sie nur die horizontalen Streifen, die vertikalen Strichellinien sind Falzlinien*. Das sind die Pop-Up Streifen*.

3. Nehmen Sie den Schneidebogen wieder weg, und falten Sie die breiten Streifen erst nach oben und dann nach unten. Klappen Sie den Bogen zusammen, streichen Sie fest darüber und legen Sie ihn dann zur Seite.

4. Nehmen Sie die grünen Papierbögen, und zeichnen Sie auf jeden Bogen mehrere Blätter. Wenn Sie die Blätter dicht untereinander oder nebeneinander malen, ist das Ausschneiden weniger mühevoll. Alternativ verwenden Sie den Schneidebogen von S. 125.

MIT SCHNEIDE-BOGEN

5. Wechseln Sie die Klinge im Papiermesser. Achten Sie darauf, dass sie fest sitzt, und schneiden Sie dann die Blätter aus. Denken Sie an die Übung aus Kapitel 3, und schneiden Sie erst alle konkaven, dann alle konvexen Linien. ▶

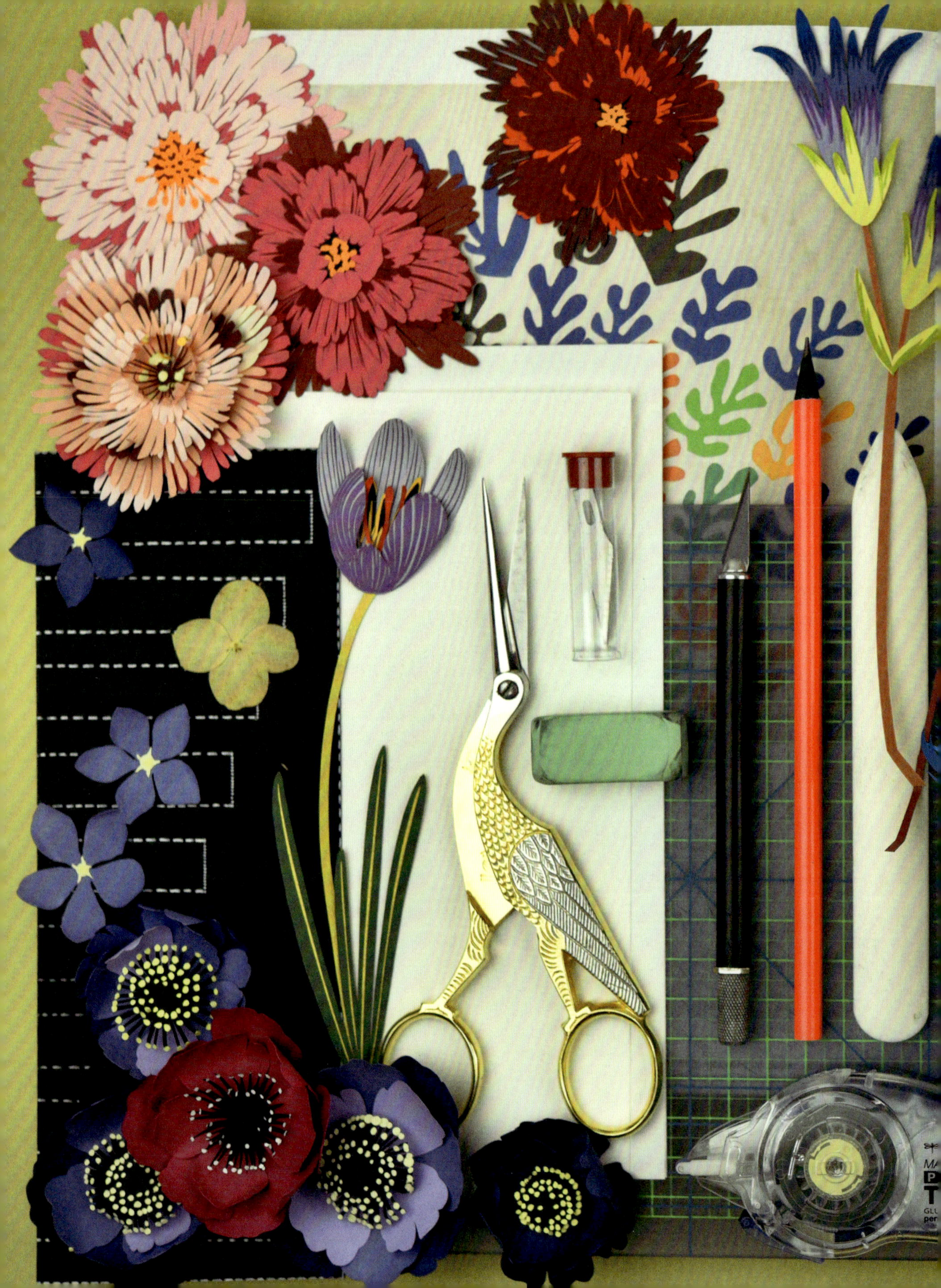

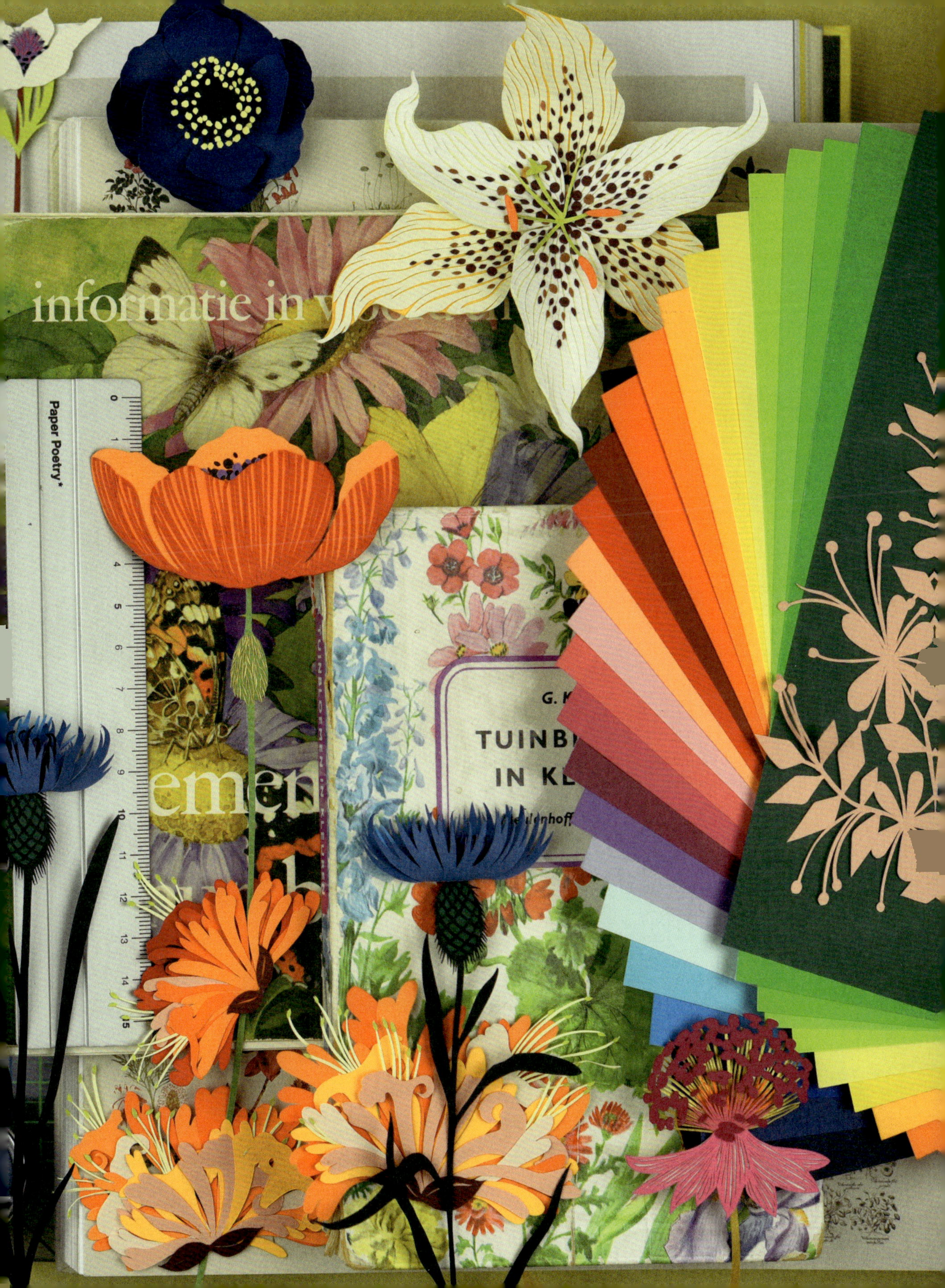
informatie in
Paper Poetry*

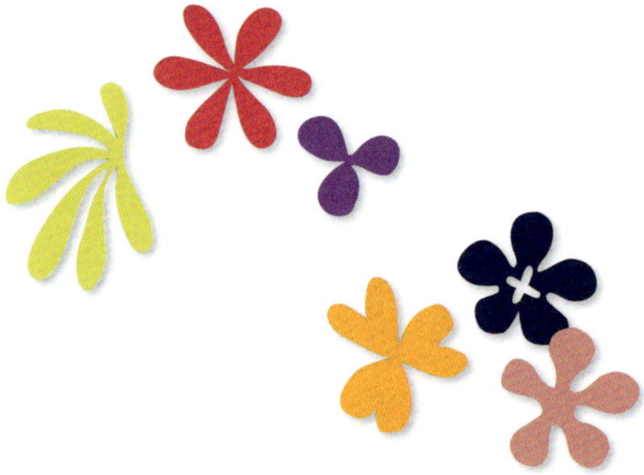

6. Nehmen Sie den Einleger, und falten Sie ihn auseinander. Streichen Sie rechts vom Mittelfalz bis zum Klapp-Falz alle breiten Balken mit Klebstoff ein.

7. Kleben Sie die Blätter (die Bleistiftlinien sind auf der Rückseite) auf die beklebten Balken. Mischen Sie unterschiedliche Blattformen oder ordnen Sie gleichgeformte Blätter in Gruppen an. Wenn Sie Blätter übereinander kleben möchten, bestreichen Sie sie nochmals mit Klebstoff. Achten Sie darauf, mit dem Klebstoff nicht über die Klapp-Falze hinaus zu kommen, denn dann lässt sich das Pop-Up Motiv später nicht öffnen. Kleben Sie kein Blatt über zwei Streifen, denn die Tiefe der Streifen variiert. Die Blätter dürfen überlappen, aber nicht an zwei Streifen zugleich kleben. Kleben Sie so viele Blätter auf, dass die Streifen fast nicht mehr sichtbar sind.

8. Klappen Sie die Pop-Up Karte vorsichtig auf, indem Sie mit der Hand unter den Streifen hindurch greifen. So klappen die überlappenden Blätter hinter die längeren Balken.
Lösen sich Blätter, kleben Sie diese erneut fest. Klappen Sie die Karte zusammen, und drücken Sie die Flächen gut aufeinander. Übrig gebliebene Blätter und den Einleger legen Sie zur Seite.

9. Nehmen Sie die bunten Tonpapiere und die Vorlagen für die Blumen zur Hand. Zeichnen Sie auf jeden Bogen zwei oder drei gleiche Blüten - die eine etwas größer als die andere - und pro Farbe jeweils unterschiedliche Blüten. Malen Sie vereinfachte Formen, gehen Sie nicht zu sehr ins Detail. Ein Kreis mit einem Loch in der Mitte, so wie ein Donut, ergibt bereits eine originelle Blüte. Oder arrangieren Sie lauter kleine Kreise oder Blütenblättchen rundum einen Punkt. Je mehr unterschiedliche farbige Tonpapierbögen Sie verwenden, umso weniger Blüten pro Farbe malen Sie auf. Gehen Sie von ungefähr 40 Blüten insgesamt aus. Alternativ verwenden Sie auch hierfür den Schneidebogen von S. 125.

10. Nehmen Sie Papiermesser und Schneidematte wieder zur Hand, und schneiden Sie alle Blüten aus. Erleichtern Sie sich auch hier die Arbeit, indem Sie parallel verlaufende Linien gleichzeitig ausschneiden. Drehen Sie das Papier, und schneiden Sie zuerst alle konkaven, dann alle konvexen Linien usw. ►

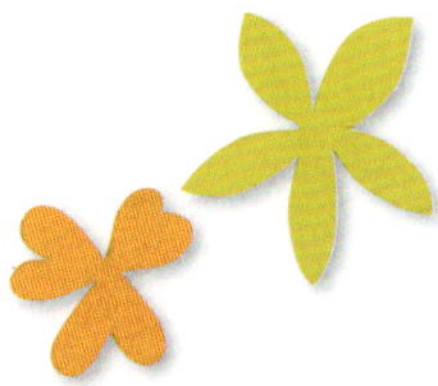

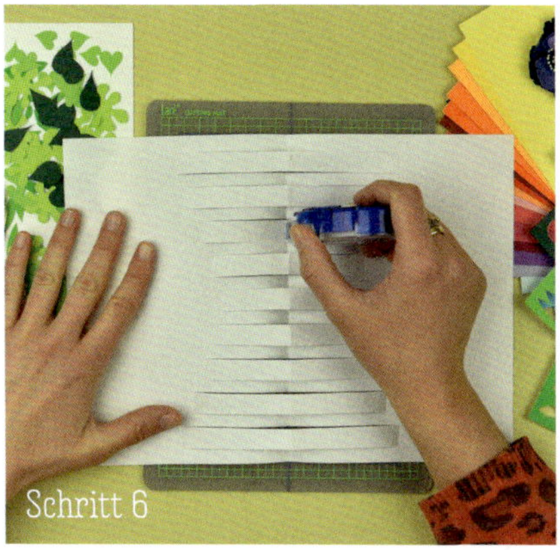

Schritt 6

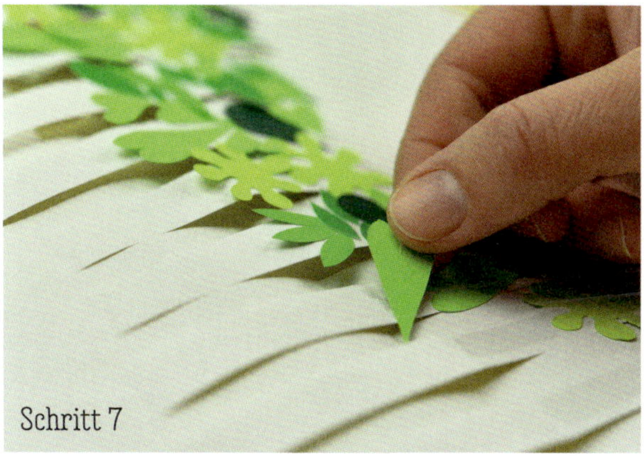

Schritt 7

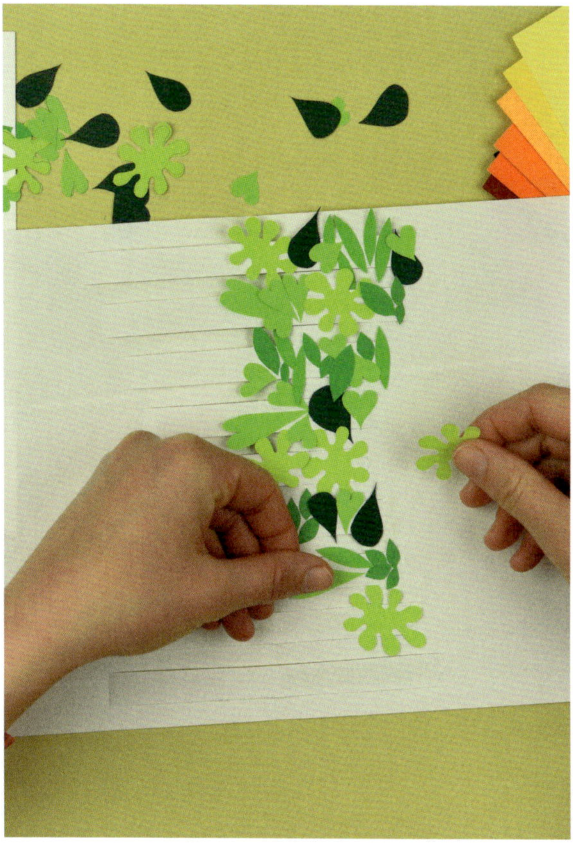

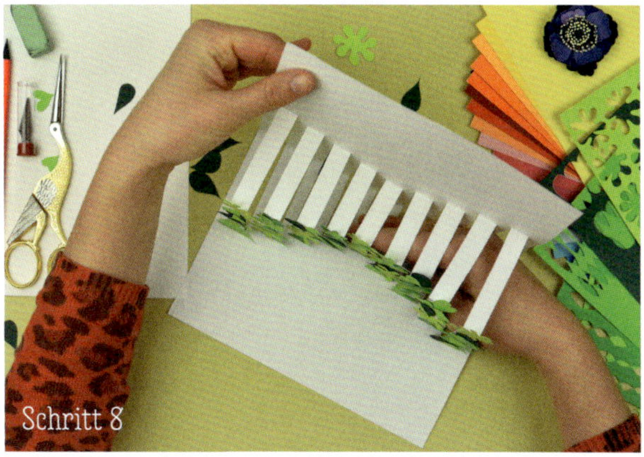

Schritt 8

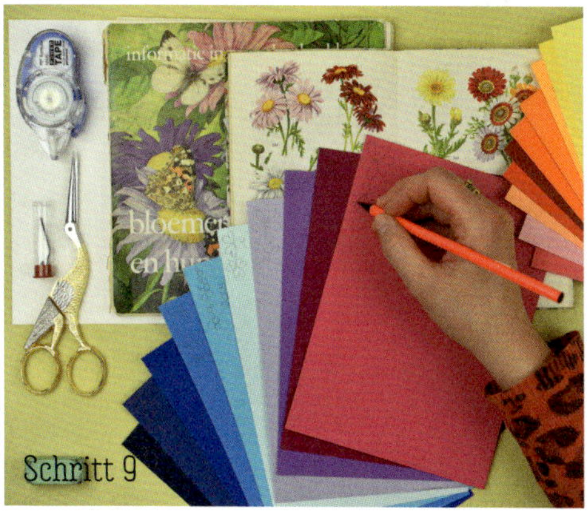

Schritt 9

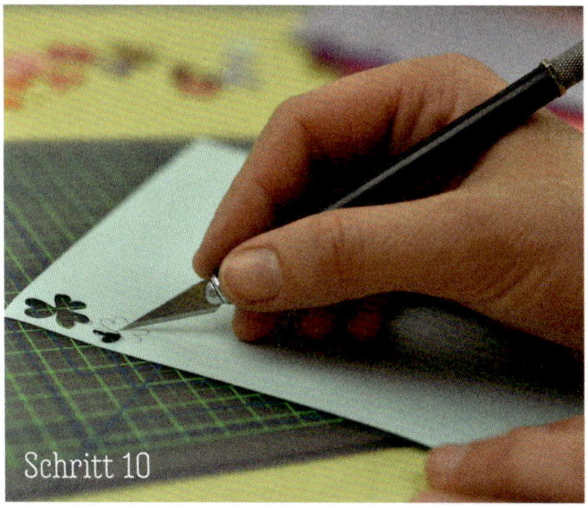

Schritt 10

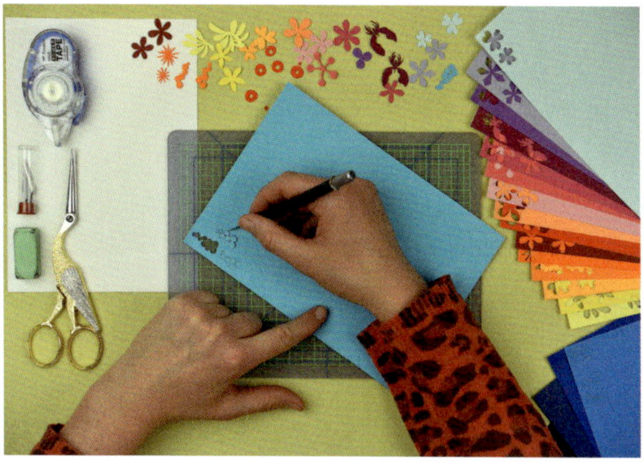

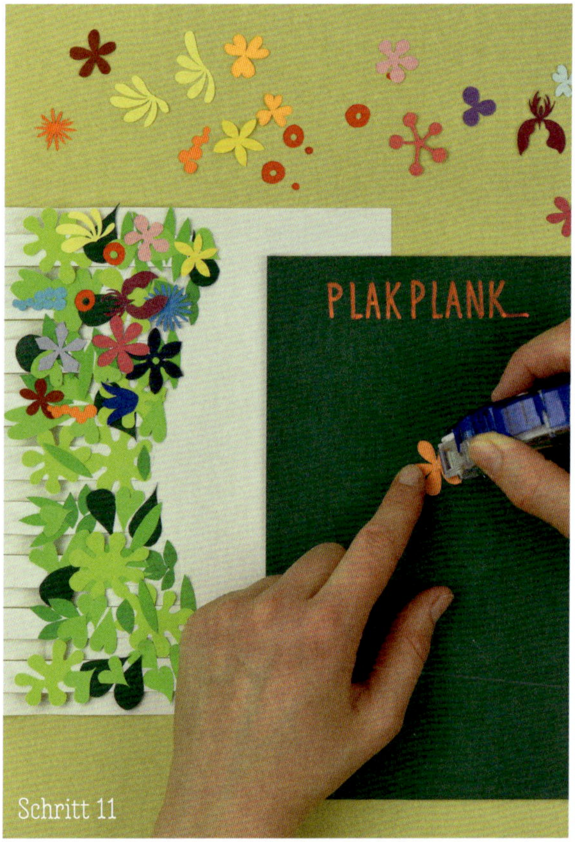

Schritt 11

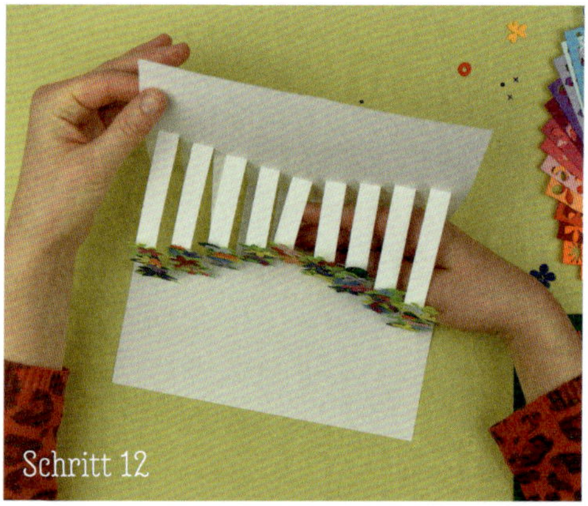
Schritt 12

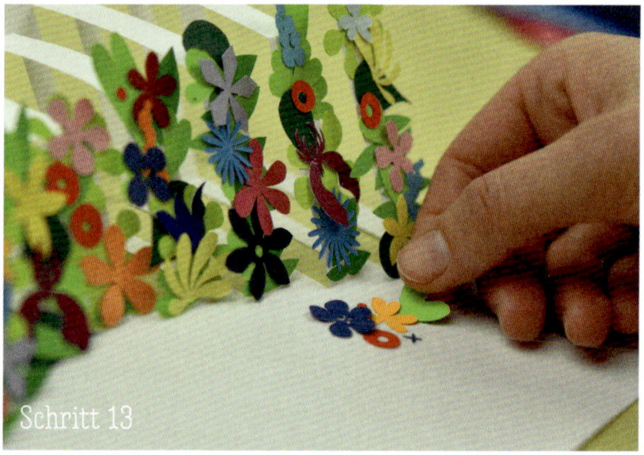
Schritt 13

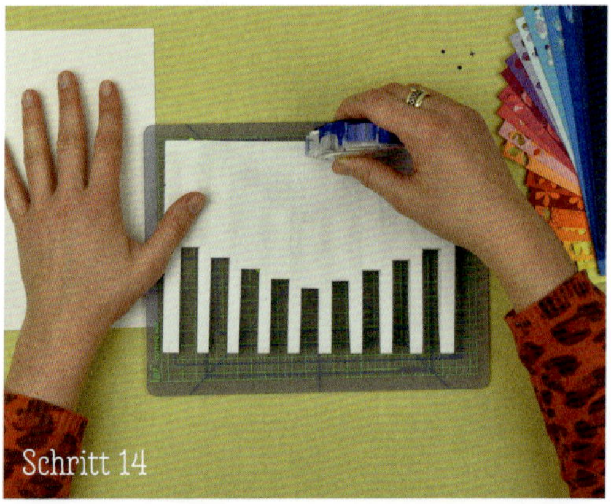
Schritt 14

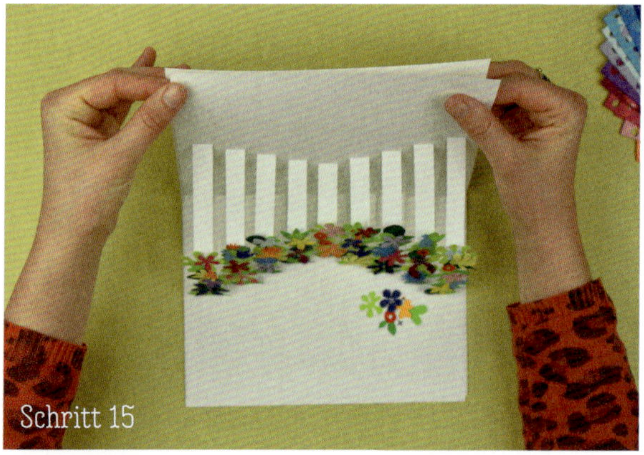
Schritt 15

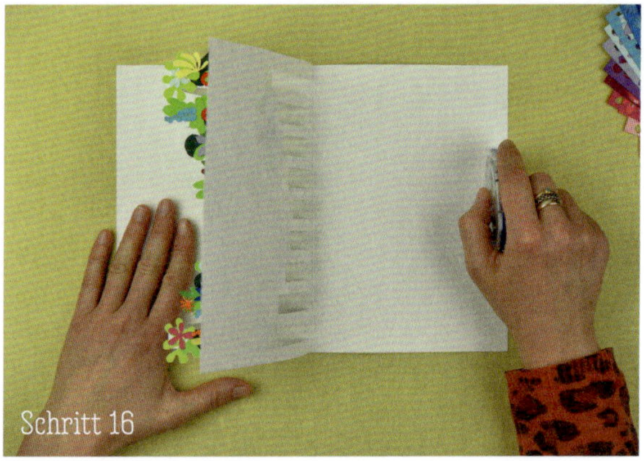
Schritt 16

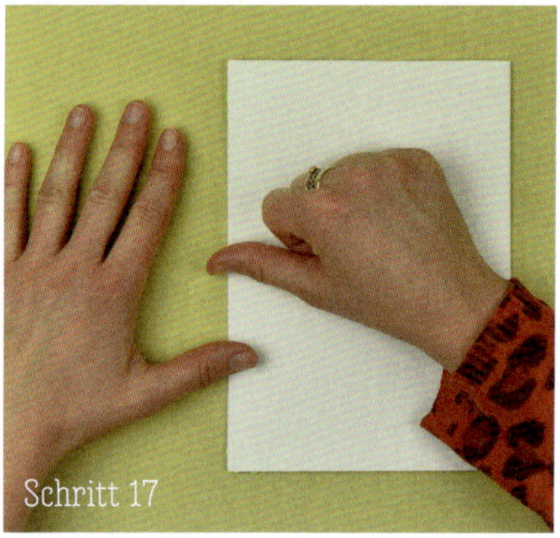
Schritt 17

11. Nehmen Sie den Einleger wieder zur Hand, und legen Sie eine Unterlage zum Kleben auf den Tisch, z.B. eine alte Schneidematte. Bestreichen Sie die Rückseite der Blüten, die Bleistiftseite*, mit Klebstoff, und kleben Sie die Blüten auf die Balken.
Achten Sie auf eine gleichmäßige Verteilung, und dass die Blüten nicht über den Klapp-Falz hinausragen oder auf zwei Balken zugleich kleben (sie dürfen jedoch einander überlappen). Behalten Sie ein paar Blüten über.

12. Stellen Sie das Pop-Up Motiv im 90° Winkel auf, und greifen Sie wieder mit der Hand unter den Streifen hindurch. So klappen die einander überlappenden Blüten automatisch in der richtigen Reihenfolge hinter die längeren Balken. Klappen Sie den Einleger zusammen, und drücken Sie die Flächen gut aufeinander.

13. Falten Sie den Einleger dann wieder auf, und kleben Sie die übrigen Blüten mit den übrigen Blättern arrangiert in den Vordergrund des Pop-Up Motivs.

14. Klappen Sie den Einleger zusammen, und kleben Sie ihn oben am offenen Rand zusammen.

15. Legen Sie den Einleger in die gefaltete Karte - die Ränder liegen exakt aufeinander.

16. Nun bestreichen Sie die andere Seite entlang des Kartenrandes mit Klebstoff.

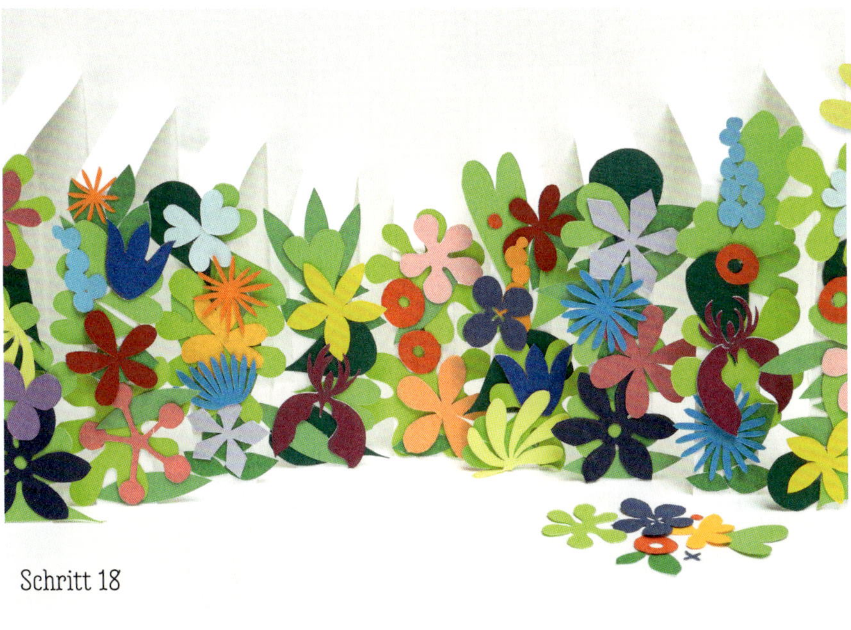

Schritt 18

17. Falten Sie die Karte zusammen, und drücken Sie die Flächen gut aufeinander. Der Einleger ist nun in der Karte fixiert.

18. Und das ist das Resultat! //

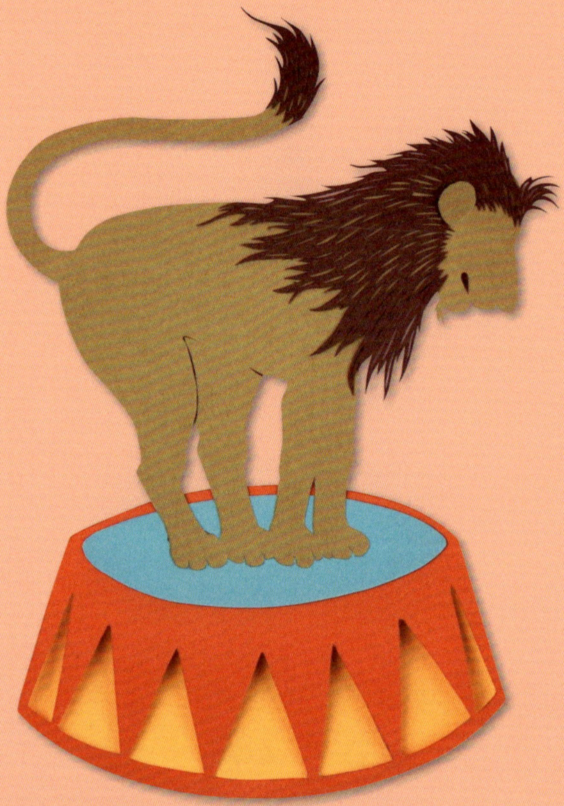

KAPITEL 10

3D LÖWE

Nachdem Sie nun schon etwas Fingerfertigkeit in der Kunst des Paper Cuts erlangt haben, geht es daran, mehrlagig zu arbeiten. Wir beginnnen mit einem einfachen 3D Paper Cut - einem Zirkus-Löwen. Die Zirkustonne, auf der er balanciert, erhält dabei einen wirkungsvollen Schatteneffekt. Schatten sind beliebte Effekte beim Paper Cut, denn die Lagentechnik macht die Papiersilhouette noch wirkungsvoller und interessanter. Die Löwenmähne bekommt eine feine Haarstruktur. Bei diesem Projekt müssen Sie besonders auf die Bleistiftseite achten, da es mehrere Papierteile sind, die gewendet und arrangiert werden.

3D Löwe

Für dieses Projekt benötigen Sie: Bleistift, Radierer, Papiermesser, Reserveklinge, Schneidematte, Cutter, Balsaholz (oder 3D Pads), Taperoller, je ein Tonpapier in fünf verschiedenen Farben, Skizzenpapier und ggf. den Schneidebogen auf S. 127.

MIT SCHNEIDE-BOGEN

VORBEREITUNG
Schnuppern Sie Zirkusluft! Sammeln Sie Bilder und Modelle von Tigern, Löwen und Löwinnen. Blättern Sie in Natur- und Zeichenbüchern, stöbern Sie im Spielzeugladen oder schauen Sie auf Pinterest nach Abbildungen.

1. Üben Sie das Zeichnen eines Löwen. Im Grunde ist ein Löwe eine kräftige, muskulöse Katze mit großen Tatzen und einer Perücke auf dem Kopf. Der Löwe hat aber charakteristische Merkmale, wie ein rundes Kinn mit einem kleinen Spitzbart. Und seine Nase ist länger als die einer Katze. Nachdem Sie ein wenig geübt haben, zeichnen Sie einen Löwen, der seine vier Tatzen dicht zusammenstellt, und auf einer kleinen Standfläche sein Gleichgewicht zu halten versucht - ganz so wie auf der Zirkustonne. Dabei krümmt er seinen Rücken und blickt nach unten.

2. Übertragen Sie die beste Zeichnung auf eines der Tonpapiere. Die Mähne und die Quaste am Schwanz werden ausgespart, diese erhalten eine andere Farbe. Ggf. verwenden Sie den Schneidebogen.

3. Legen Sie die Schneidematte vor sich, und wechseln Sie die Klinge im Papiermesser. Achten Sie darauf, dass die Klinge fest sitzt. Vorne an der Schnauze schneiden Sie kleine Einkerbungen*, und als Maul schneiden Sie eine Öffnung in Form eines umgekehrten Tropfen aus. Dadurch wird der Kopf direkt etwas charakteristischer. Schneiden Sie den Löwen aus. An den Tatzen schneiden Sie dabei ebenfalls kleine Einkerbungen.

4. Das Ohr schneiden Sie nicht aus, sondern Sie machen lediglich einen Einschnitt rundum die Ohrmuschel, spiegelbildlich entspricht die Form dem Buchstaben C. Das andersfarbige Tonpapier wird hier später einfach dahinter geschoben. ▶

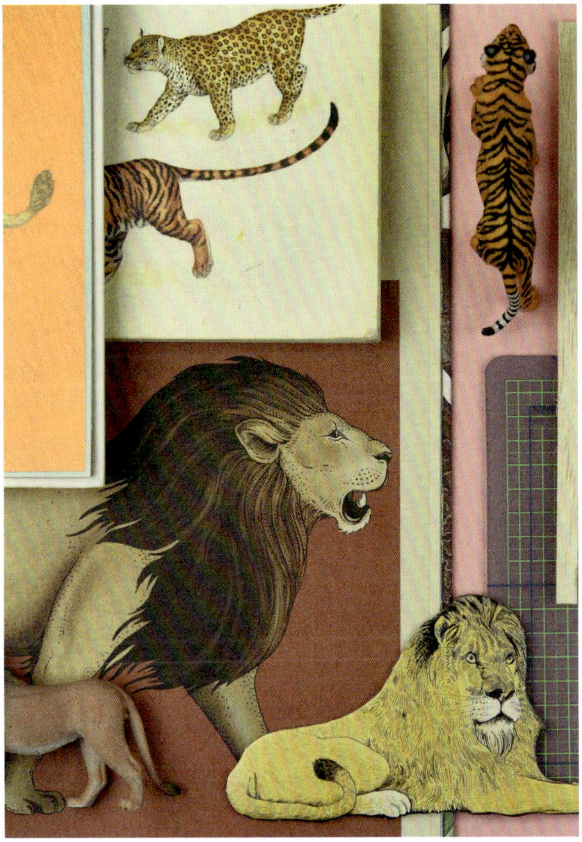

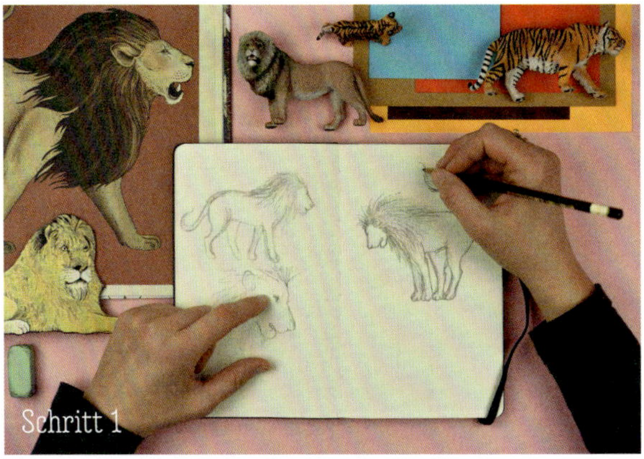

Schritt 1

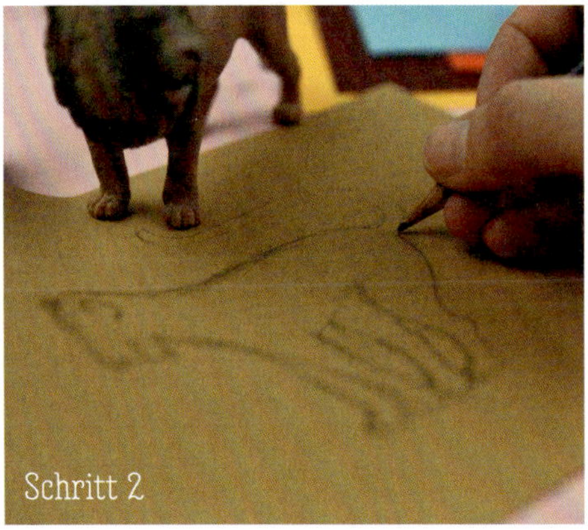

Schritt 2

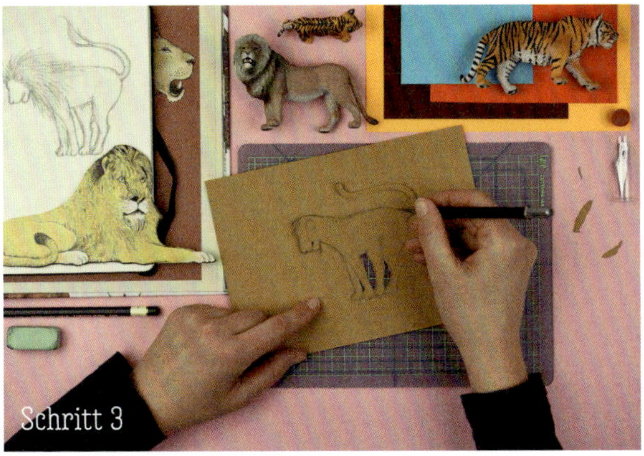

Schritt 3

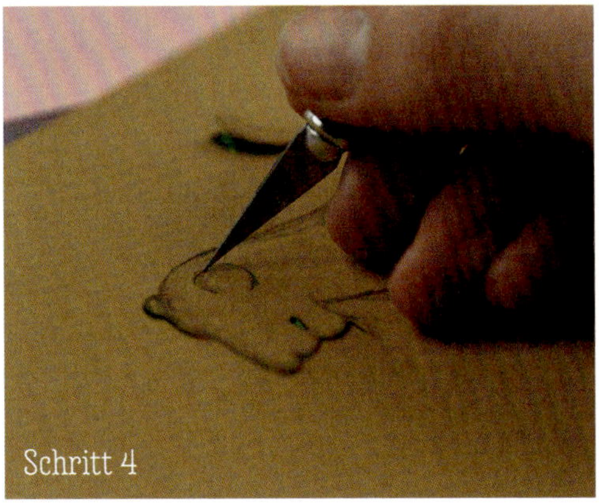

Schritt 4

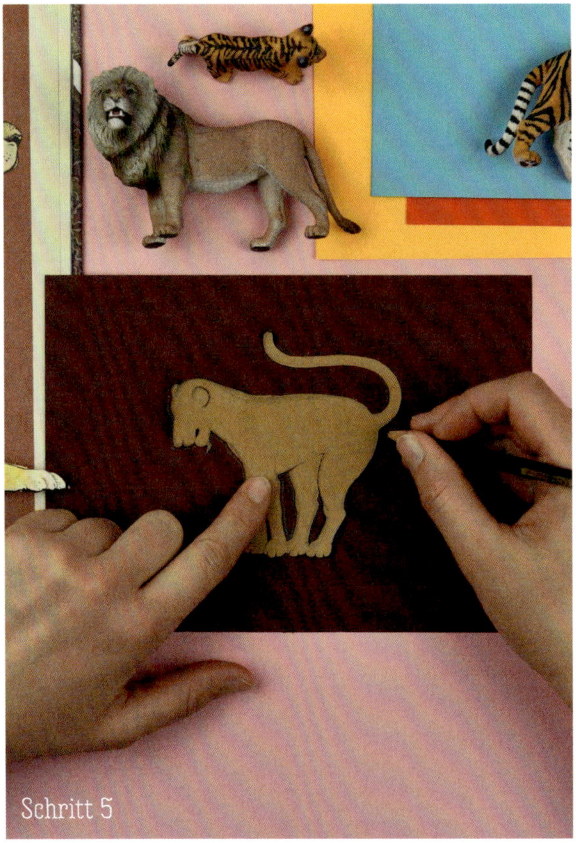

Schritt 5

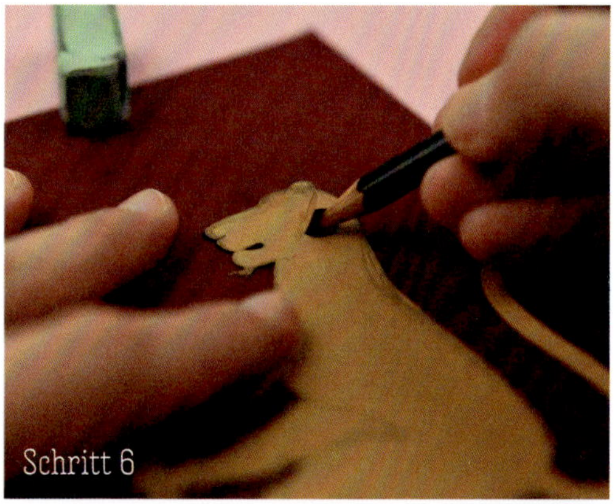
Schritt 6

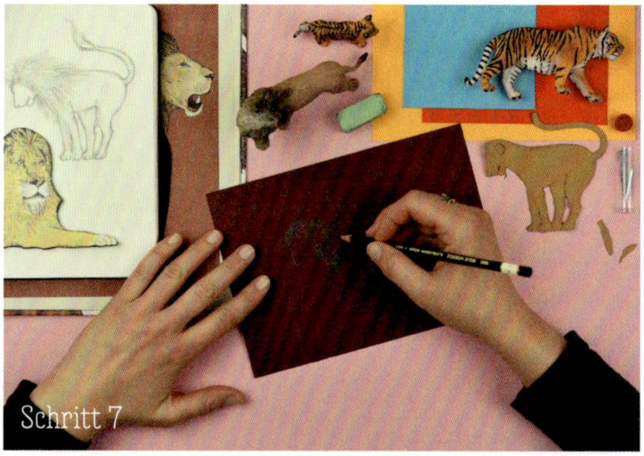
Schritt 7

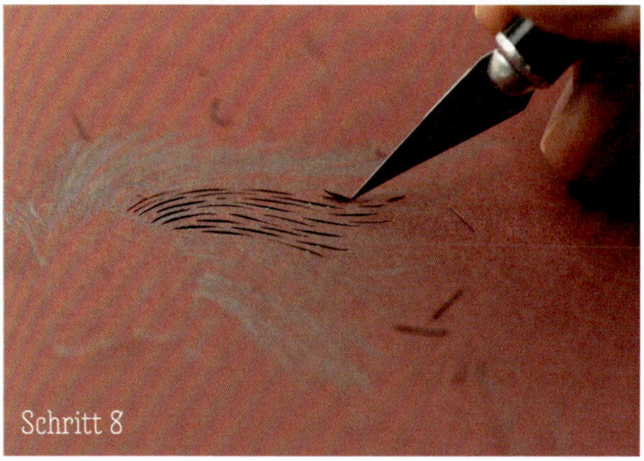
Schritt 8

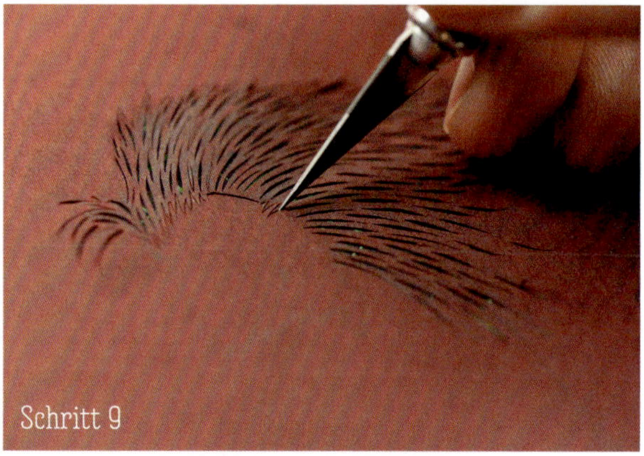
Schritt 9

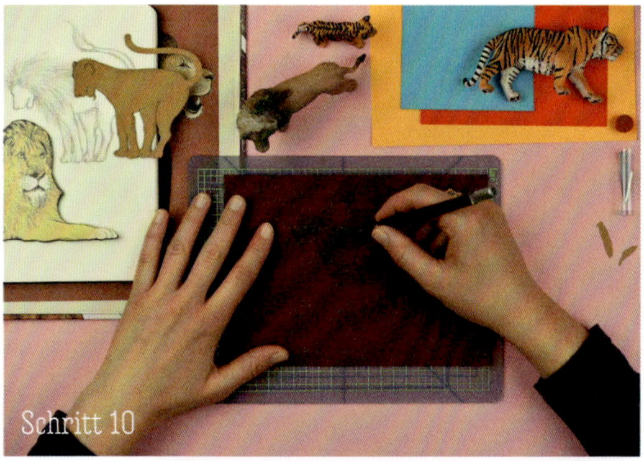
Schritt 10

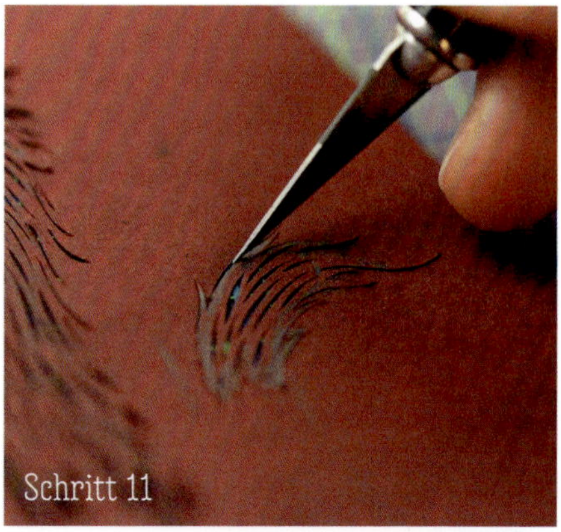
Schritt 11

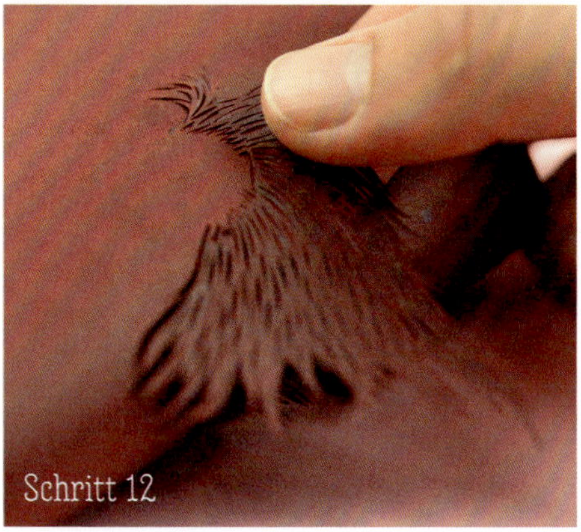
Schritt 12

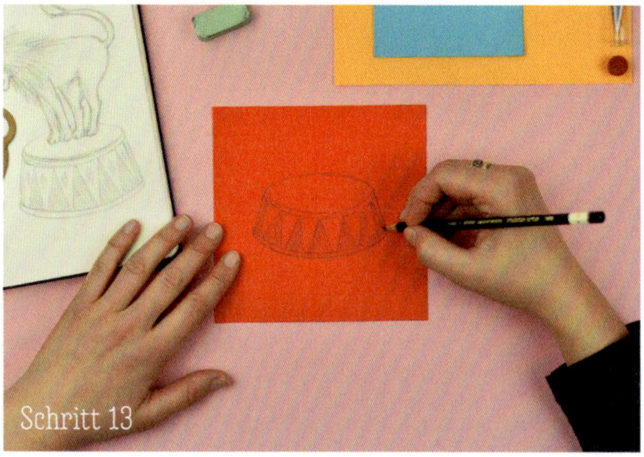
Schritt 13

5. Legen Sie den Löwen auf das Tonpapier, aus dem die Mähne geschnitten wird. Übertragen Sie die Silhouette mit Bleistift. Achten Sie darauf, dass die Bleistiftseite* des soeben ausgeschnittenen Löwen hierbei ebenfalls nach oben liegt.

6. Klappen Sie das Ohr des Löwen vorsichtig nach vorne, und übertragen Sie die Form auf den darunter liegenden Bogen.

7. Legen Sie den Löwen beiseite, und zeichnen Sie eine wuschelige, voluminöse Mähne auf das Papier. Die Mähne ist der ganze Stolz eines Löwen. Achten Sie also auf die Richtung, in der die Haarbüschel liegen: Sie fallen vom Rücken bis über die Schulter, zum Hals hin werden sie etwas schräger. Über der Stirn malen Sie einen nach vorne fallenden Pony. Das unterstreicht die nach vorne gebeugte, balancierende Körperhaltung. An den Schweif zeichnen Sie ebenfalls ein Haarbüschel.

8. Nehmen Sie Schneidematte und Papiermesser zur Hand. Schneiden Sie die innenliegenden Strukturen der Mähne aus. Kommen Sie dabei nicht zu nah an den Ohransatz! Sie schneiden das Papier schmal streifenförmig ein, stets in zwei geschwungenen Bögen.

9. Rundum den Kopf wird die Mähne wie Gras geschnitten, zuerst als Bogen, dann als gerade Linie, wie in Kapitel 5. Am Ohr bekommt die Mähne keine Struktur, sondern verläuft als gerade Linie von Ohransatz zu Ohransatz.

10. Fahren Sie über die Schulter und den Rücken fort, in langen, üppigen Strähnen: erst eine geschwungene Linie zur einen, dann zur anderen Seite.

11. Arbeiten Sie das Haarbüschel am Schweif auf dieselbe Weise aus: zuerst dünne, innenliegende Linien, dann rundum fransige wie Gras.

12. Lösen Sie die Mähne und das Haarbüschel am Schweif vorsichtig aus dem Papierbogen. Legen Sie den Löwen, die Mähne und den Schweif zur Seite.

13. Jetzt ist die Zirkustonne an der Reihe. Wählen Sie eines der drei übrigen Tonpapiere, und zeichnen Sie zwei Ovale: ein kleines und ein größeres, übereinander angeordnet. Beide Ovale überlappen einander. Ziehen Sie dann beidseitig eine Linie, jeweils vom schmalsten Punkt des oberen Ovals zum schmalsten Punkt des unteren. ▶

14. Radieren Sie die obere Hälfte des großen Ovals weg, und zeichnen Sie jeweils oberhalb der unteren Hälfte und unterhalb des kleinen Ovals eine zweite Umrandung. In den Bereich dazwischen zeichnen Sie mittig ein Dreieck, mit der Spitze nach oben. Von diesem Dreieck aus zeichnen Sie beidseitig weitere, stets schmaler werdende Dreiecke. Achten Sie darauf, dass Sie zwischen den Dreiecken und an den Seitenkanten der Tonne mindestens 2 mm Abstand lassen. Achten Sie genau darauf, was weggeschnitten wird, und was stehen bleibt, ggf. schraffieren Sie die Flächen.

15. Schneiden Sie nun die (schraffierten) Dreiecke aus. Das Papiermesser setzen Sie dabei stets an das Ende der vorigen Schnittlinie. Achten Sie auch hier besonders darauf, dass die Fläche zwischen den Dreiecken und an den Seitenkanten stehen bleibt.

16. Nehmen Sie das vierte Tonpapier zur Hand, und drehen Sie den Bogen mit der Tonne um: Auf der Seite ohne Bleistiftlinien bestreichen Sie die Ecken mit Klebstoff.

17. Kleben Sie den Bogen an den Ecken auf den vierten Bogen, und schneiden Sie aus den doppelt liegenden Bögen entlang der Konturen die Tonne aus. Markieren Sie ggf. den unteren Bogen mit einem Kreuzchen o.Ä., damit Sie Vorder- und Rückseite unterscheiden können.

18. Übertragen Sie die Tonne auf das letzte Tonpapier, und zeichnen Sie obenauf ein weiteres Oval. Schneiden Sie es aus.

19. Legen Sie eine alte Schneidematte o.Ä. zum Schutz der Arbeitfläche vor sich. Bestreichen Sie das Oval auf der Bleistiftseite mit Klebstoff, und kleben Sie es auf die unbemalte Seite der Tonne, sodass die zwei unbemalten Seiten nach oben liegen. ►

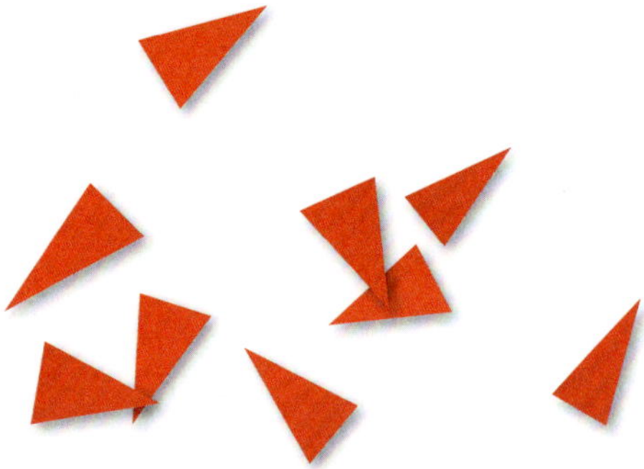

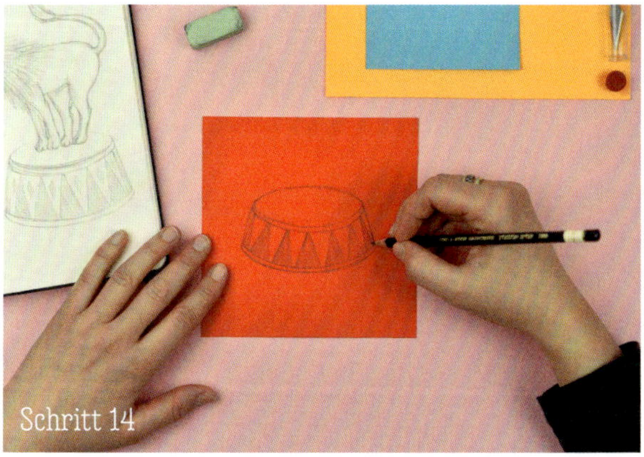
Schritt 14

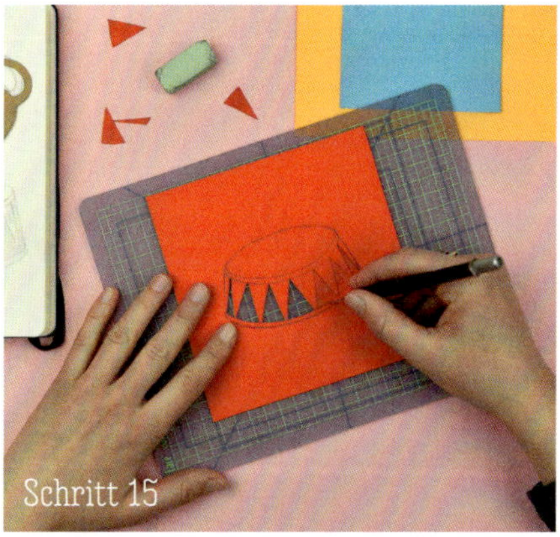
Schritt 15

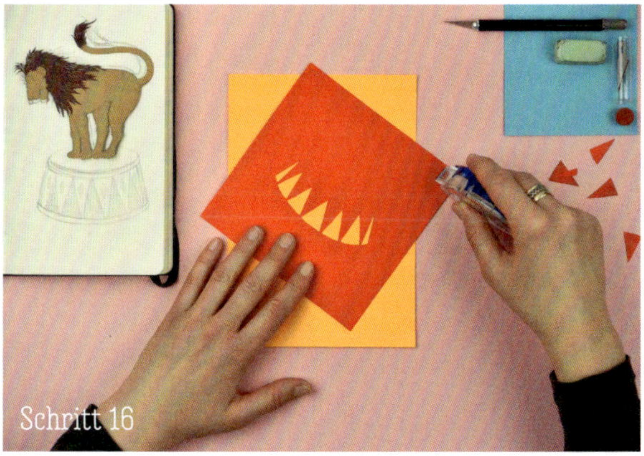
Schritt 16

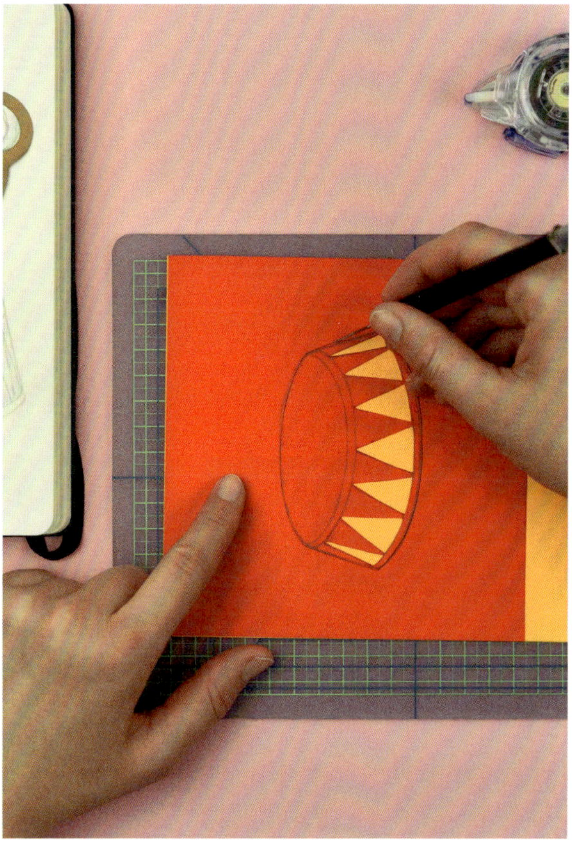

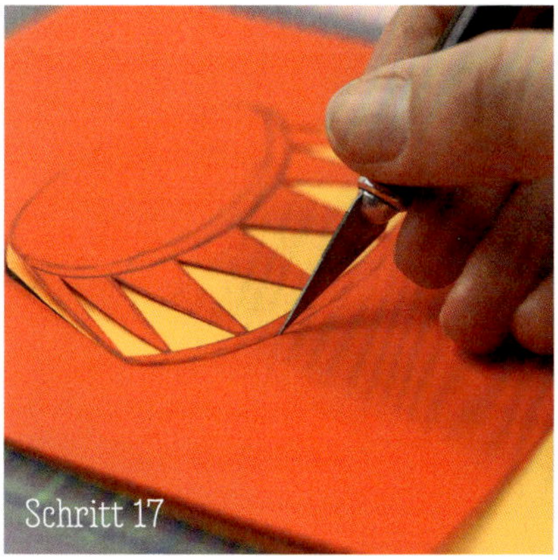
Schritt 17

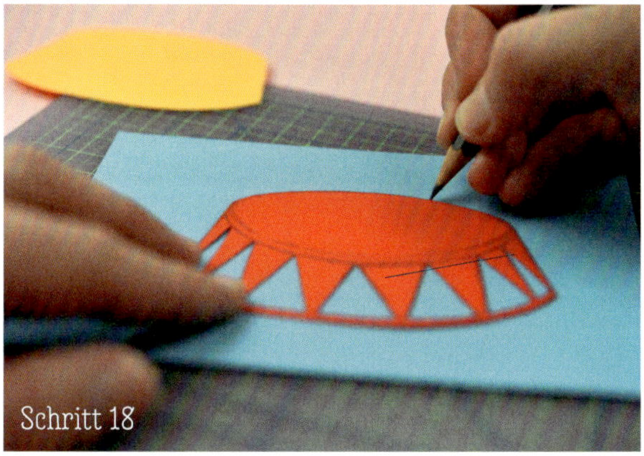
Schritt 18

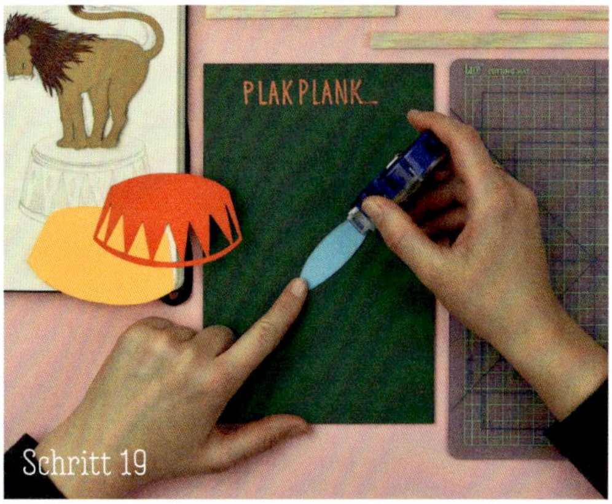

Schritt 19

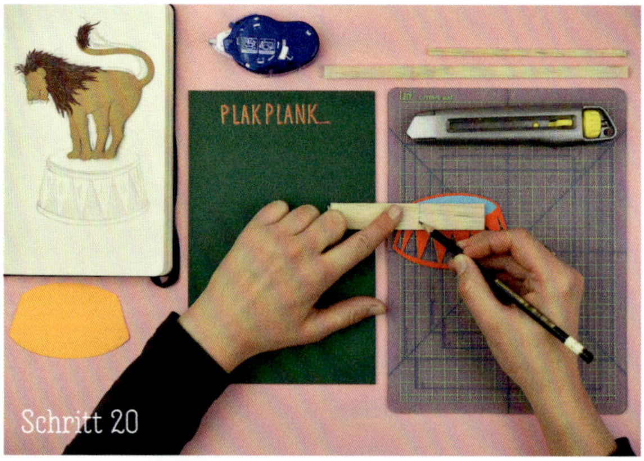

Schritt 20

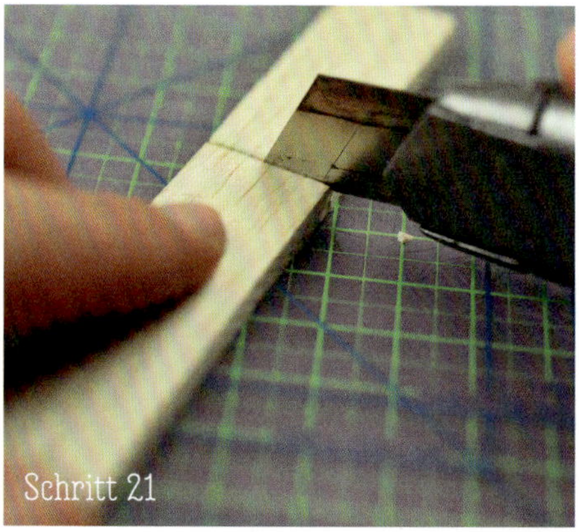
Schritt 21

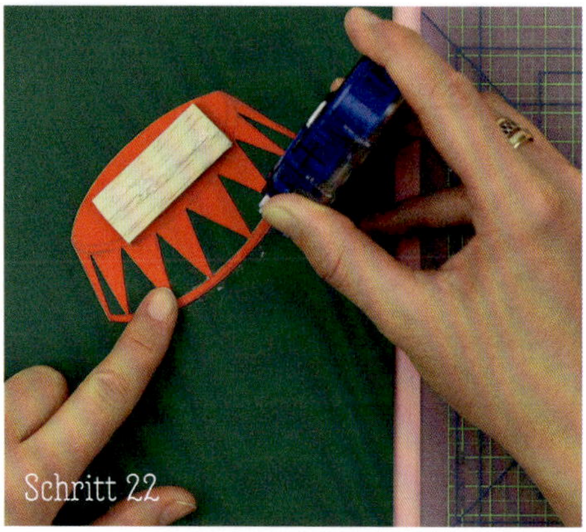
Schritt 22

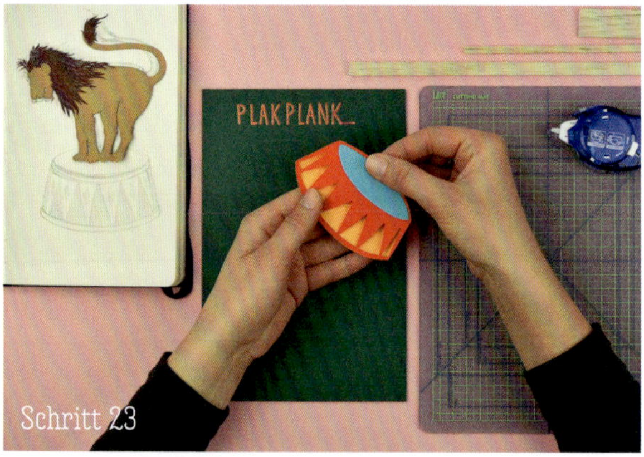

Schritt 23

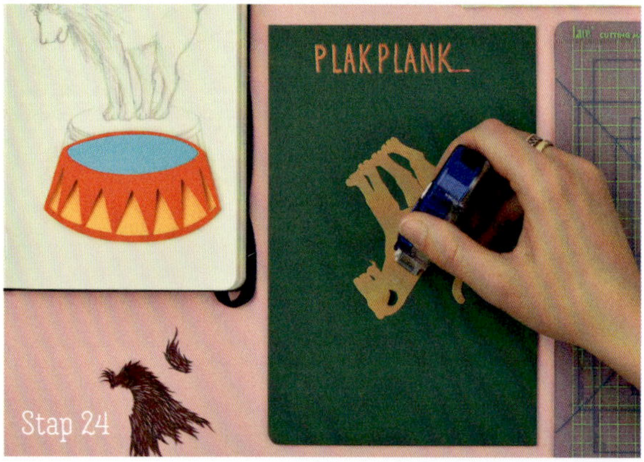

Stap 24

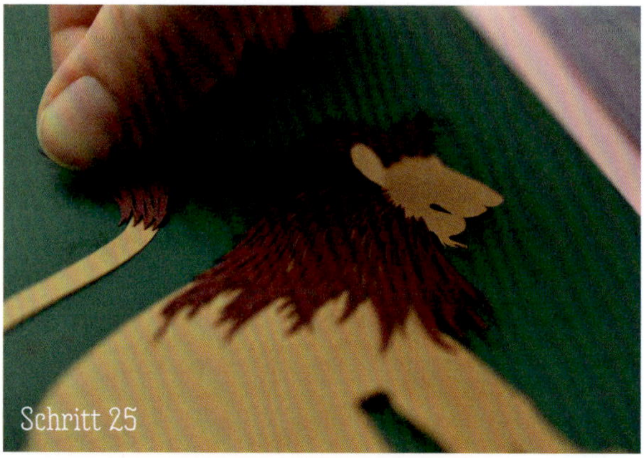
Schritt 25

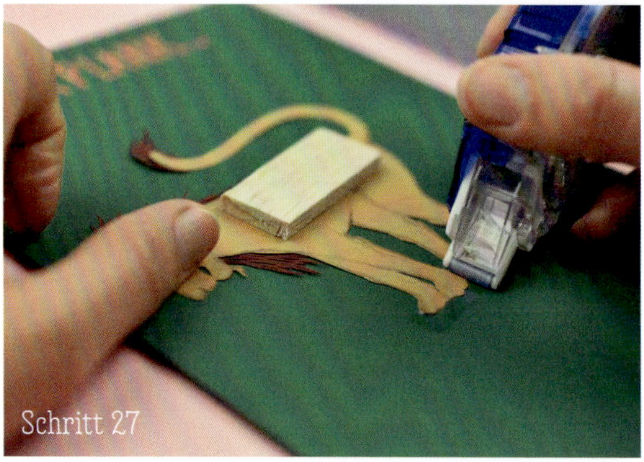
Schritt 27

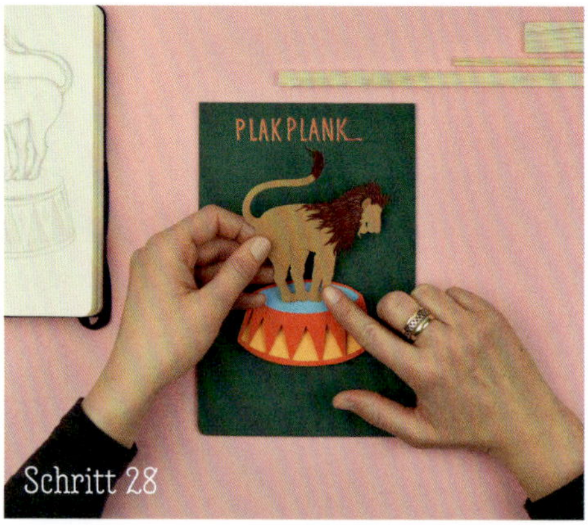

Schritt 28

20. Nun versehen Sie die Tonne mit dem 3D Effekt. Hierfür messen Sie das Balsaholz ab. Das Pad sollte so groß wie möglich sein, aber an den Seitenkanten oder dreieckigen Öffnungen nicht hervorragen.

21. Das Balsaholz schneiden Sie mit dem Cutter zurecht, und kleben es dann auf die Rückseite der Tonne.

22. Streichen Sie das fixierte Balsaholz und den untersten Tonnenrand mit Klebstoff.

23. Kleben Sie die Tonne dann präzise auf die doppelt ausgeschnittenen Papierteile von Schritt 17. Achten Sie genau darauf, was Vorder- bzw. Rückseite ist. Sie haben nun eine dreifarbige Zirkustonne mit einem Schatteneffekt entlang des oberen Randes.

24. Nehmen Sie den Löwen und seine Mähne wieder zur Hand. Klappen Sie das Ohr an der unbemalten Seite hoch. Legen Sie die Mähne auf den Löwenkopf, und schauen Sie, wie diese am besten passt.

25. Die Mähne wird hinter dem Ohr entlang geklebt, und das Haarbüschel kommt an das Schweifende.

26. Schneiden Sie noch ein Stück Balsaholz zu, und kleben Sie dies auf die Bleistiftseite des Löwen.

27. Streichen Sie die Tatzen und Knöchel mit Klebstoff ein.

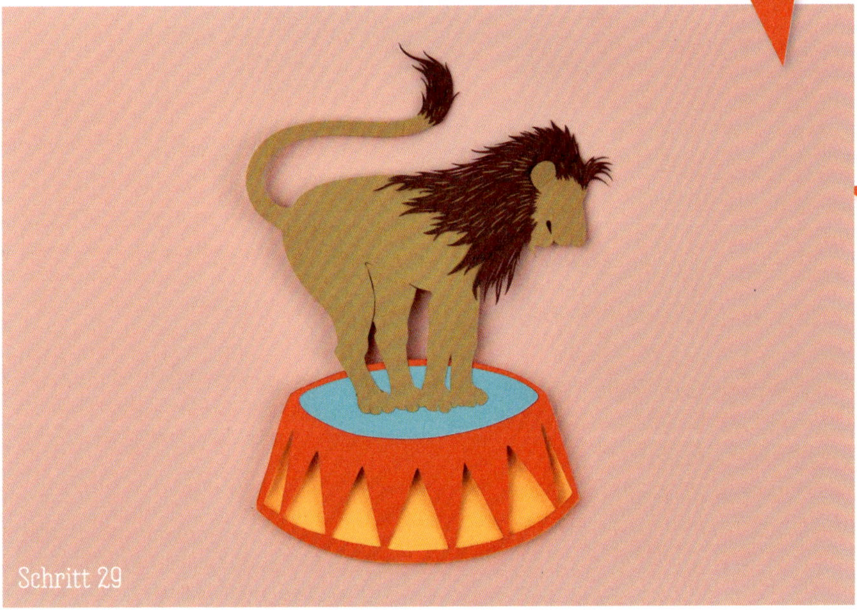

Schritt 29

28. Kleben Sie den Löwen dann in der Mitte des obersten Ovals auf die Tonne.

29. Und das ist das verblüffende Resultat! //

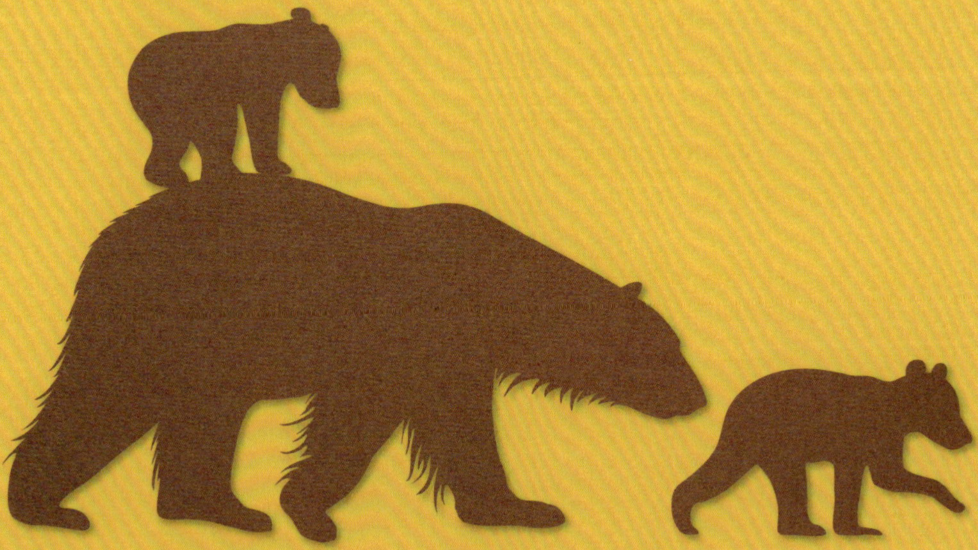

KAPITEL 11

WALD SPAZIER GANG

In diesem Kapitel kreieren wir eine 3D Szene wie einen Guckkasten - ein umfangreiches Projekt, das durchaus etwas mehr Zeit erfordert. Aber die ist es wert, denn das Resultat ist garantiert spektakulär! Die Reihenfolge spielt hier übrigens eine wichtige Rolle: Zuerst wird der vorderste Bogen ausgeschnitten, der ist dann die Schablone für die Zeichnung auf dem zweiten Bogen. Diese beiden Bögen sind wiederum die Schablone für den dritten Bogen usw.

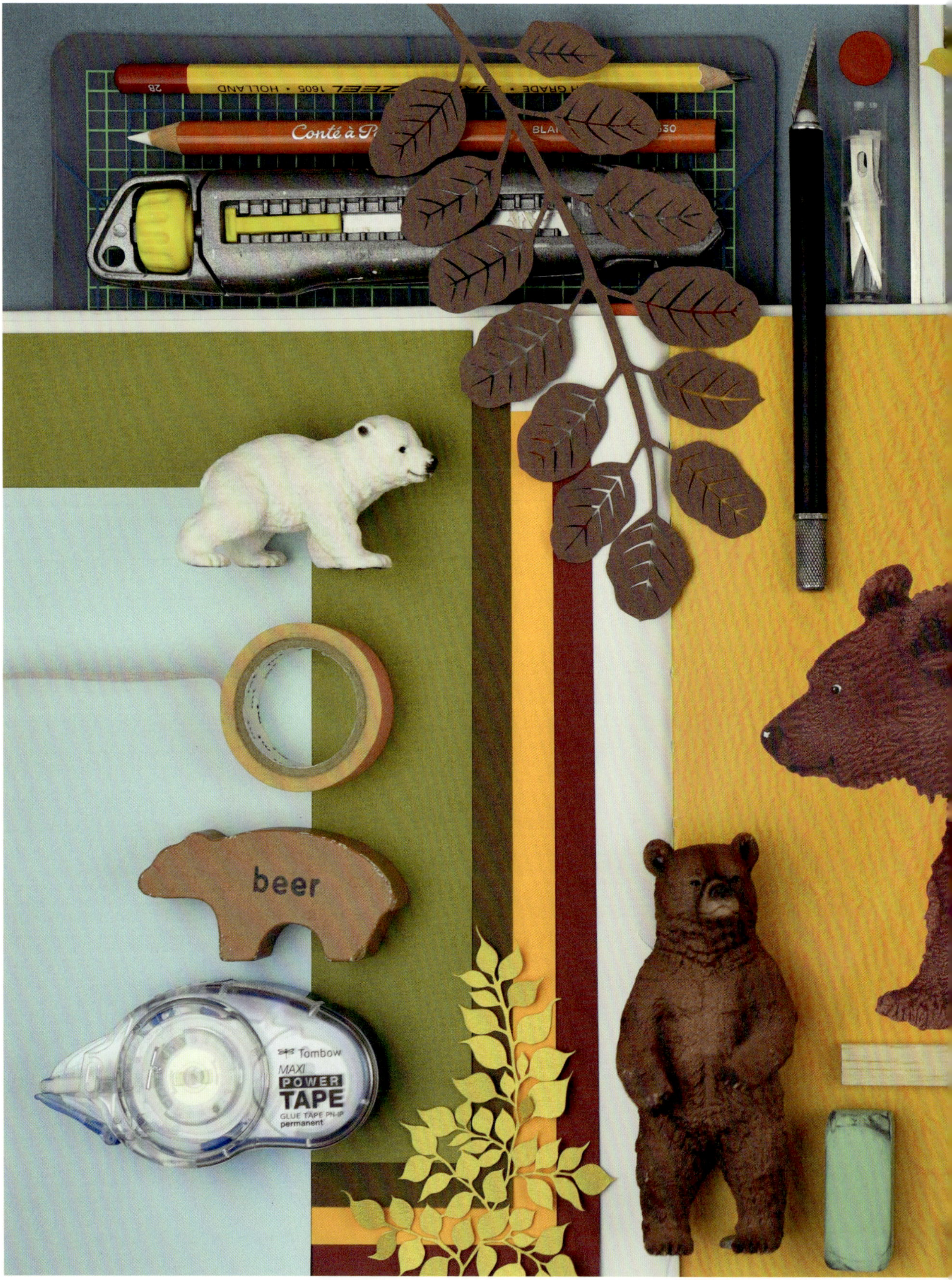
beer
Tombow
MAXI
POWER
TAPE
permanent

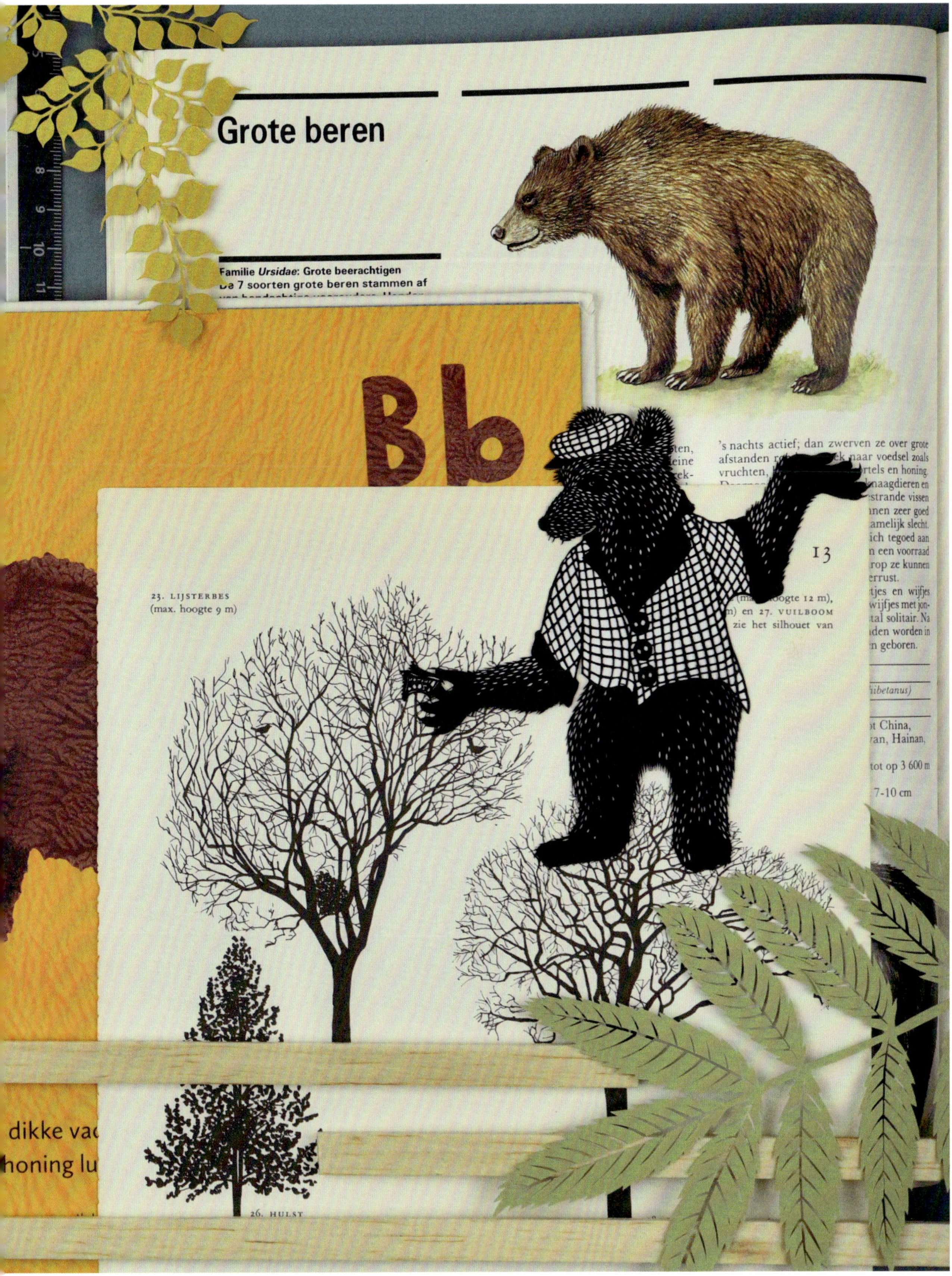
Grote beren
Familie Ursidae: Grote beerachtigen
De 7 soorten grote beren stammen af
Bb
23. LIJSTERBES
(max. hoogte 9 m)
13
26. HULST
dikke va
honing lu

Waldspaziergang

Für dieses Projekt benötigen Sie: Bleistift, weißen Buntstift, Masking Tape, Lineal, Radierer, Papiermesser, Reserveklinge, Schneidematte, Cutter, Balsaholz (4 Hölzchen je 1 m x 0,1 m), Taperoller, je ein Tonpapier DIN A4 in fünf verschiedenen Farben, Skizzenpapier.

VORBEREITUNG
Sammeln Sie Abbildungen von Bäumen, Sträuchern und Zweigen, und wählen Sie hieraus die bevorzugte Form bzw. Silhouette. Suchen Sie auch nach Vorlagen der Tiere, die in der Szenerie zu sehen sein sollen. Ein Braunbär hat durch sein dichtes Fell, die kräftige Gestalt und großen Tatzen eine deutliche, charakteristische Kontur.

1. Skizzieren Sie die Waldszene: Seitlich zeichnen Sie Bäume, deren Zweige zueinander geneigt sind. Zwischen die Bäume zeichnen Sie kleine und große Tiere. Den Boden gestalten Sie mit Grasnaben oder einer hügeligen Linie. Zeichnen Sie dann vor und hinter den Tieren noch mehr Bäume, gerade so viele, dass der Blick auf die Tiere nicht verdeckt wird. Die Bäume werden wie in Kapitel 5 gezeichnet: Beginnen Sie mit dem Stamm, und zeichnen Sie von diesem ausgehend die Zweige wie die gespreizten Finger einer Hand. Von diesen Zweigen ausgehend zeichnen Sie weitere Zweige.

2. Verteilen Sie das Waldmotiv auf vier einzelne Zeichenbögen: den Vordergrund mit Bäumen auf Bogen 1, die Tiere auf Bogen 2, und auf Bogen 3 und 4 kommen weitere Bäume. Die Bäume auf Bogen 3 und 4 werden etwas schmaler als die im Vordergrund. Diese Skizzen sind nicht endgültig, wichtig sind nur Reihenfolge und Aufteilung. Fügen Sie hier und da Details hinzu, z.B. einen Vogel oder Pilze.

3. Nehmen Sie Schneidematte, Cutter und die fünf Tonpapiere zur Hand. Mithilfe des Lineals und der Schere schneiden Sie die Bögen auf ein Format von 27 x 19 cm.

4. Jeden Bogen versehen Sie rundum mit einer Linie, mit 1 cm Abstand zum Rand. Dieser Rahmen gibt dem Paper Cut Stabilität. Außerdem werden hier später die Abstandhalter aus Balsaholz für den 3D Effekt aufgeklebt. Nummerieren Sie die Bögen: Nr. 1 für Vordergrund, Nr. 2 für die Tiere, Nr. 3 und 4 für den Wald und Nr. 5 für den Hintergrund. Bogen 3 und 5 sollten eine hellere Farbe haben, dadurch wird optisch mehr Tiefe und Dynamik im Bild erzeugt. ►

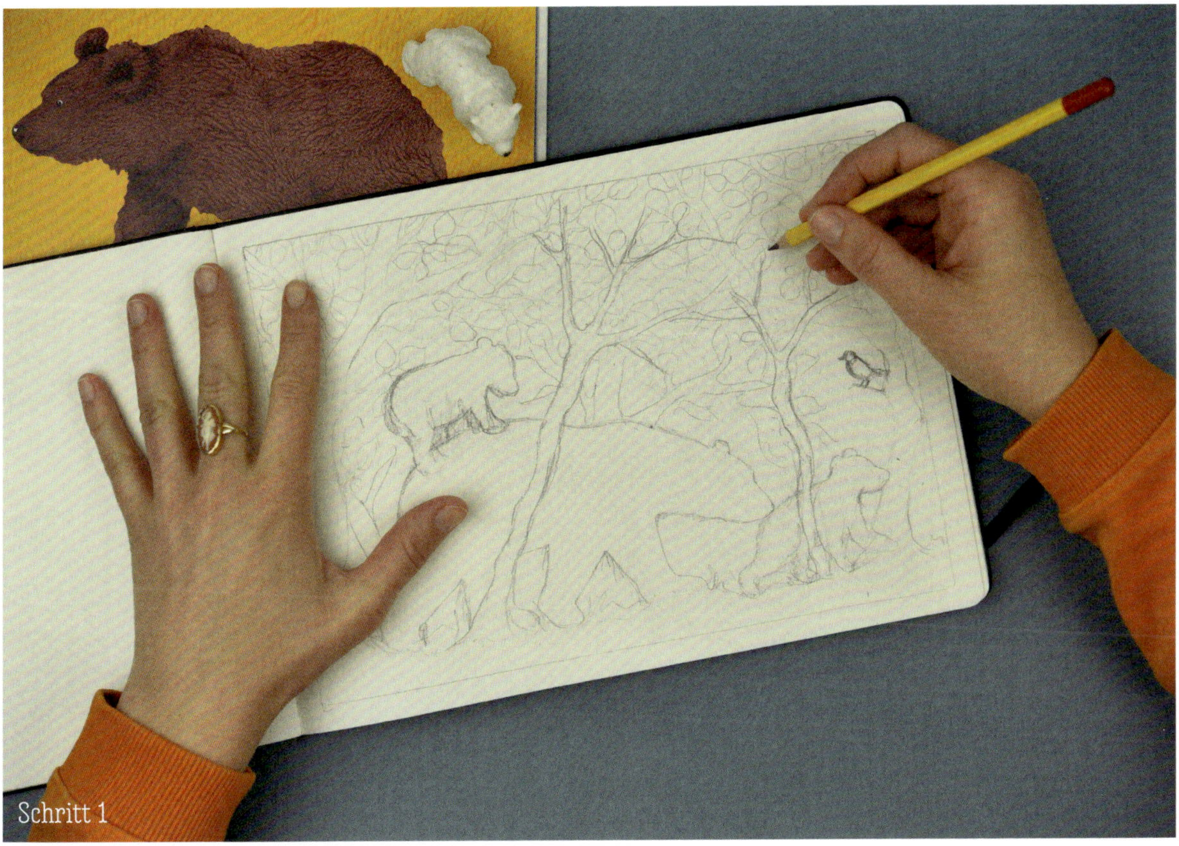

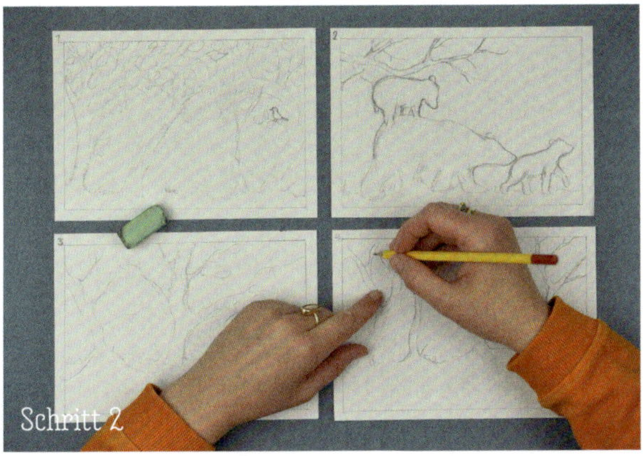

TIPP: Details können einem Paper Cut-Bild eine humorvolle oder originelle Note verleihen.

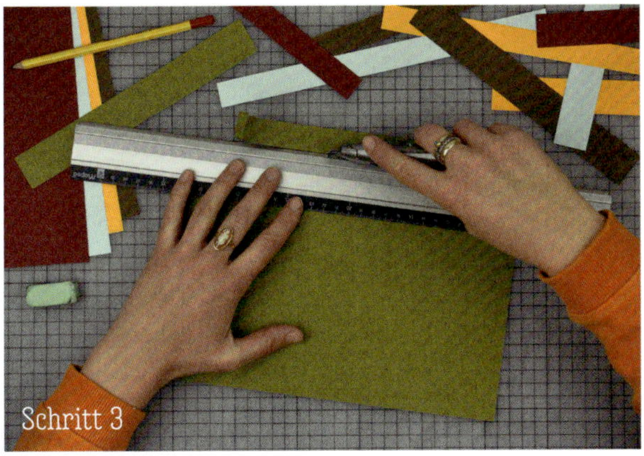

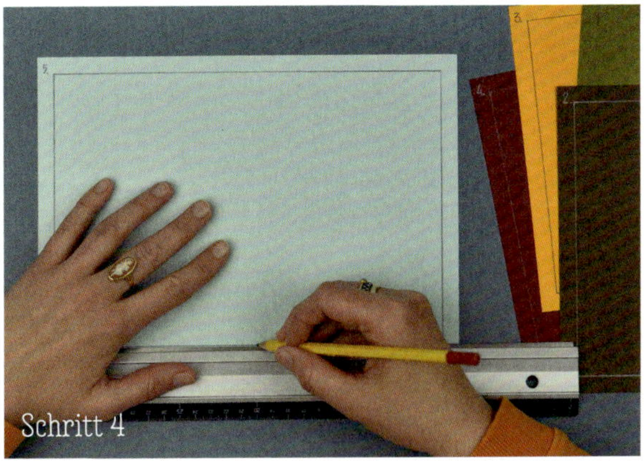

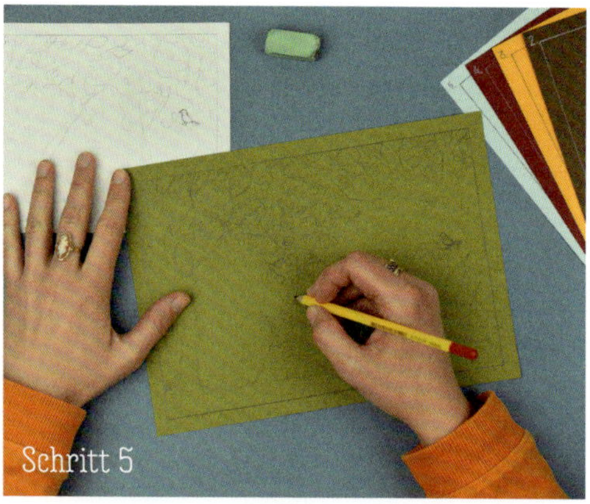
Schritt 5

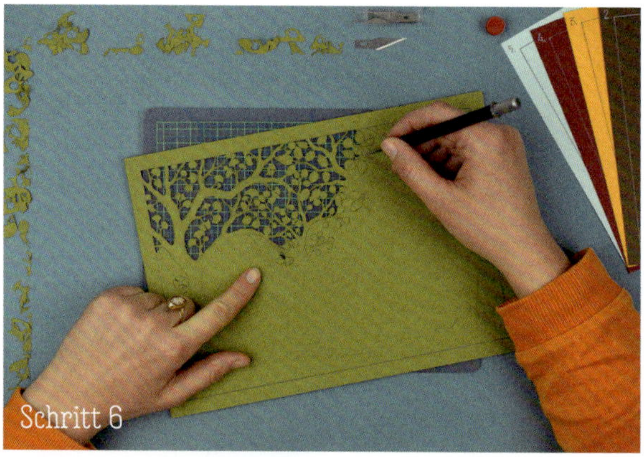
Schritt 6

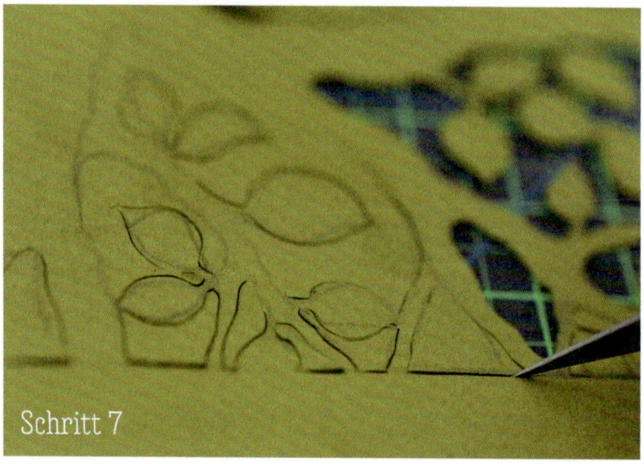
Schritt 7

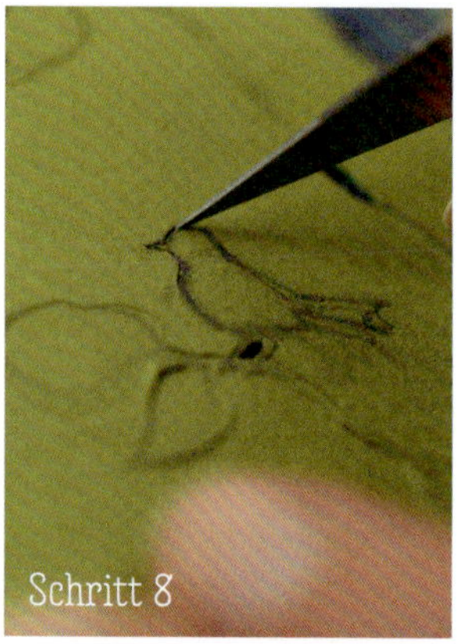
Schritt 8

TIPP:
Nehmen Sie sich Zeit für die Details.

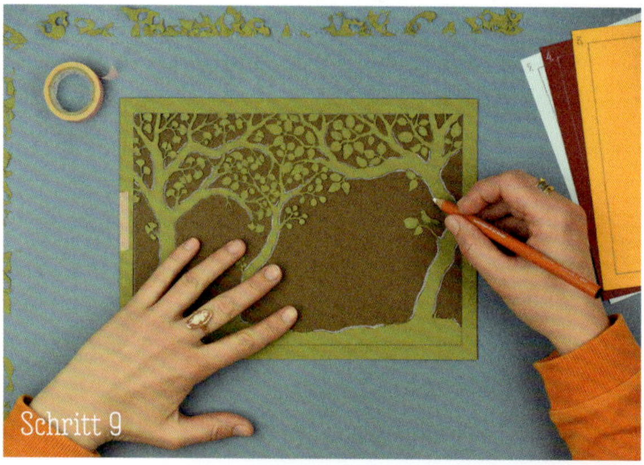
Schritt 9

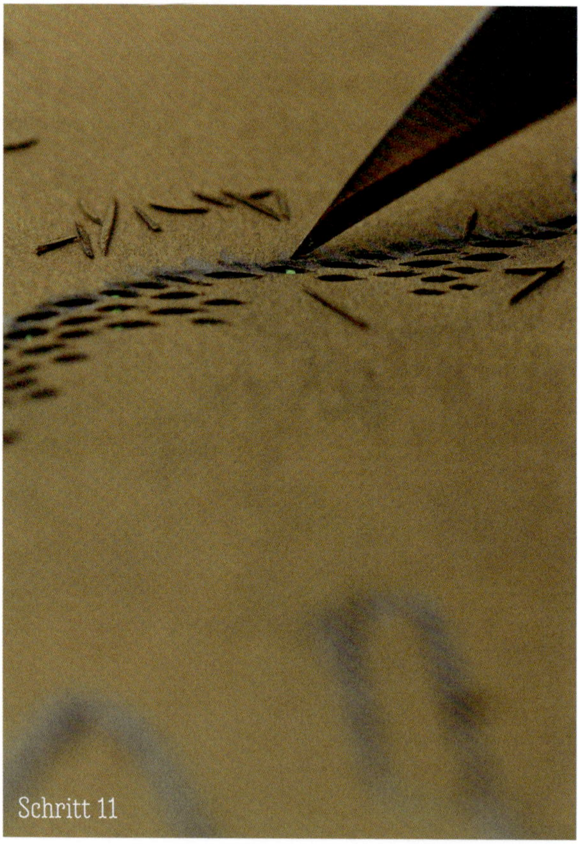
Schritt 11

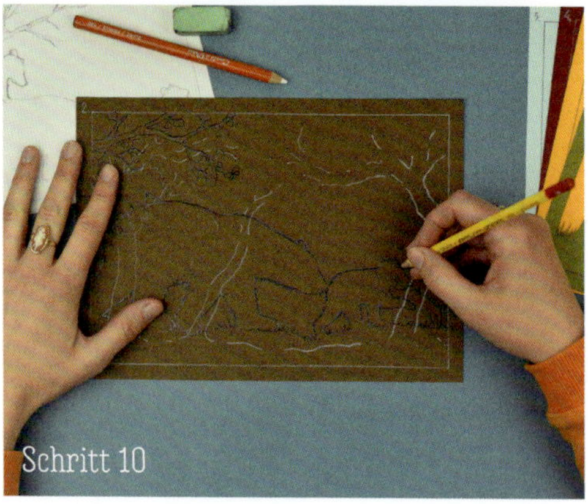
Schritt 10

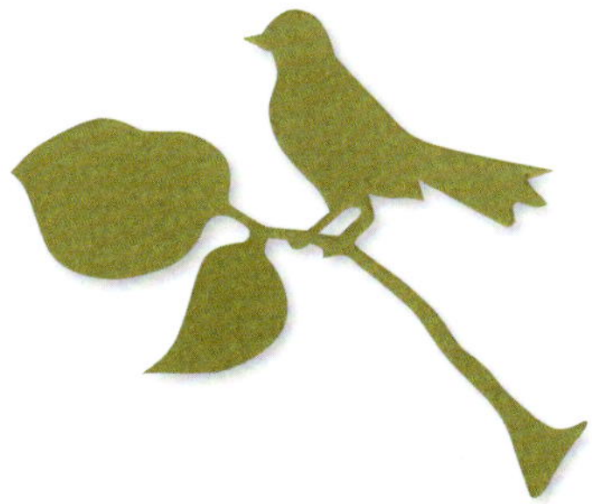

5. Übertragen Sie Skizze 1, den Vordergrund, auf Bogen 1. Zuerst zeichnen Sie alle Bäume mit den Zweigen bis zum oberen Rand, und dann malen Sie das Laub. Sie können eine ganz einfache Blattform wählen: Klammer auf - Klammer zu*. Oder Sie nehmen die etwas ausgefallenere Blattform eines Gingko, eines Feigenbaums oder einer Eiche beispielsweise. Nehmen Sie sich genug Zeit für die exakte Ausgestaltung der Bäume und Blätter, denn hiermit steht und fällt das Paper Cut-Bild letztendlich. Tipp: Achten Sie darauf, dass das Blätterdach auf dem ersten Bogen noch genügend Durchblick auf die darunter liegenden Bögen gibt. Nicht jeder Zweig muss dicht mit Blättern bedeckt sein. Übrigens erscheint eine Bleistiftzeichnung eher zu voll als ein Paper Cut-Motiv.

6. Nehmen Sie Papiermesser und Schneidematte zur Hand. Wechseln Sie die Klinge, und prüfen Sie ihren festen Sitz. Schneiden Sie dann die Bäume auf dem ersten Bogen aus. Betrachten Sie dabei jeweils den Raum zwischen zwei großen Zweigen als eine Fläche, und arbeiten Sie so von links nach rechts. Bei jeder Fläche schneiden Sie zuerst die Blätter rundum aus, dann die Zweige, einzeln von einem Blattstiel* zum anderen.

7. Achten Sie darauf, dass die Zweige und Blätter am Rand fixiert bleiben.

8. Nehmen Sie sich Zeit, um die Details auszuschneiden.

9. Den ausgeschnittenen, vorderen Bogen fixieren Sie mit Masking Tape auf den zwei anderen farbigen Bögen. Die Bleistiftseite* beider Bögen weist dabei nach oben. Übertragen Sie die Bäume und den Boden vom ersten Paper Cut auf das zweite Tonpapier. Details und Blätter lassen Sie aus. So wissen Sie, wo Sie auf Bogen 2 zeichnen können, ohne dass Details von den vorderen Bäumen verdeckt werden. Ziehen Sie das Klebeband ab, und legen Sie Paper Cut Nr. 1 zur Seite.

10. Nehmen Sie die Skizze für Bogen 2 zur Hand. Zeichnen Sie die Tiere in einer anderen Farbe - so vermeiden Sie Verwirrung. Zeichnen Sie über die Linien von Bogen 1 hinweg, die Tiere laufen hinter den Bäumen entlang. Den Boden zeichnen Sie etwas höher als die Linie von Bogen 1. Fixieren Sie die Tiere mittels der Zweige am oberen Rand, um die Stabilität zu erhöhen. Gerade die größeren Tiere klappen ansonsten womöglich um.

11. Nun schneiden Sie zuerst wieder alle Details aus, die schmalen Streifen im Fell beispielsweise. ▶

12. Das Tierfell erscheint übrigens haariger, wenn Sie die Kontur gezackt* gestalten, wie das Blatt aus Kapitel 4. Schneiden Sie die Zeichnung schließlich komplett aus, und denken Sie daran, den Rand nicht abzuschneiden.

13. Kleben Sie nun Bogen 1 und 2 (Bleistiftseite nach oben) mit Masking Tape auf Bogen 3. Nehmen Sie den Skizzenbogen 3 zur Hand, und zeichnen Sie Baumstämme auf die freien Flächen. Auch hier zeichnen Sie den Boden wiederum etwas höher als auf Bogen 2.

14. Bogen 1 und 2 werden zur Seite gelegt. Nun arbeiten Sie die Komposition fertig aus. Zeichnen Sie zuerst die Bäume und Zweige, dann die Blätter. Hierbei müssen Sie nicht mehr auf Transparenz achten. Malen Sie den Bogen vollständig aus! Wenn Sie mögen, können Sie auch zusätzlich kleine Details einfügen.

15. Mit dem Papiermesser schneiden Sie die Zeichnung dann auf der Schneidematte aus. Arbeiten Sie von links nach rechts, und schneiden Sie wieder zuerst die Blätter, dann erst die Zweige aus. Achten Sie darauf, dass der Rand rundum intakt bleibt.

16. Schneiden Sie ggf. auch die zusätzlich eingefügten Details aus.

17. Mit Masking Tape kleben Sie die drei Paper Cuts mit der Bleistiftseite nach oben auf den vierten Bogen, und zeichnen Sie auf die übrig gebliebenen Lücken dünne Stämme.

18. Nehmen Sie Bogen 1 und 2 weg, und zeichnen Sie den Boden von Bogen 4, gerade oberhalb des Bodens von Bogen 3.

19. Legen Sie Bogen 3 ebenfalls zur Seite, und arbeiten Sie die Stämme zu kompletten Bäumen aus. Zeichnen Sie so viele Bäume wie möglich dazu. Zwischen den Zweigen malen Sie große, einfach geformte Blätter. Diese letzte Lage fungiert als Füllmittel, Details sind nicht wichtig. Sie zeichnen so viele Zweige und Blätter, dass Sie den Wald vor lauter Bäumen nicht mehr sehen. ►

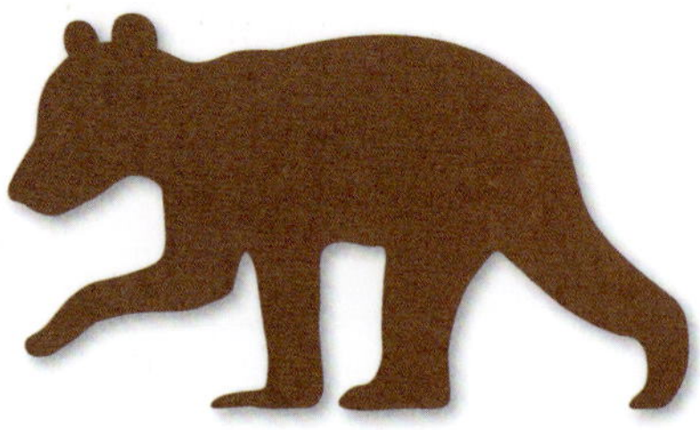

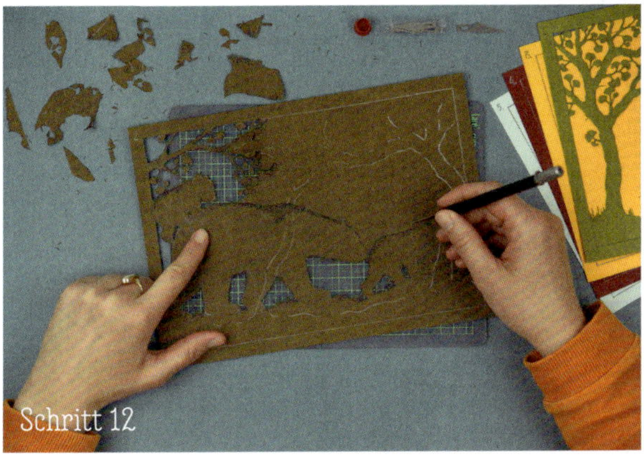
Schritt 12

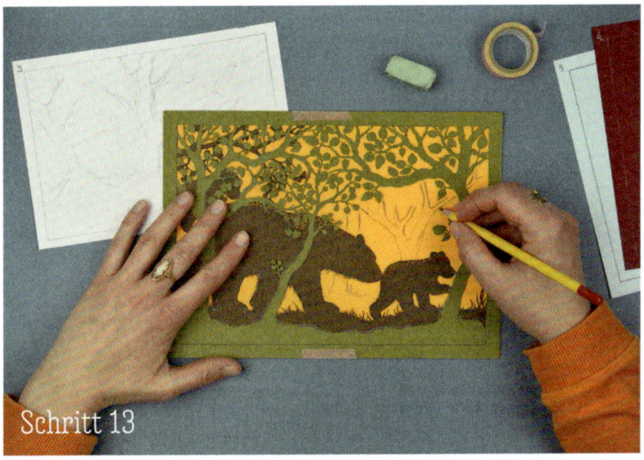
Schritt 13

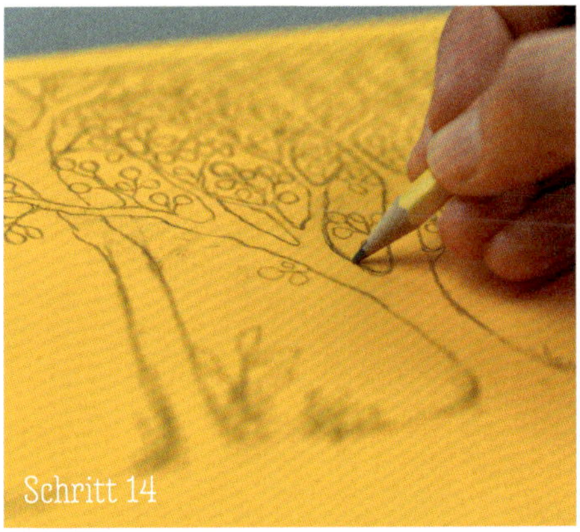
Schritt 14

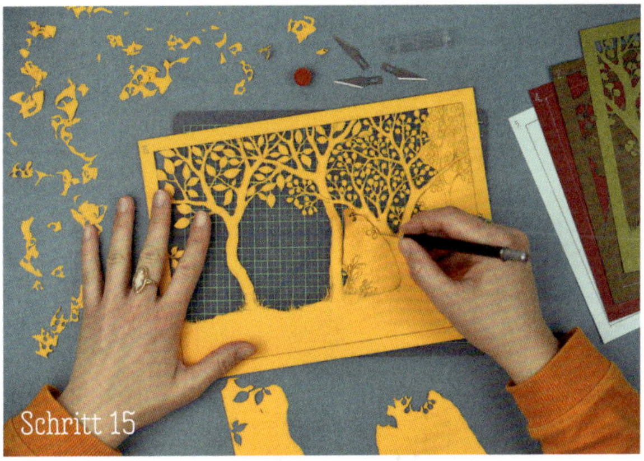
Schritt 15

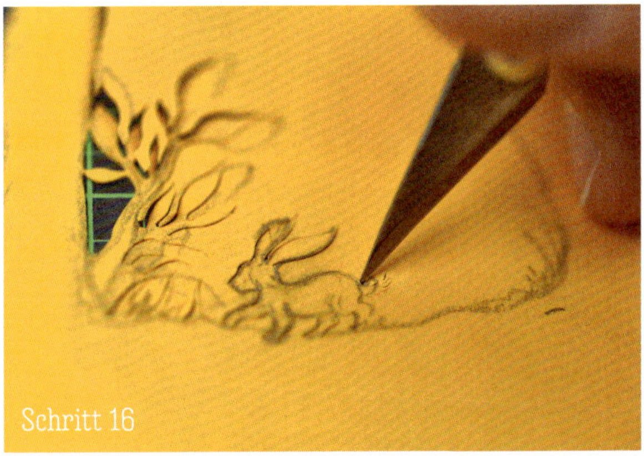
Schritt 16

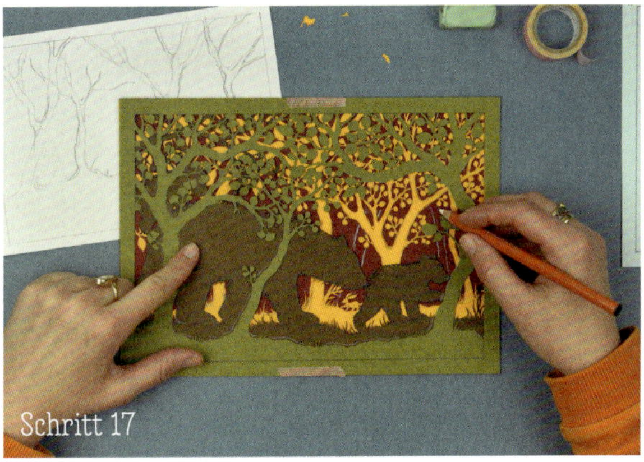
Schritt 17

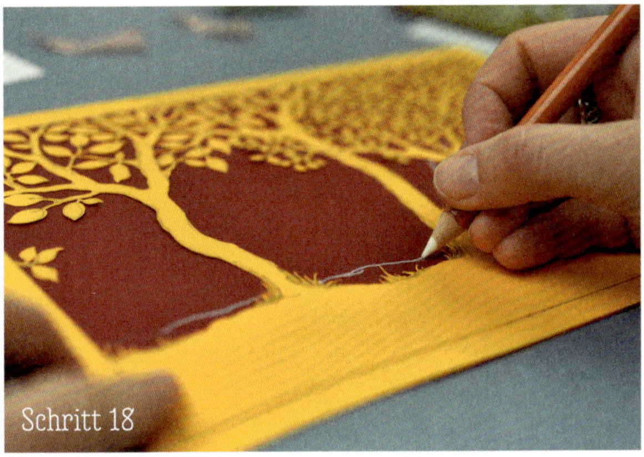
Schritt 18

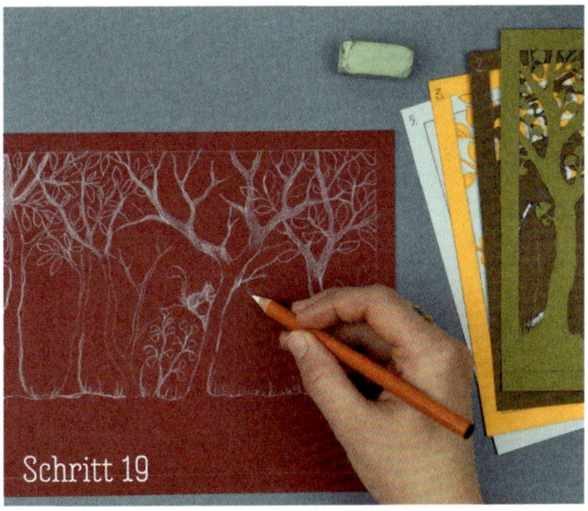
Schritt 19

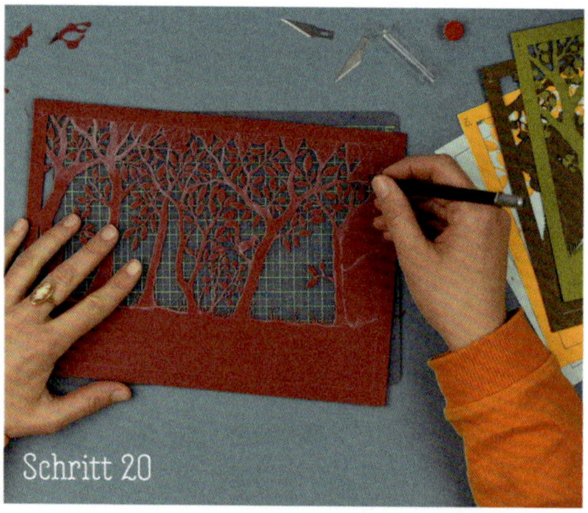

Schritt 20

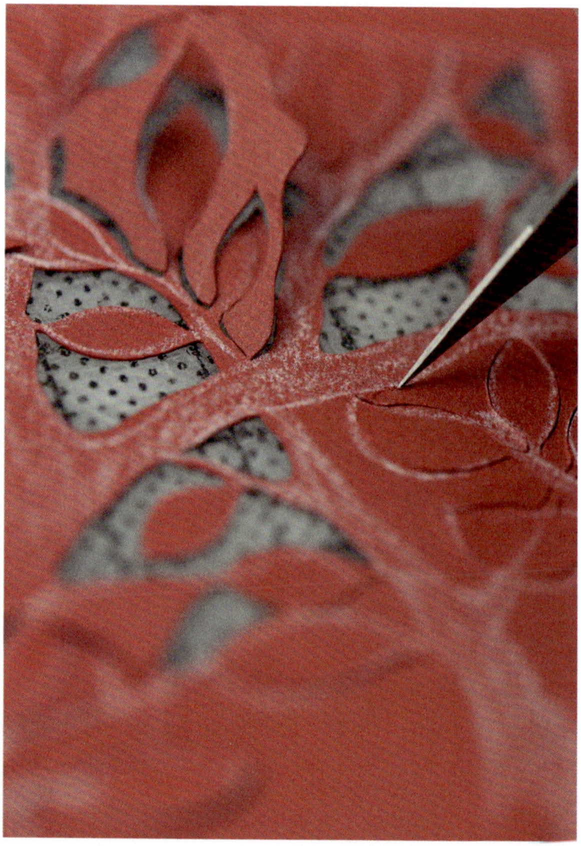

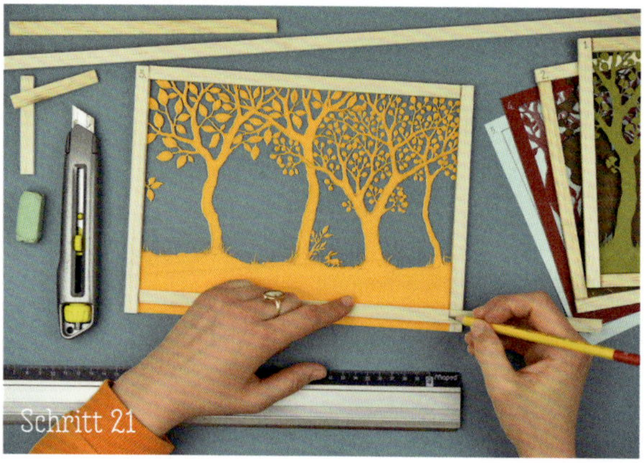

Schritt 21

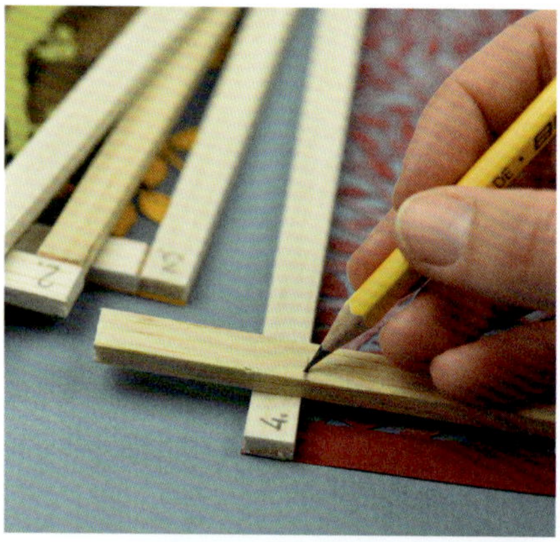

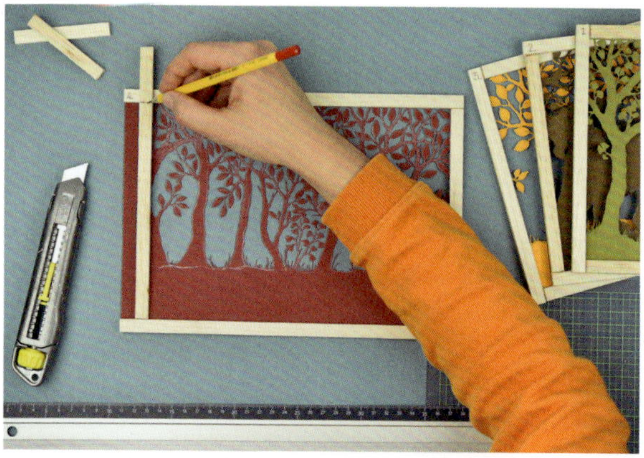

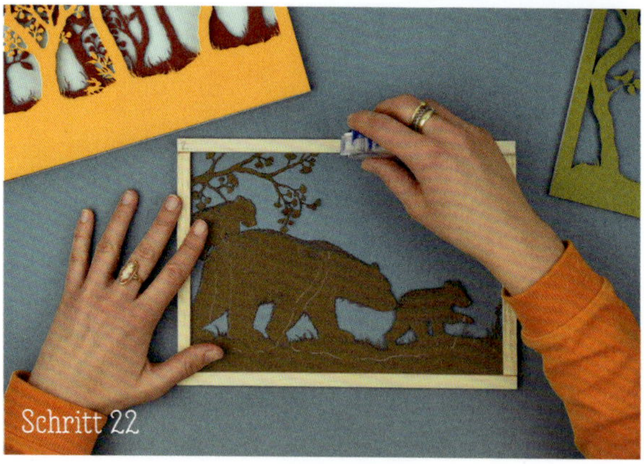

Schritt 22

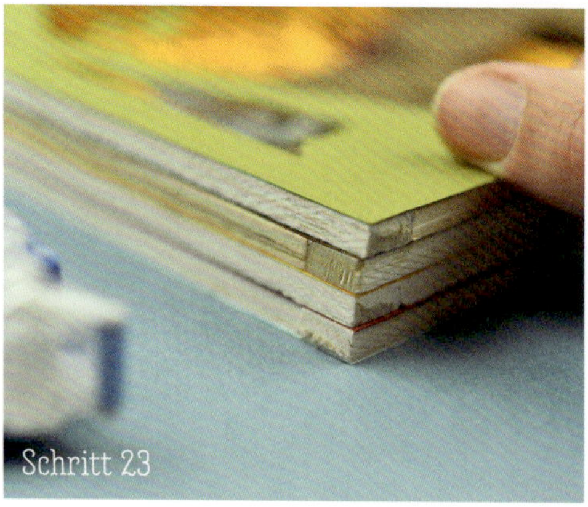

Schritt 23

20. Schneiden Sie den vierten Bogen aus. Vermutlich müssen Sie mittlerweile wieder einmal die Klinge im Papiermesser austauschen. Und achten Sie darauf, dass der Rand rundum fixiert bleibt.

21. Wenn alle Lagen ausgeschnitten sind, versehen Sie die Ränder rundum mit Hölzchen. Legen Sie die Balsahölzer, den Cutter, den Taperoller und die Schneidematte bereit. Sie schneiden und kleben beidseitig eines Bogens stets zwei gleich lange Streifen. Die zwei übrigen Streifen passen Sie an, indem Sie diese zwischen die bereits geklebten Streifen legen und genau passend abschneiden. Auf diese Weise wird das Paper Cut-Motiv glatt gehalten. Gehen Sie abwechselnd vor: Auf Bogen 1 kleben Sie zwei 19 cm lange Streifen an die kurzen Seiten des Bogens und passen die langen Streifen dazwischen entsprechend an. Auf Bogen 2 kleben Sie zwei 27 cm lange Streifen auf die langen Seiten und passen die kurzen Streifen dazwischen entsprechend an.
So wird aus dem dreidimensionalen Bild ein stabiles Kunstwerk, wie auf Foto 23.
Achten Sie stets darauf, die Streifen jeweils auf die Bleistiftseite des Paper Cut-Motivs zu kleben.

22. Sind die vier Bogen rundum stabilisiert, wird der Rahmen bzw. Guckkasten gebaut. Beginnen Sie mit dem Hintergrund, und bauen Sie dann nach vorne hin weiter. Streichen Sie die Streifen von Bogen 4 mit Klebstoff ein, und kleben Sie diesen dann auf Bogen 5 (den farbigen Bogen, der als Hintergrund dient, und den Sie nicht eingeschnitten haben). Drücken Sie die Ränder gut an. Dann streichen Sie die Streifen von Bogen 3 mit Klebstoff ein, und kleben das Ganze auf Bogen 4. Auf die gleiche Weise kleben Sie Bogen 2 auf Bogen 3, und Bogen 1 auf Bogen 2.

23. Wenn Sie alle Lagen exakt aufeinander geklebt haben, dann sieht Ihr Bild wie auf Foto 23 aus - ein »Sandwich«. Eventuell überstehendes Balsaholz schneiden Sie vorsichtig mit dem Messer ab, Millimeter für Millimeter, um das Papier nicht einzureißen.

24. Auf der nächsten Seite sehen Sie das Resultat! //

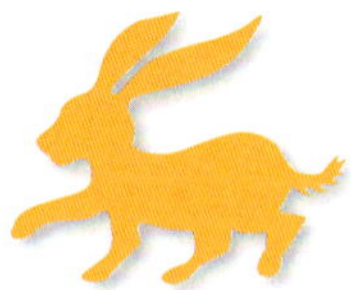

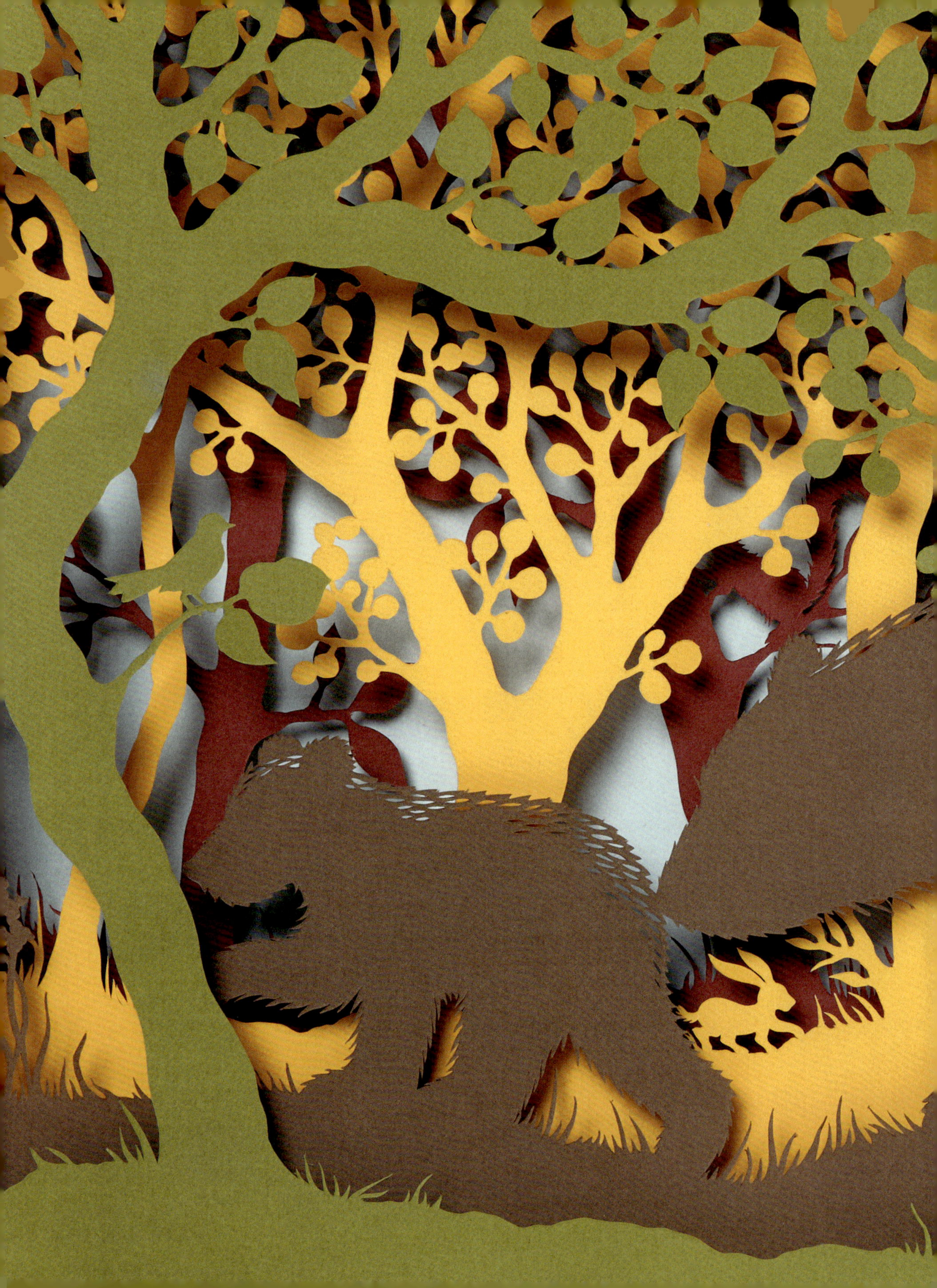

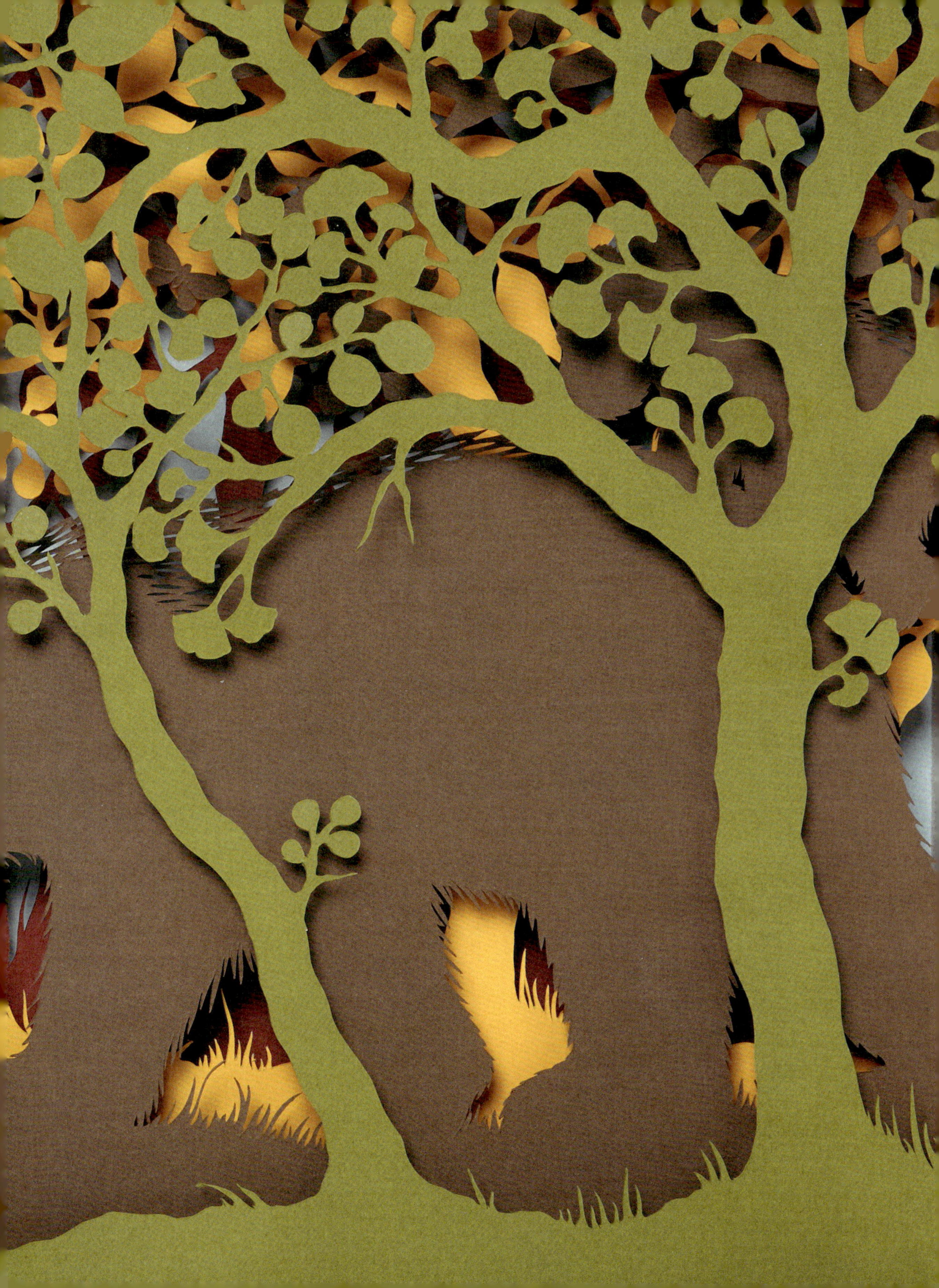

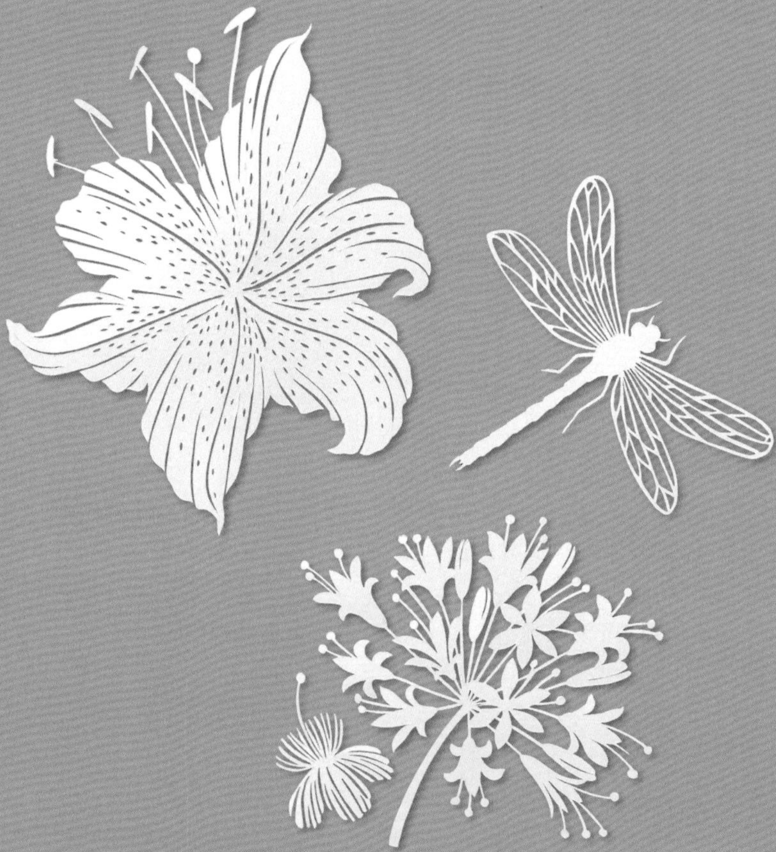

KAPITEL 12

COVER

Dieses Projekt erscheint nicht nur kompliziert, es ist in der Tat anspruchsvoll. Geduld, Zeit und regelmäßiger Austausch der Klinge – das sind die Schlüsselwörter. Aber nachdem Sie nun schon reichlich Übung haben, wird es Zeit für dieses komplexere Vorhaben. Bei diesem Projekt schneiden Sie die losen Teile des Covers aus, und Sie lernen, wie Sie diese Teile zu einem riesigen Blumenmeer verbinden. Sie schneiden dabei nicht nur die äußeren Konturen, sondern Sie arbeiten auch die innenliegenden Flächen der Blumen filigran aus.

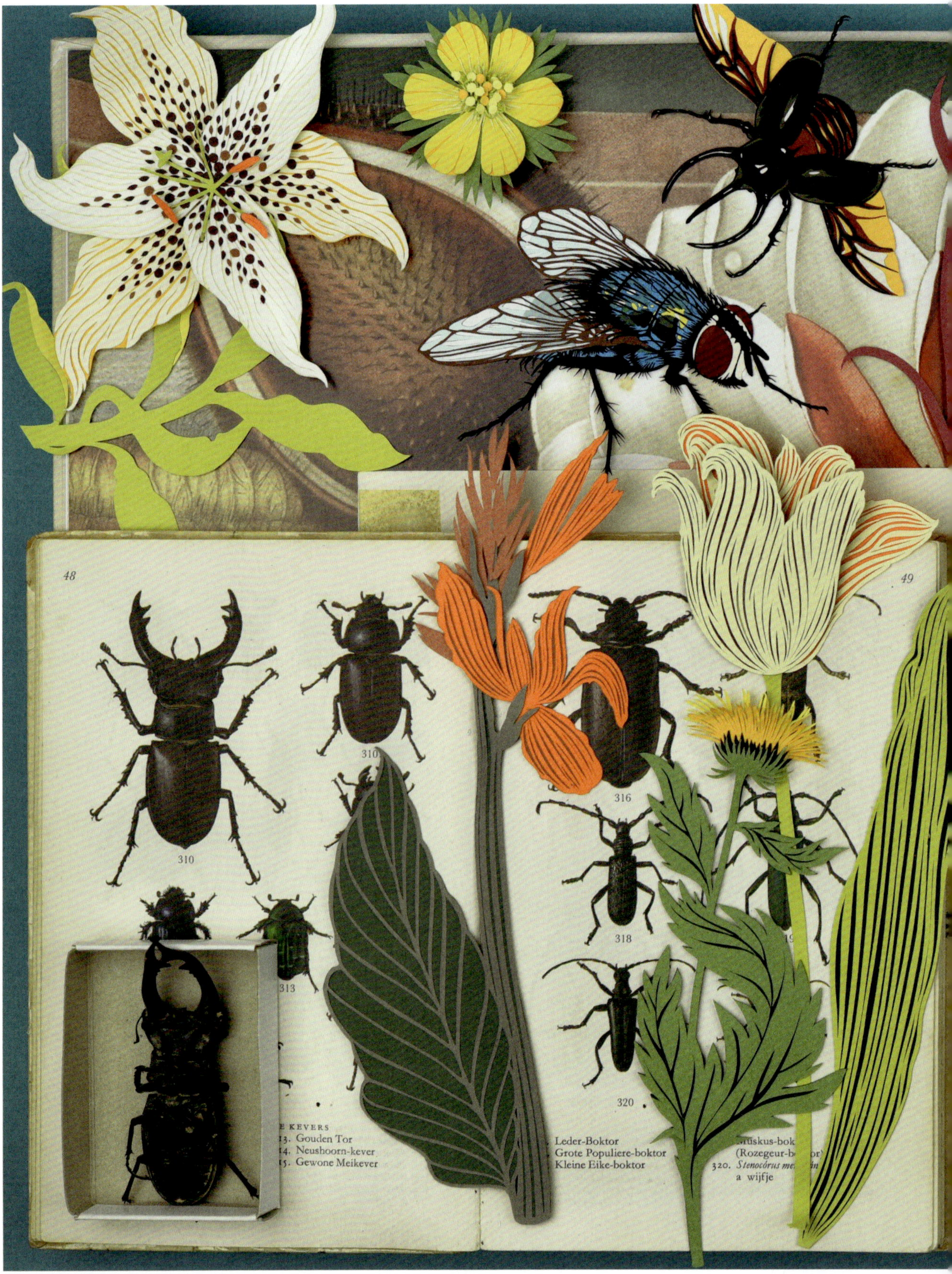
48
49
310
316
318
320
Gouden Tor
Neushoorn-kever
Gewone Meikever
Leder-Boktor
Grote Populiere-boktor
Kleine Eike-boktor
a wijfje

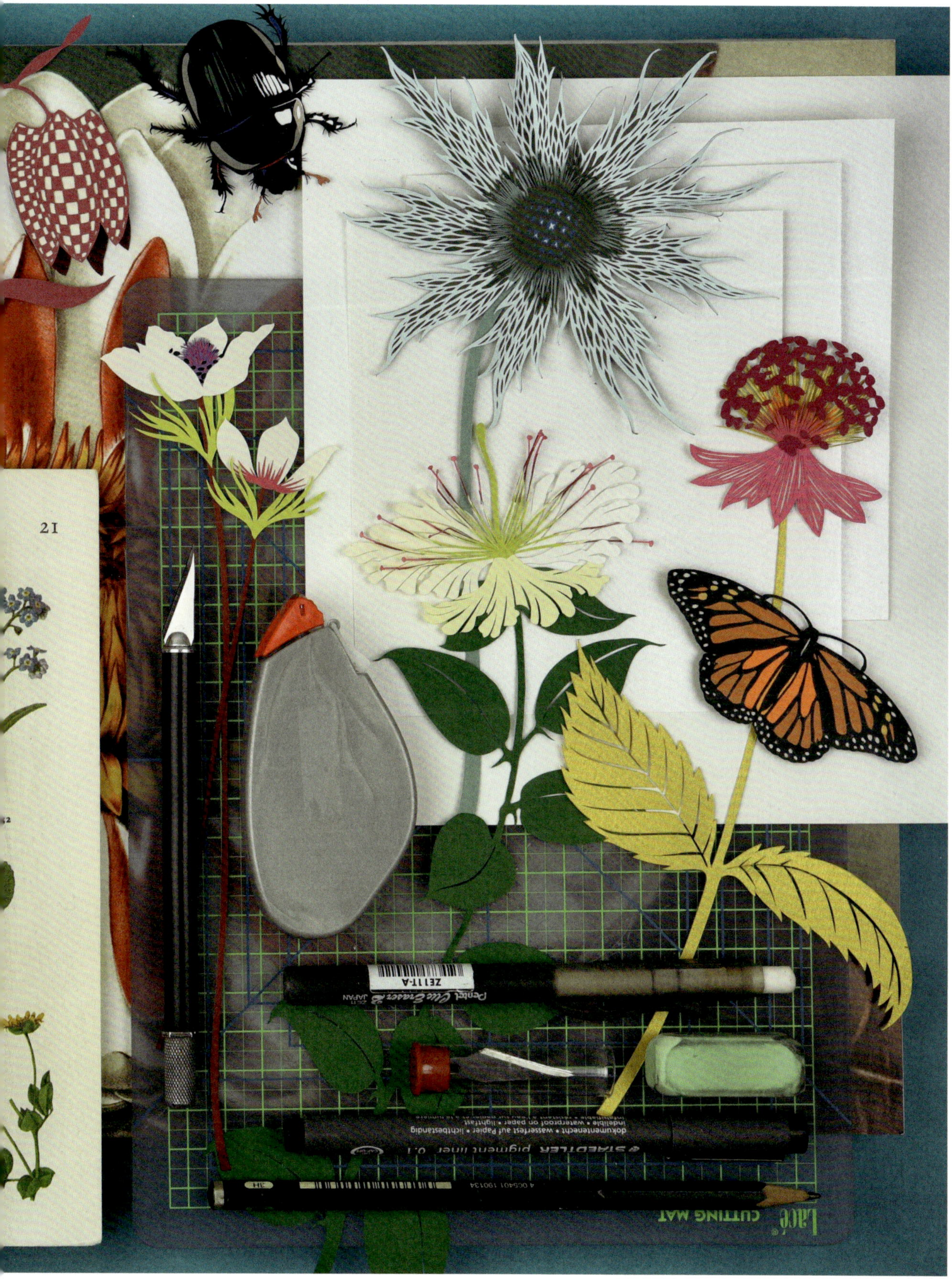
21
ZE11T-A
JAPAN
STAEDTLER pigment liner 0.1
CUTTING MAT

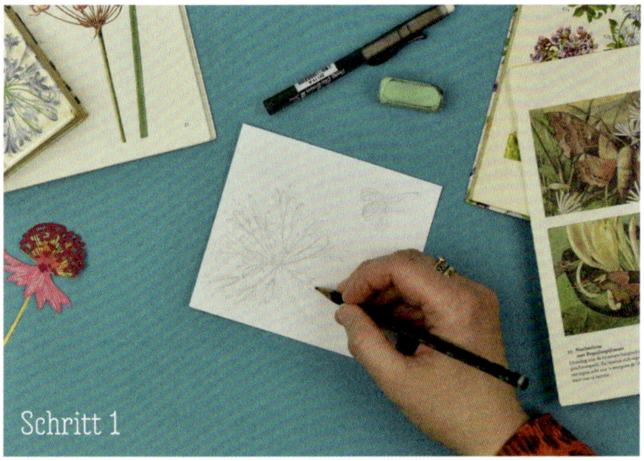
Schritt 1

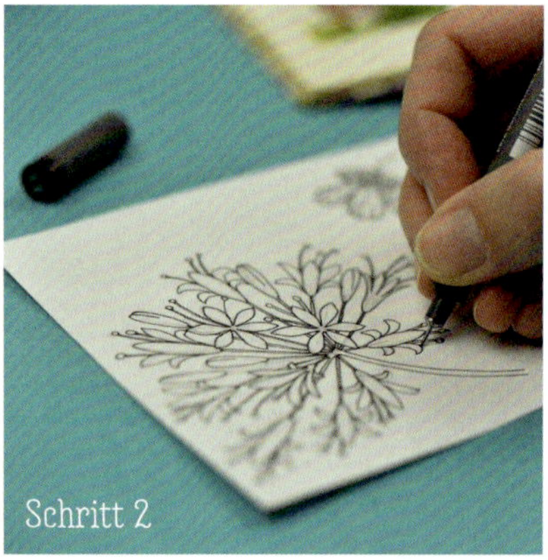
Schritt 2

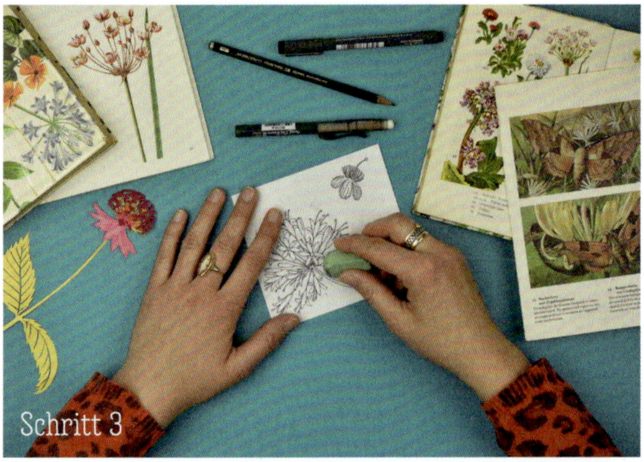
Schritt 3

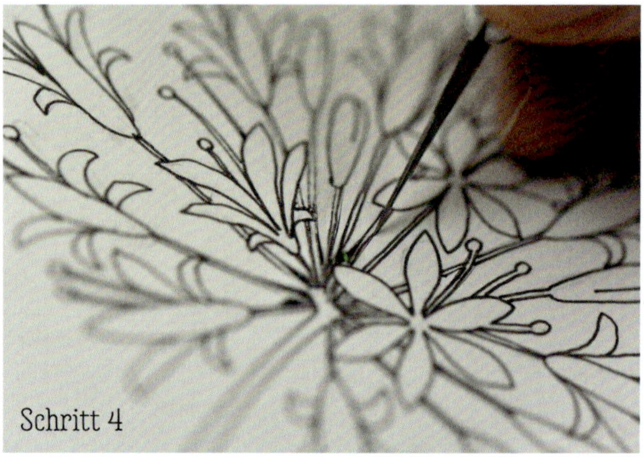
Schritt 4

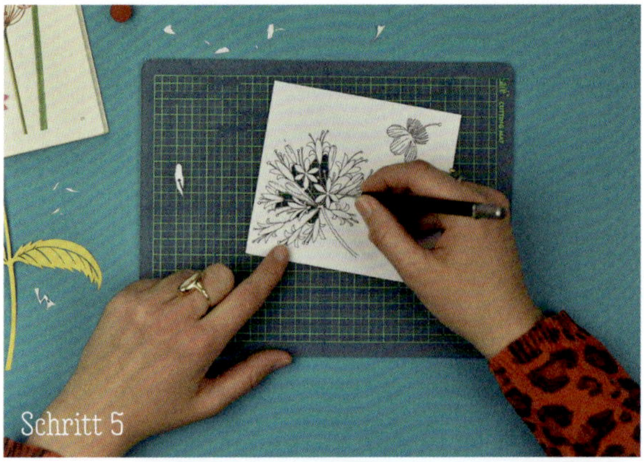
Schritt 5

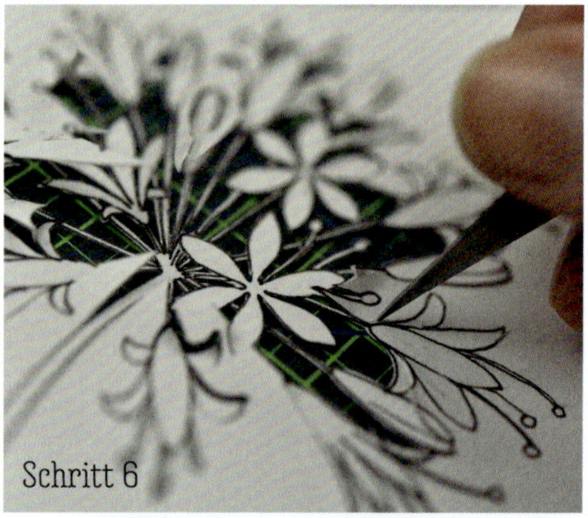
Schritt 6

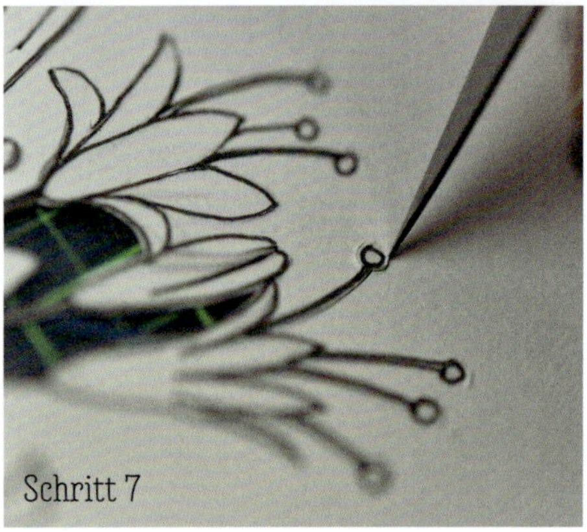
Schritt 7

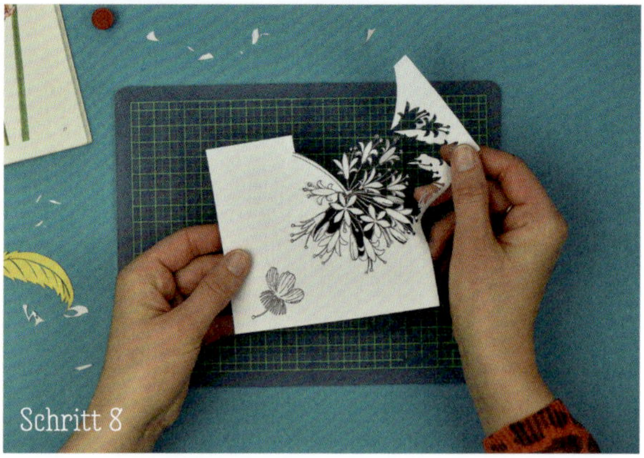
Schritt 8

Agapanthus

Für dieses Projekt benötigen Sie: Skizzenpapier, Bleistift, Radierer, Fineliner 0,5 mm, Korrekturband, eine Schneidematte, ein Papiermesser mit Reserveklinge und ein 11 x 13 cm großes Papier (120 g/m²).

VORBEREITUNG
Sammeln Sie Abbildungen und Vorlagen von Blumen. Hierbei ist nicht allein die Kontur von Belang, sondern auch das Blüteninnere: Hat die Blüte einen Stempel, Staubblätter, Farbtupfer oder einen außergewöhnlichen Blütenstand? All diese Faktoren machen das Paper Cut-Motiv interessant, wie bei der Tigerlilie, Nieswurz oder Kornblume und Anemone. Suchen Sie auch nach Bildern von Insekten, in Naturführern oder auf Pinterest.

AGAPANTHUS AFRICANUS – eine Blume mit Staubblättern. Es gibt zahlreiche Blumenarten, die aus der Ferne wie große Kugeln wirken, aus der Nähe betrachtet aber lauter kleine Blüten auf Stielen zu sein scheinen. Das sorgt für eine ausladende Silhouette. Außerdem hat die Agapanthus-Blüte hübsche Staubblätter.

1. Studieren Sie die Agapanthus-Blüte genau, und überlegen Sie, welche Teile Sie zuerst ausschneiden. Zeichnen Sie die Blüte direkt auf das Papier für das spätere Paper Cut-Motiv. Zeichnen Sie etwas weniger Blüten, als tatsächlich an der kugeligen Agapanthus-Blüte sitzen. So bleiben die einzelnen, kleinen Blüten deutlicher erkennbar.

2. Mit dem Bleistift haben Sie im Grunde nur fünf Linien skizzenartig angedeutet. Mit dem Fineliner zeichnen Sie nun die am besten geeignete dieser Linien nach.

3. Während Sie mit der einen Hand das Papier festhalten, radieren Sie mit der anderen die Bleistiftlinien weg. Dadurch vermeiden Sie, dass Sie während der Ausarbeitung unbeabsichtigt das weiße Papier durch Graphit an Ihren Händen verschmutzen.

4. Nehmen Sie das Papiermesser und die Schneidematte zur Hand. Setzen Sie eine neue Klinge in das Messer. Beginnen Sie mit den Stielen der einzelnen Blüten und den Blütenstempeln.

5. Schneiden Sie die Blüten zwischen diesen Stielen und Stängeln aus.

6. Von Staubfaden zu Staubfaden schneiden Sie dann die Agapanthus-Blüte rundum aus.

7. Schneiden Sie die kleinen Kugeln auf den Staubblättern aus, zuerst die linken Rundungen sämtlicher Kugeln, dann die rechten.

8. Schließlich schneiden Sie das Restpapier* und lösen die Agapanthus-Blüte vorsichtig aus dem Bogen. Das Motiv ist sehr fragil. Schneiden Sie darum noch eventuell festsitzende Teile nochmals vorsichtig mit dem Messer nach. //

Tigerlilie

Für dieses Projekt benötigen Sie: Skizzenpapier, Bleistift, Radierer, Fineliner 0,5 mm, Korrekturband, eine Schneidematte, ein Papiermesser mit Reserveklinge und ein 11 x 13 cm großes Papier (120 g/m²).

TIGERLILIE - gefleckte Blüte
Farbtupfer und Paper Cut passen wunderbar zusammen, vor allem wenn es um die Darstellung von Blütenmotiven geht. Bei zahlreichen Blumen ist die Silhouette an sich nicht besonders interessant, aber das Blüteninnere häufig umso mehr. Die Charakteristika von Blumensorten wie Nieswurz, Tigerlilie, Azalee und Inkalilie werden bei einem Paper Cut gut erkennbar, indem Punkte, Linien und Falten herausgearbeitet werden.

1. Fertigen Sie eine Skizze der Tigerlilie auf dem Papier an. Betonen Sie die voluminösen Blütenränder, und ziehen Sie von jeder Einkerbung einen Strich in die Blütenmitte. Zeichnen Sie Stempel und Staubblätter vom Blütenrand aus.

2. Nehmen Sie den Fineliner zur Hand, und ziehen Sie die wichtigsten Linien nach: die Linien von den Falten am Blütenrand bis zur Blütenmitte und auf jedes der sechs Blütenblätter eine krumme, dicke Hauptader* von der Blütenmitte bis kurz vor den Blütenblattrand.

3. Dann zeichnen Sie die für die Tigerlilie charakteristischen Sprenkel. In die Blütenmitte zeichnen Sie viele, kleine Striche, die entlang der Hauptader zur Blattspitze hin immer weniger werden. Schließlich zeichnen Sie die Stempel und Staubblätter.

4. Nehmen Sie Papiermesser und Schneidematte zur Hand. Beginnen Sie mit den kleinsten Formen, den Sprenkeln. Schneiden Sie per Blatt zuerst alle linken Rundungen, dann alle rechten aus, Klammer auf - Klammer zu*.

5. Lösen Sie alle Streifen in Richtung der Blütenmitte heraus. Achten Sie darauf, an der Hauptader eine Brücke* stehen zu lassen, zwischen der linken und rechten Seite der Blattspitze.

6. Schneiden Sie nun zuerst alle Stiele der Staubblätter ein, dann schneiden Sie die Staubblätter aus.

7. Schneiden Sie die Kontur der Tigerlilie aus, von Einkerbung* zu Einkerbung.

8. Schneiden Sie das Restpapier* weg, und lösen Sie die Blume heraus. Achten Sie dabei auf die Staubblätter, das sind empfindliche Stellen, die leicht einreißen. //

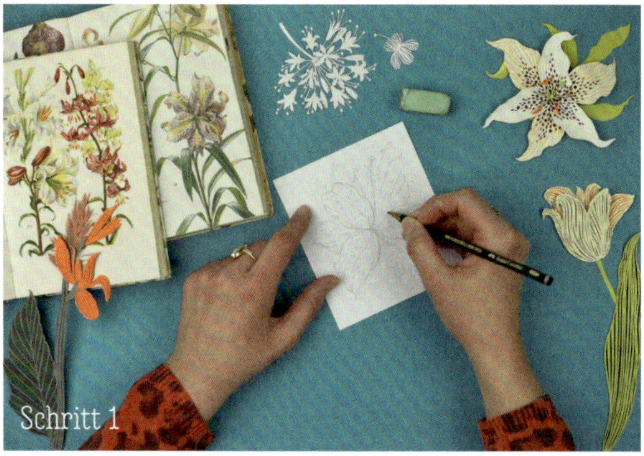
Schritt 1

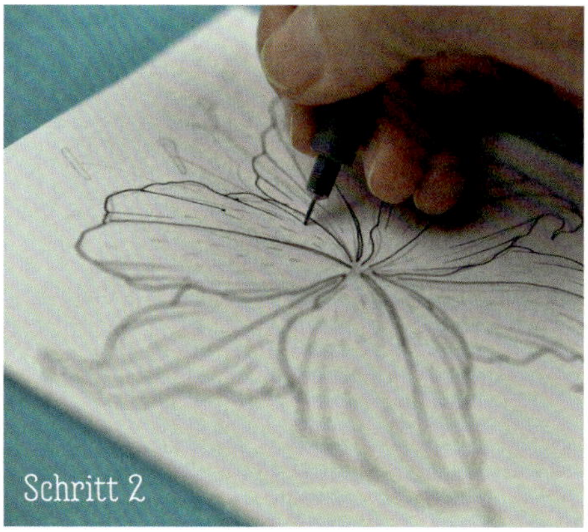
Schritt 2

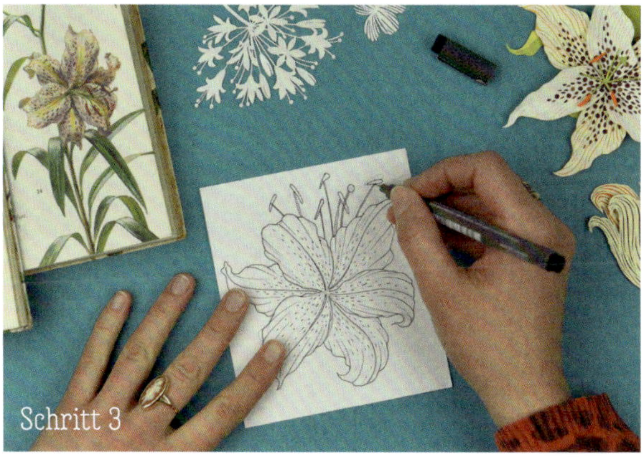
Schritt 3

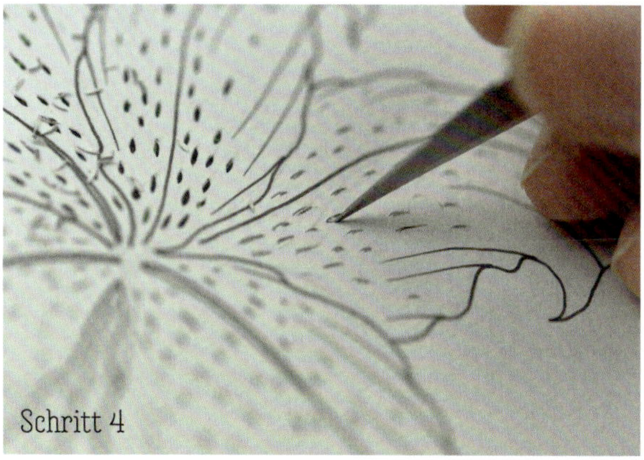
Schritt 4

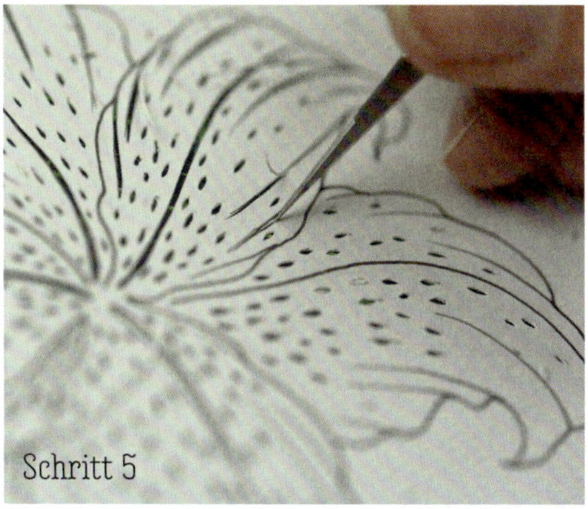
Schritt 5

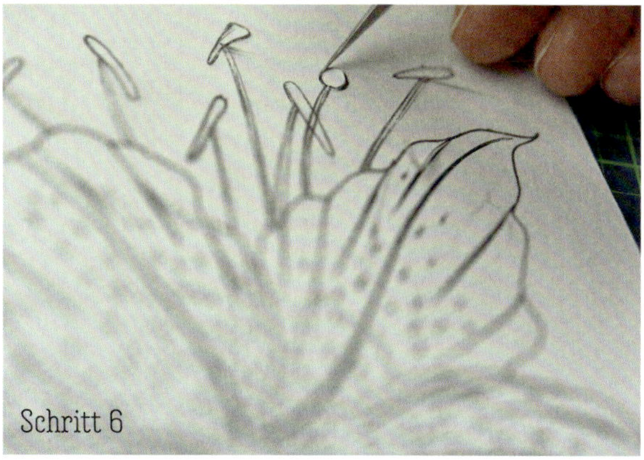
Schritt 6

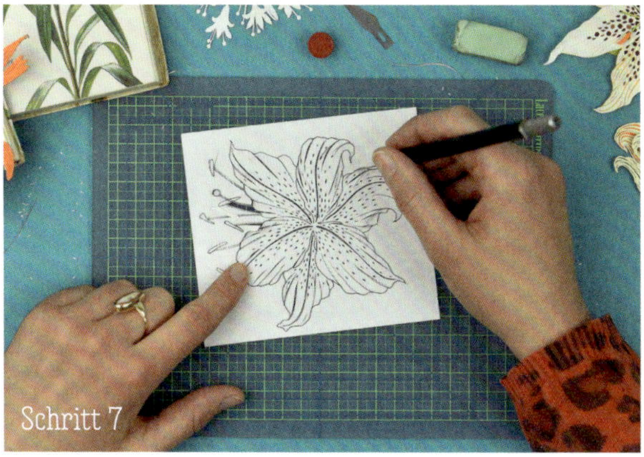
Schritt 7

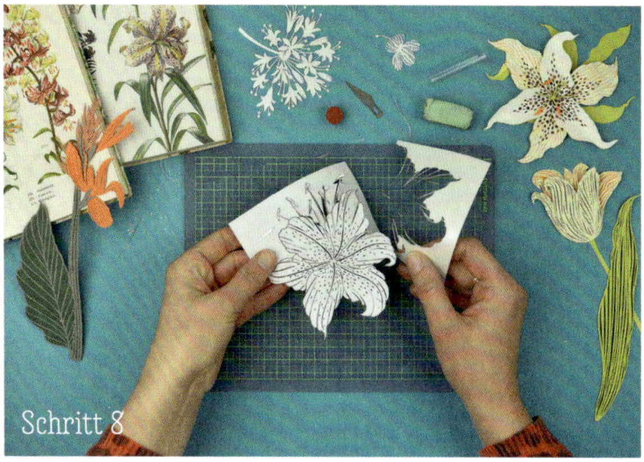
Schritt 8

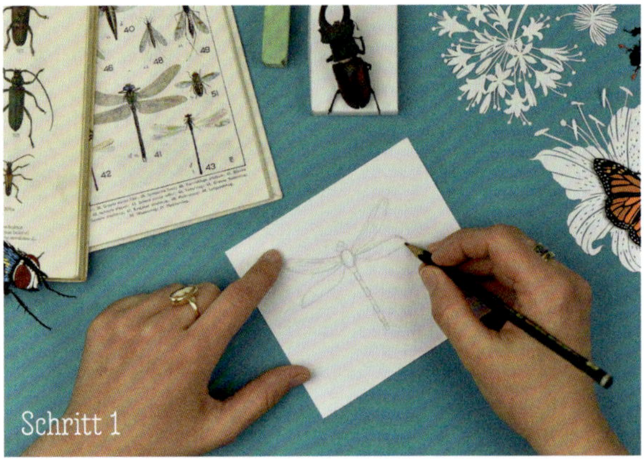
Schritt 1

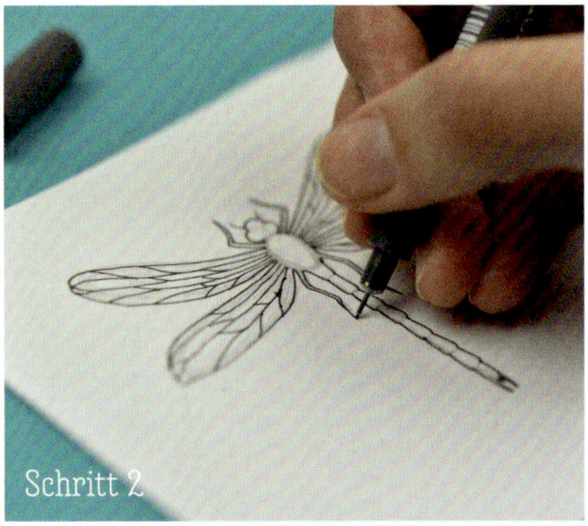
Schritt 2

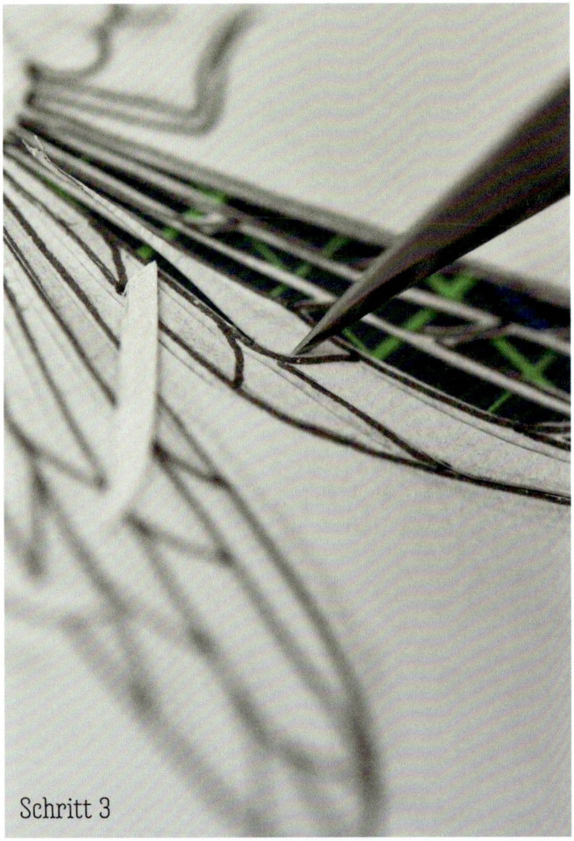
Schritt 3

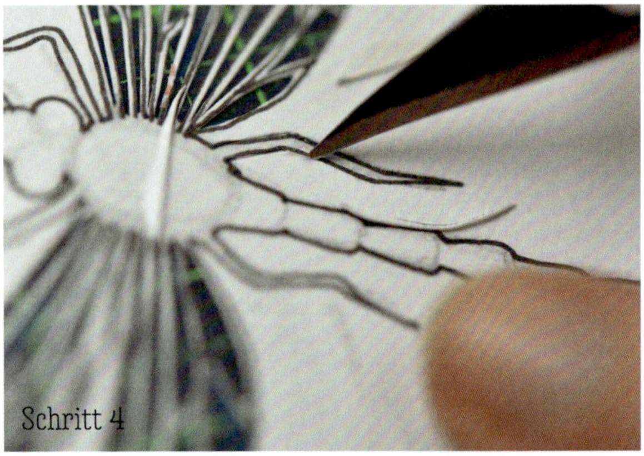
Schritt 4

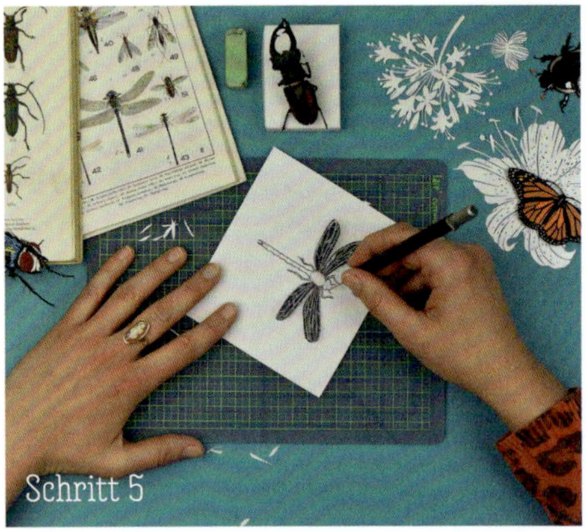
Schritt 5

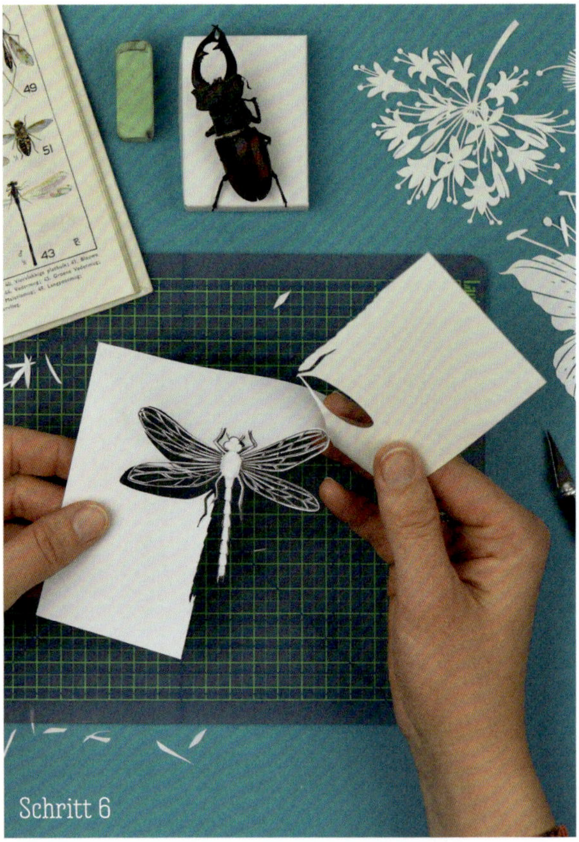
Schritt 6

Libelle

Für dieses Projekt benötigen Sie: Skizzenpapier, Bleistift, Radierer, Fineliner 0,5 mm, Korrekturband, eine Schneidematte, ein Papiermesser mit Reserveklinge und ein 11 x 13 cm großes Papier (120 g/m²).

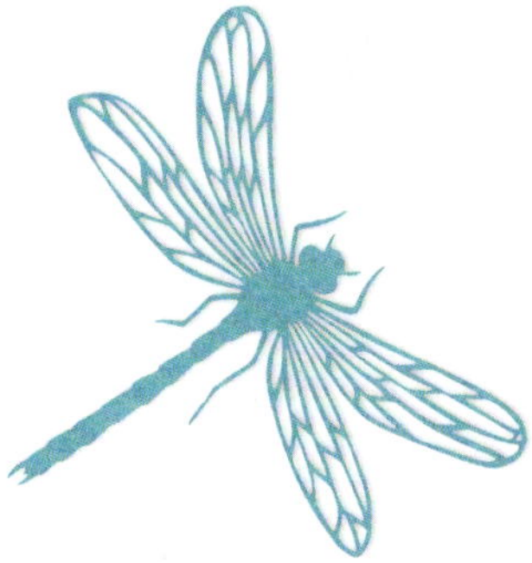

LIBELLE - hauchdünne Flügel ausschneiden

Ein Blumen-Motiv wirkt erst dann lebendig, wenn auch Insekten zu sehen sind. Insekten eignen sich hervorragend für ein Paper Cut-Motiv, da sie sehr charakteristische Körperformen haben. Die Libelle gibt dem Motiv eine zierliche, filigrane Note. Die Blaue Wasserjungfer hat eine große Flügeloberfläche. Das gibt Ihnen die Möglichkeit, eine schöne Struktur herauszuarbeiten.

1. Zeichnen Sie eine Libelle auf das Papier. Das obere Flügelpaar neigt sich ein wenig nach oben, das untere verläuft waagerecht. Man glaubt es kaum, aber die Körperform der Libelle ist breiter als sie lang ist.

2. Mit dem Fineliner zeichnen Sie die Libelle nach. Vereinfachen Sie die Unterteilung der hauchdünnen Flügel durch vier bis fünf Hauptadern, die wiederum durch ein bis zwei diagonale Adern unterteilt werden.

3. Nehmen Sie Papiermesser und Matte zur Hand. Schneiden Sie zuerst die Häutchen aus den Flügeln, ähnlich wie Sie es bei den Flügeln des Vogels auch gemacht haben. Schneiden Sie bei den zwei rechten Flügeln alle horizontalen Streifen, dann die vertikalen aus. Die Messerspitze setzen Sie stets an das Ende einer Einkerbung*, und Sie arbeiten vom Körper zur Außenkante der Flügel hin. Drehen Sie das Papier um 180 Grad, und arbeiten Sie die linken Flügel ebenso aus.

4. Schneiden Sie entlang aller feinen Linien, also die Beine, die Fühler und das Prementum.

5. Schneiden Sie dann rundum die Flügel und den übrigen Körper, den Hinterleib und den Kopf vorsichtig aus.

6. Schneiden Sie das Restpapier* weg, und lösen Sie die Libelle aus dem Bogen. //

Blütenmeer

Für dieses Projekt benötigen Sie: Skizzenpapier, Bleistift, Radierer, Fineliner 0,5 mm, Korrekturband, eine Schneidematte, ein Papiermesser mit Reserveklinge und ein 19 x 25 cm großes Papier (120 g/m²). Hierfür können Sie einen DIN A4 Bogen auf das benötigte Maß zuschneiden.

BLUMENMEER - zusammen genommen wird ein Ganzes daraus
Sie haben nun zwei anspruchsvolle Blütenformen und eine Libelle ausgeschnitten. Damit sind Sie für das Titel-Motiv dieses Buches bereit! Genau genommen funktioniert es nämlich genauso wie die vorherigen, einzelnen Übungen. Es gibt lediglich mehr Einzelteile - viel mehr -, die einfach aneinander gesetzt werden.

1. Nehmen Sie das 19 x 25 cm große Papier zur Hand. Zeichnen Sie rundum einen 0,5 cm breiten Rand, und die Innenfläche füllen Sie komplett mit Blütenmotiven. Ordnen Sie mehrere Blüten der gleichen Sorte in Gruppen an, und fügen Sie hier und da eine größere Blüte hinzu, z.B. die Tigerlilie. Lücken, wo keine Blüte hineinpasst, füllen Sie einfach mit dem Gemeinen Schneeball. Alles muss gut verteilt sein, und an mehreren Stellen sollte es Verknüpfungspunkte geben. Zeichnen Sie auch einen einzelnen Käfer oder eine Libelle zwischen die Blüten.

2. Mit dem Fineliner definieren Sie die Zeichnung. Zeichnen Sie Sprenkel, Staubblätter und Stempel. Seien Sie nicht zu zaghaft, und geben Sie einer Blüte mehr Ausdruck, indem Sie die Einschnitte* länger machen, vierzig statt fünf Sprenkel zeichnen und faltige Blätter noch faltiger darstellen. Verbinden Sie die Blüten miteinander, indem Sie die Stempel und Staubblätter herausragen lassen. Verwenden Sie ggf. Korrekturband, um Fehler auszubessern.

3. Radieren Sie vorsichtig alle Bleistiftlinien weg, und fahren Sie sämtliche Finelinerlinien nach, um zu kontrolliern, ob auch wirklich alles miteinander verbunden ist.

4. Nehmen Sie Papiermesser und Schneidematte zur Hand, und wechseln Sie die Klinge im Papiermesser. Bei diesem Projekt muss das Papiermesser wirklich scharf sein. Schneiden Sie dann bei jeder Blüte zuerst die Innenfläche aus, alle Linien, Sprenkel, Punkte, Löcher usw. Schneiden Sie dann rundum diese Blüte bis zur folgenden Blüte. Dort arbeiten Sie zunächst wieder die Innenfläche aus. Und so fahren Sie von Blüte zu Blüte fort.

5. Arbeiten Sie den kompletten Bogen aus. Berühren Sie dabei die bereits ausgeschnittenen Teile so wenig wie möglich.

6. Und das ist das überwältigende Resultat! //

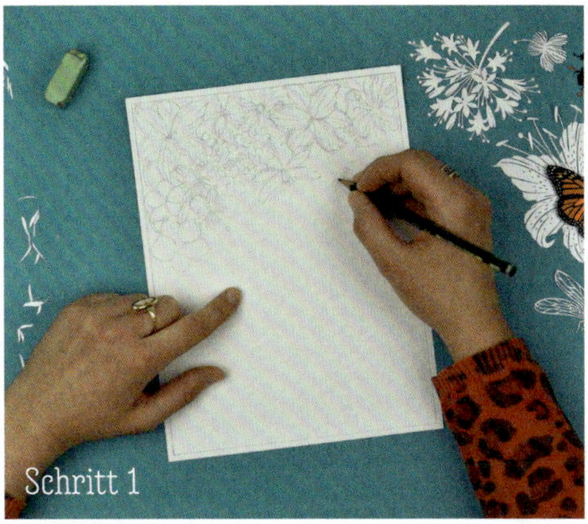
Schritt 1

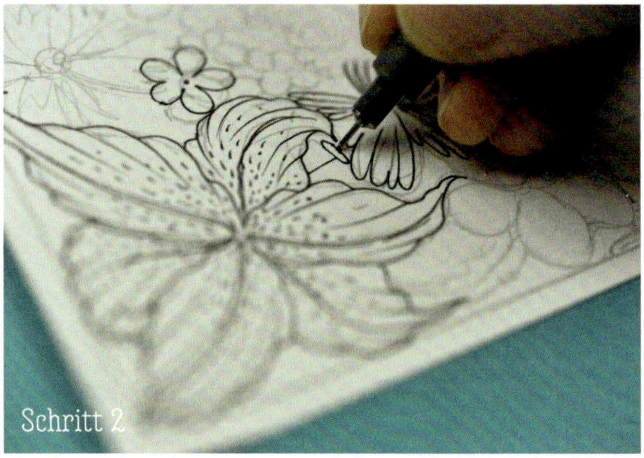
Schritt 2

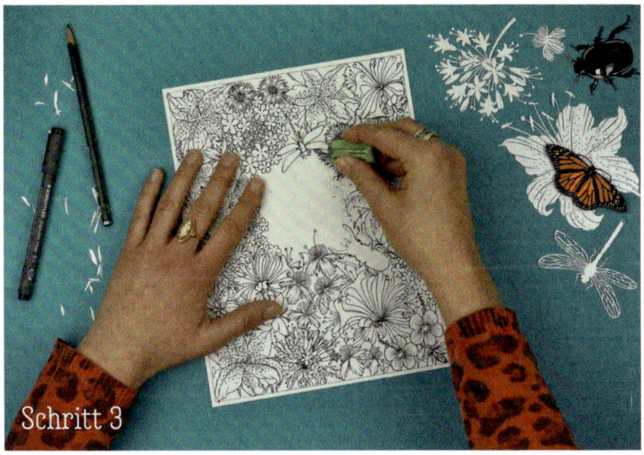
Schritt 3

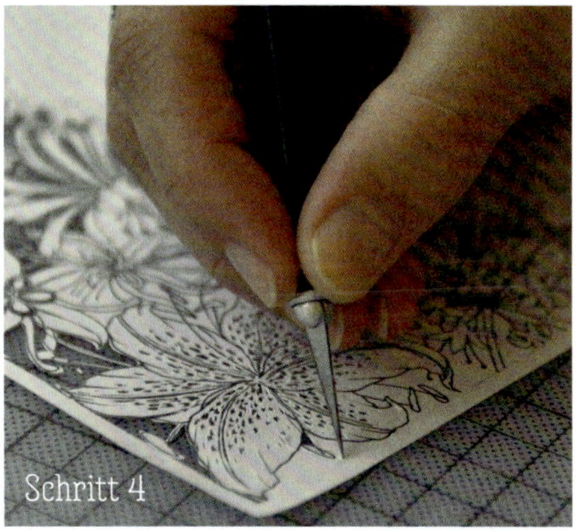
Schritt 4

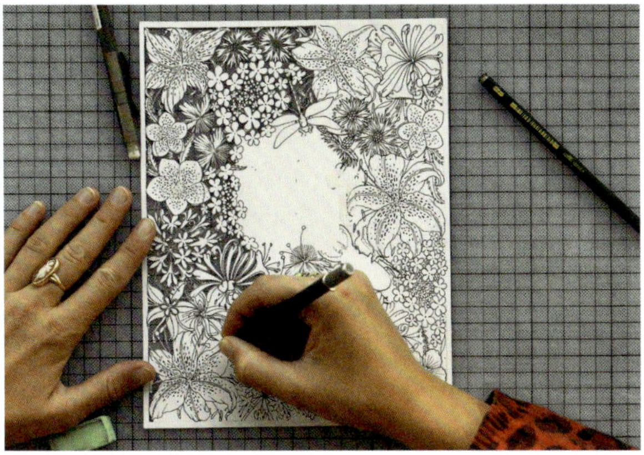

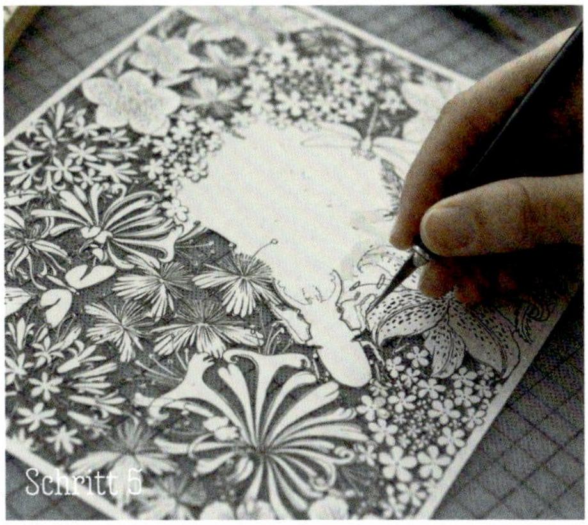
Schritt 5

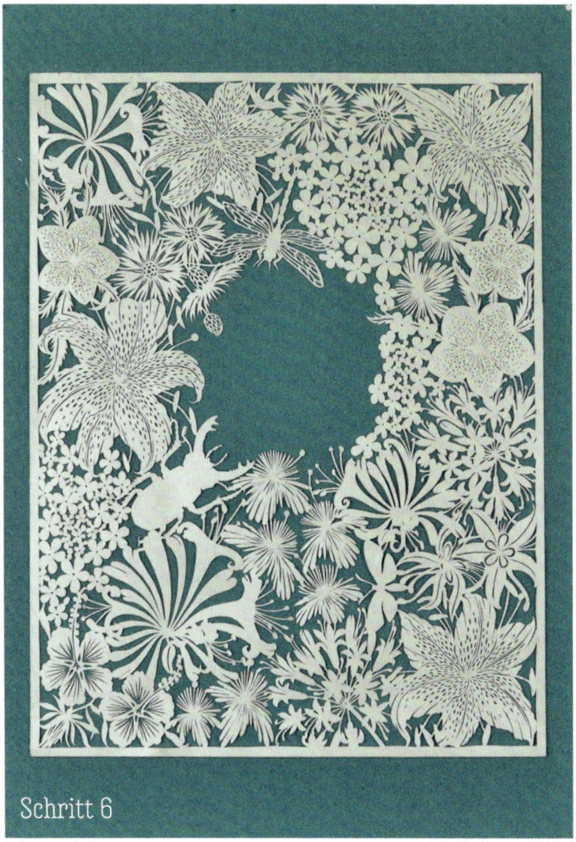
Schritt 6

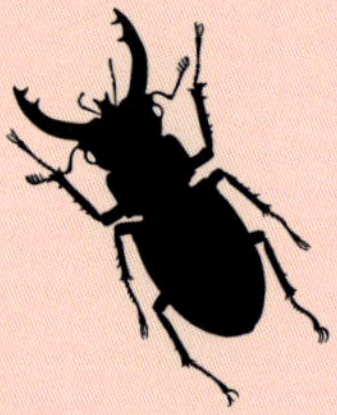

SCHNEIDEBÖGEN

Hier finden Sie sieben Schneidebögen.
Sie können diese einfach aus dem Buch schneiden,
und für Übungen, als Vorlage oder Schablone
gebrauchen.

——— Schnittlinie

- - - - Falzlinie

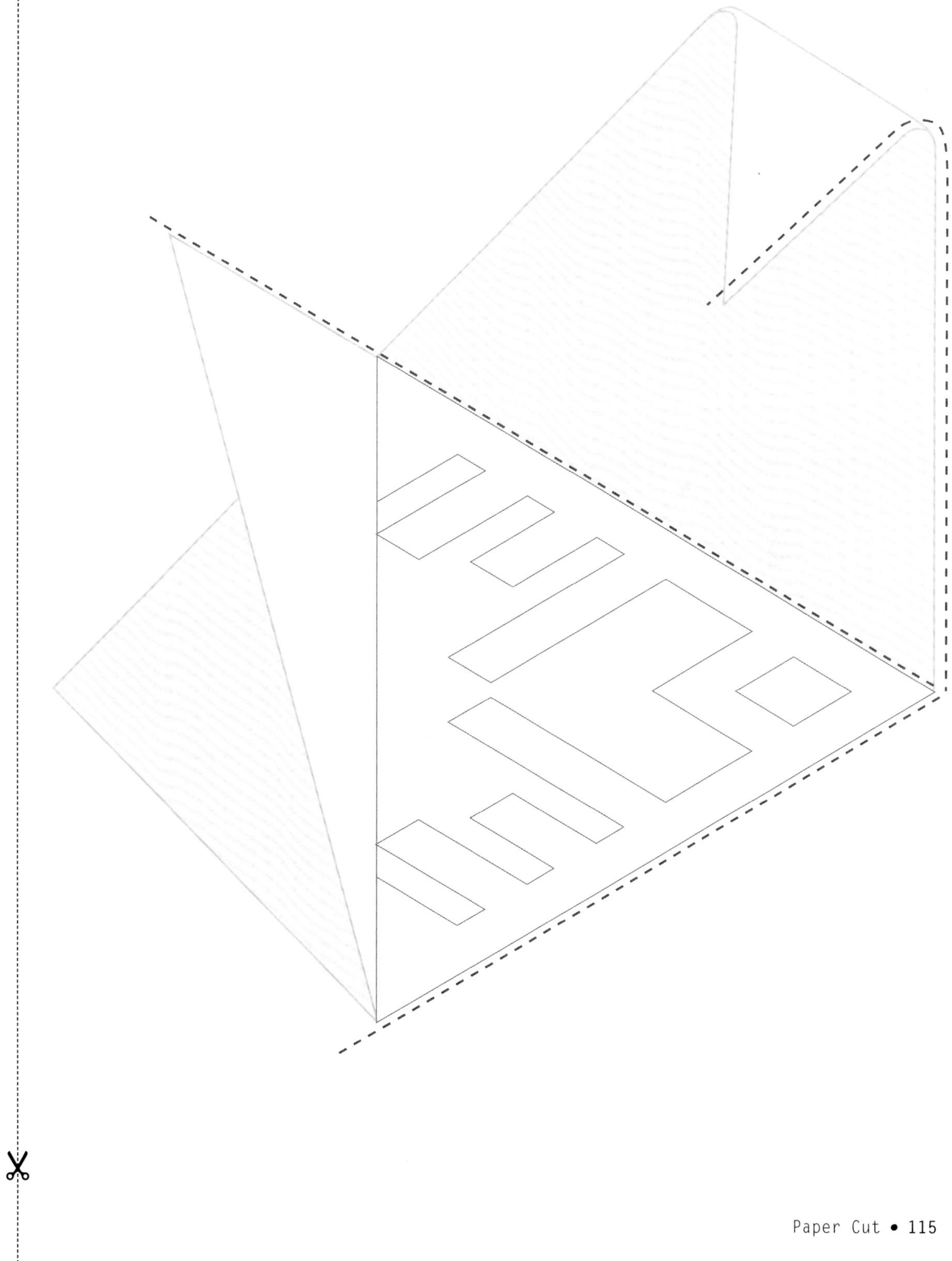

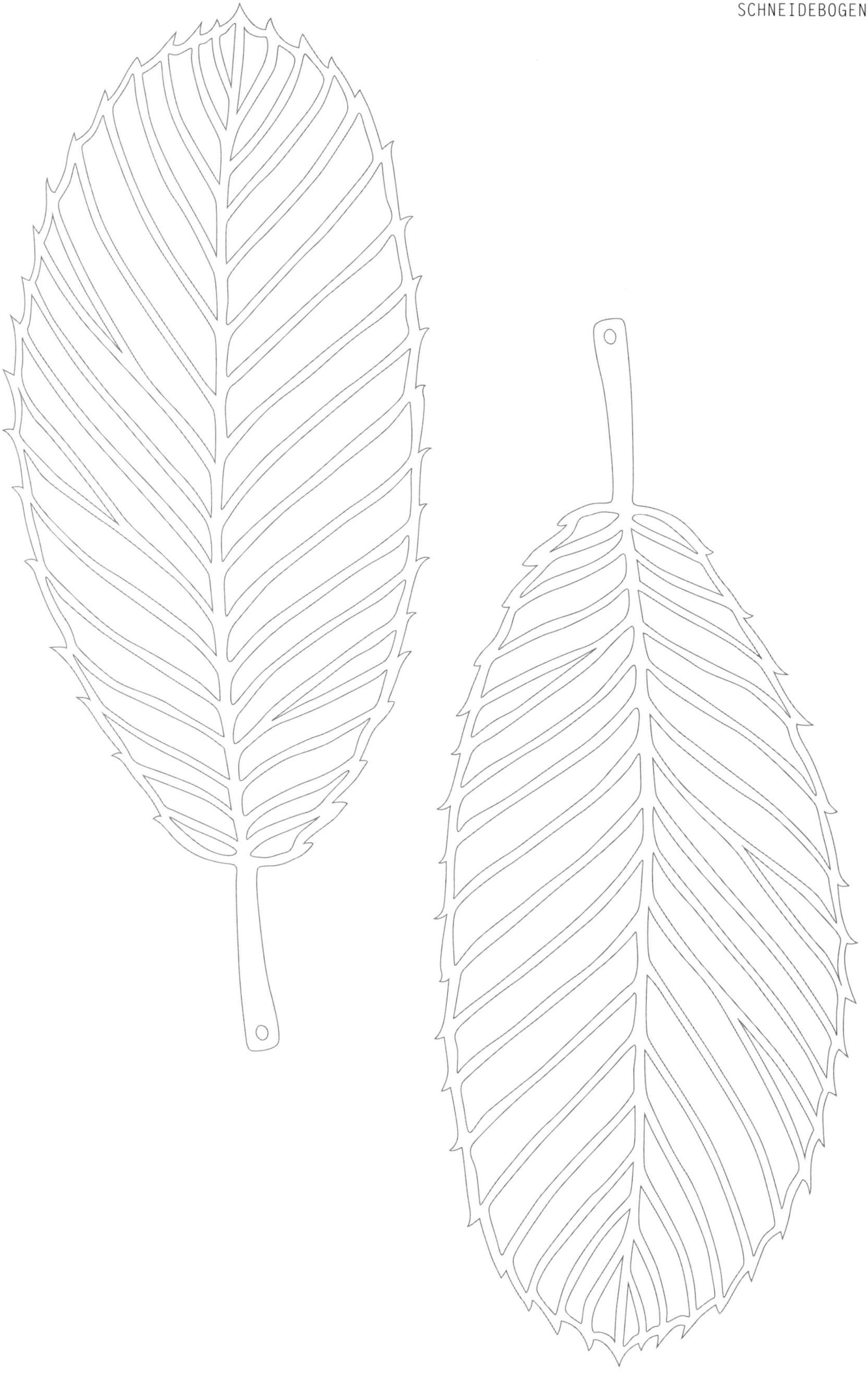

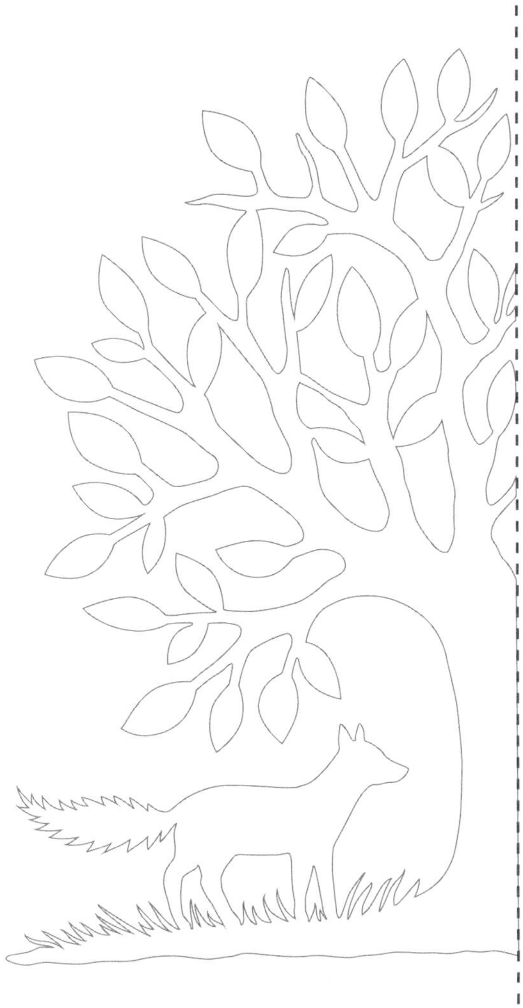

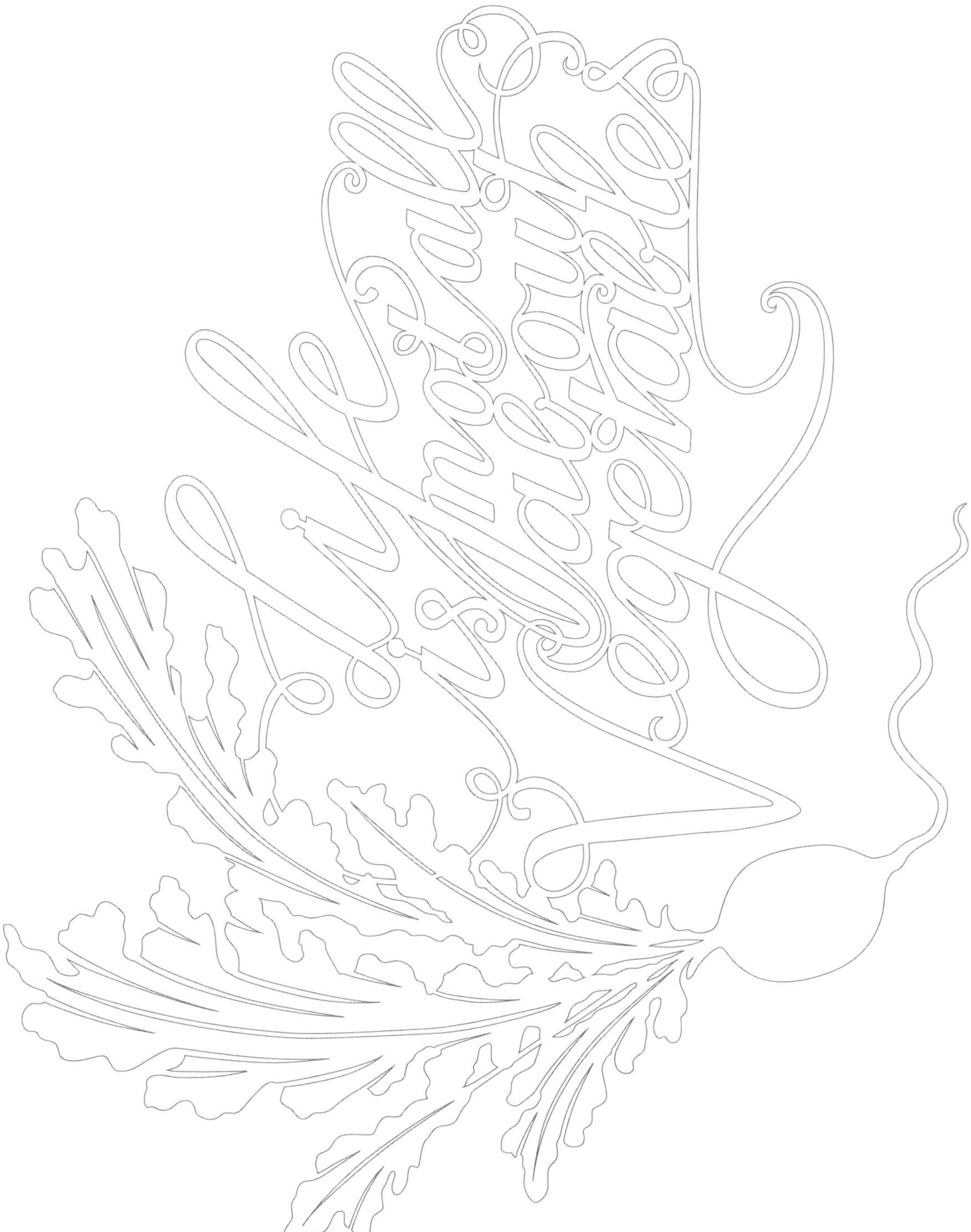

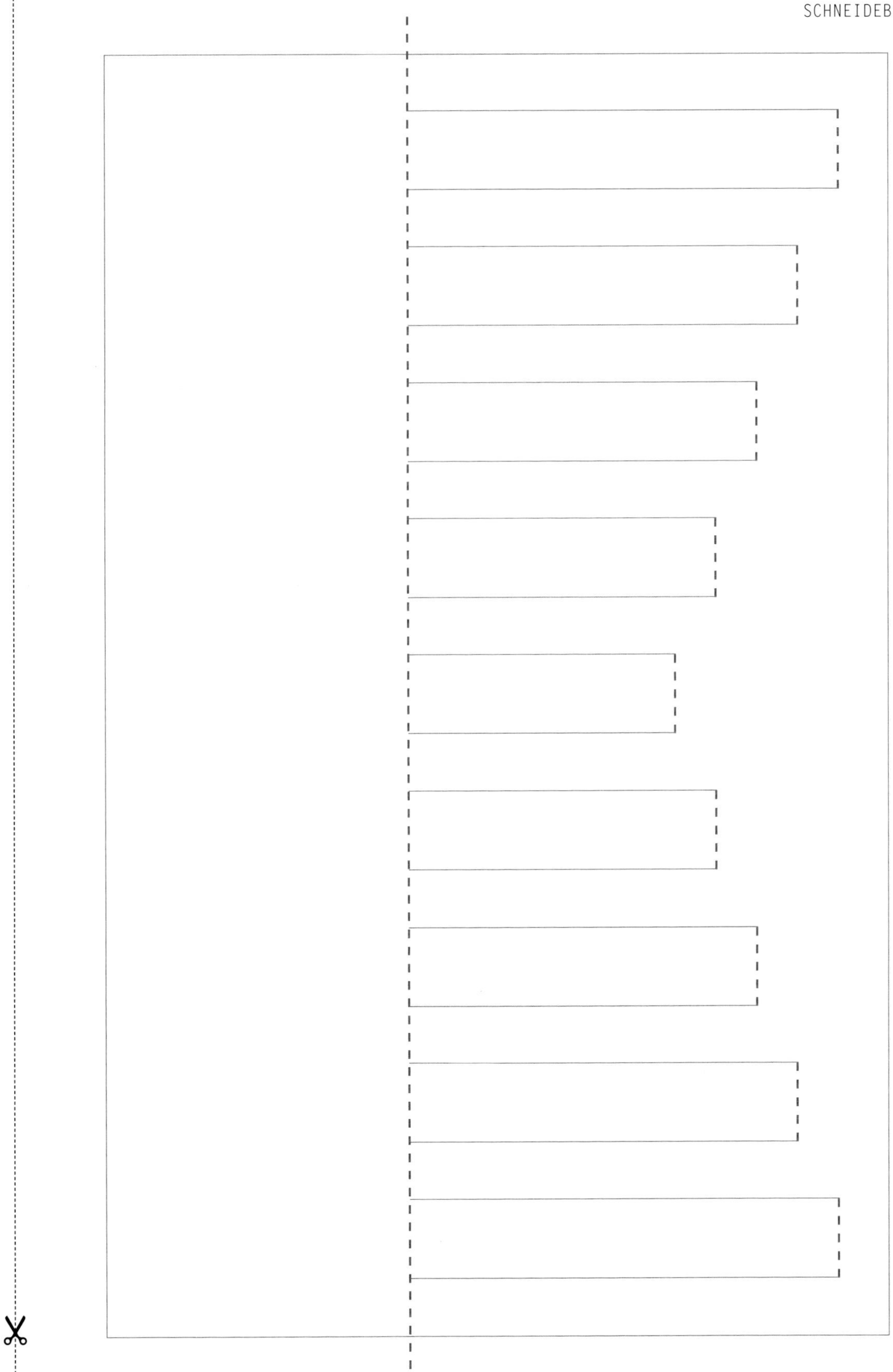

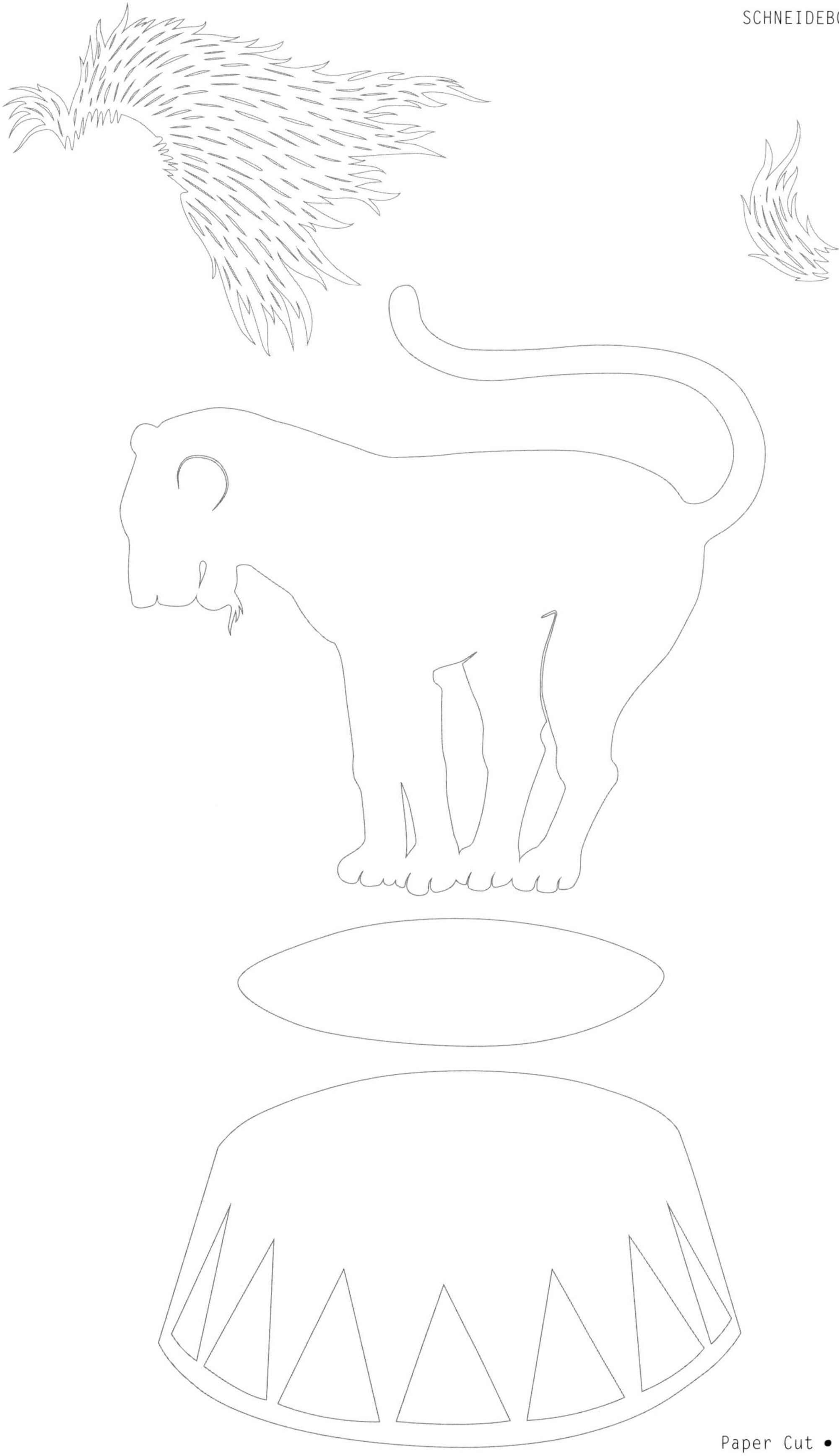

L. Lehmeyer, S. Hofer
BASICS Allgemeinmedizin

BASICS